輕鬆學好高中數學

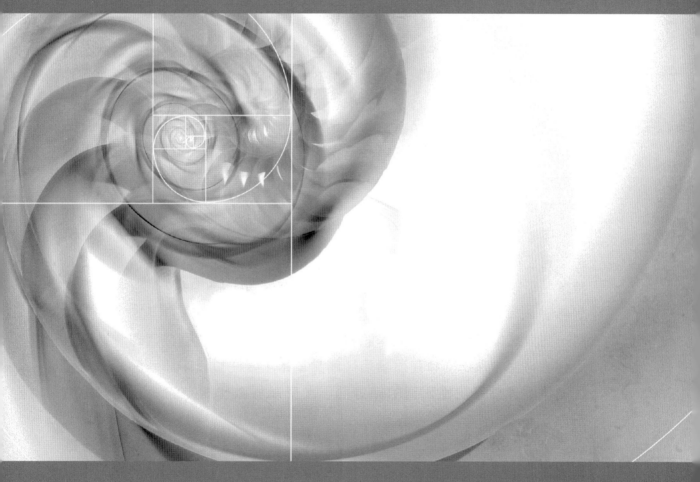

洪銖雄 著

五南圖書出版公司 印行

自　序

　　在多年實際教學生涯中，發現有些學生視學數學為畏途，這固然跟他（她）們投入不夠有關，實際上也跟教材的抽象、僵硬有關；因此如何將教材具象化、趣味化，乃成為教學者努力的目標。筆者不才，一直在往這個方向努力；在介紹數學新單元、新觀念時，企圖將較艱深的題材，藉由實例配以笑話與故事來提高學生學習的興趣，讓他（她）們在聽笑話中學習數學，在聽故事中培養想像力，以增進學習效果。本書乃是在這樣的構想下慢慢累積出來的。

　　本書共分參部分，第壹部分「聽我說數學」乃將同學們較難徹底瞭解的重要觀念，配以笑話、故事或做遊戲來引導同學進入問題核心，並能瞭解、吸收討論的內容，其中若干篇後附有習題，提供練習，以求打下穩固基礎，其次第貳部分為「數學專題論述」，這些論述的目的在深入探討一些與高中數學有關的數學題材，研究出結果，分別列成定理，推廣應用到教材上。深盼同學在研讀這幾篇文章時，要注重其中思考的「心路歷程」，而非僅在記憶研究的結論而已，庶幾對數學能力的提升能有所助益。

　　第參部分「數學學習輔導」，首先在告訴學生如何往下紮根學好數學，並且依多年教學經驗，提出學生平常解題易犯的錯誤作為借鑒，希望不要重蹈覆轍；並將近幾年大學聯考有創意的題目提出分析供為鑒賞，足

輕鬆學好高中數學

為準備參加大考的參考。至於「問題速解三則」提出速解方法供為玩味，切盼能瞭解其中的道理。再來提供我平常指導學生作科展的心得——「如何作科展」，有興趣於科展的同學盍興乎來，共享科展的盛宴。

最後壓軸好戲是「<u>柯西</u>不等式之推廣及應用」，高中數學有二個重要的不等式，一個是「算術平均數≥幾何平均數」（簡記A.M.≥G.M.），另一為柯西不等式，學生對前者比較熟悉，不過這兩者關係密切；我們可由前者推出後者，也可以反過來由後者驗證前者，這真是數學推理論證一個很好的示範。

雖然筆者懸的甚高，無奈才能有限，容有未臻理想之處，尚請方家不吝指教。

洪鈸雄
謹序於嘉義
2015年春

—— 謹以本書獻給全國有志於學好數學的年輕朋友 ——

再版序

　　本書自去年出版以來，承蒙讀者的愛戴，書的數量已將告罄，因此要再版，以應讀者的需要。

　　本書再版除了原書做修正以外，並在第貳部分數學專題論述中增列「單位圓內接正多邊形的長度性質」一篇，此篇利用複數的性質討論正多邊形的長度性質，過程與結論都非常精彩，值得一讀。

　　有句廣告詞：數學很差，就喝茶花，建議喝完茶花也要來看本書，而且要輕鬆地看，這樣你一定會收穫很多。

洪鋕雄

謹序於嘉義

2017年夏

輕鬆學好高中數學

目　錄

輕鬆學好高中數學

壹

聽我說數學

一、增根從哪裡來？

　　先聽我說個笑話：

　　話說鄰居小明已是國小三年級的學生了，可是算術很差，連簡單的整數加法都不會。一天放學回家後愁眉苦臉，他父親問他原因，原來是這樣的：

　　老師：「小明！3加5等於多少？」

　　小明數一數手指頭說：「8！」

　　雖然答對了，但老師認為用手指頭計算不成，因此又問他：「5加5多少？」

　　小明還是不會，但又不敢把手指頭拿到外邊來算，因此他偷偷地把兩手分插在左右兩個褲袋裡計算，然後回答說：「11！」

　　這時全班譁然，老師亦大為光火，把小明罵了一頓，因此小明很傷心，他爸爸聽後也認為「5加5等於11」是不對的，可是他不明白為什麼小明會算成11，等到小明再把過程現場「表演」一次以後，他才恍然大悟，他除了安慰小明以外，並且很惋惜的說：「假如你是女孩子，就不會挨罵了」。

我聽了這件事也很為小明惋惜，但我惋惜的不是小明不是女孩子這一點，而是惋惜小明不曉得驗算這一回事。假如小明曉得驗明手指頭的正身，那他就會發現裡面有冒充的，把那冒充的除去，他也就不會挨罵了！同樣的，當我們解一個無理方程式或分式方程式時，解得的結果也必須驗算，因為那裡面也可能有冒充的根 —— 即所謂的增根 —— 我們必須要把這些增根除掉，而後得出的解才是正確的。

　　那為什麼解無理方程式或分式方程式會引出增根來呢？這是人為的，先就無理方程式而言，其原因就在於你解無理方程式時，把方程式兩端乘方了（通常含「$\sqrt{}$」者是兩端平方），試舉例說明如下：

例1 　試解方程式 $\sqrt{x+2}+4=x$ ⋯⋯⋯⋯⋯⋯⋯⋯⋯⋯⋯⋯⋯⋯⋯ ①

【解】

　　1. 將原來左端的4移到右端，得同義方程式[註1]：

$$\sqrt{x+2}=x-4 ⋯⋯⋯⋯⋯⋯⋯⋯⋯⋯⋯⋯ ②$$

　　2. ②式兩端平方，得

$$x+2=x^2-8x+16 ⋯⋯⋯⋯⋯⋯⋯⋯⋯⋯ ③$$

　　即　　　　　　　　$x^2-9x+14=0$ ⋯⋯⋯⋯⋯⋯⋯⋯⋯ ④

3. 解④得$x=7$或2，但驗算僅7適合而2不合，即為增根。

　　仔細觀察上面解法的步驟，我們可以發現①式與②式同義，而③式與④式同義，{2，7}為④之解集合[註2]，亦即為③之解集合，但不為①之解集合，即不為②之解集合，由此可知②與③不同義，何故呢？因③可化為

$$(\sqrt{x+2})^2 - (x-4)^2 = 0$$

即

$$[\sqrt{x+2} - (x-4)][\sqrt{x+2} + (x-4)] = 0$$

故③之解集合實為

$$\sqrt{x+2} - (x-4) = 0$$

與

$$\sqrt{x+2} + (x-4) = 0$$

二方程式解集合之聯集，亦即為

$$\sqrt{x+2} = x-4$$

與

$$\sqrt{x+2} = -(x-4)$$

二方程式解集合之聯集，前者即為②式其根為7，而後者之根為2即為多出的根（增根）。故知其所以會產生增根乃是由於兩端平方，導致多生出了方程式

$$\sqrt{x+2} = -(x-4)$$

也就多生出了一個根2，**故增根之產生是由於兩端平方所引起的。**

其次再說明解分式方程式會產生增根的道理，看底下的例子：

例2　試解方程式

$$x + \frac{2}{x-1} = \frac{3x-1}{x-1} \quad\cdots\cdots\cdots\cdots\cdots\cdots\cdots\cdots ①$$

【解】

　　1. 以$x-1$乘原式的兩端，得

$$x(x-1) + 2 = 3x - 1 \quad\cdots\cdots\cdots\cdots\cdots\cdots ②$$

即　　　　　　　　　　$x^2 - 4x + 3 = 0 \cdots\cdots\cdots\cdots\cdots\cdots ③$

　　2. 解③式得其根為3與1，但驗算結果僅3適合①，1不合為增根。

　　　於上例之步驟中，②、③二式同義，故②之根亦為3與1，而①之根僅為3，①、②兩者不同義，既然兩者不同義，而②式是由①式兩端同乘$x-1$得到的，故問題的癥結就在於那「兩端同乘$x-1$」了！為何兩端同乘$x-1$會引起增根呢？試看下列的剖析：

①式即　　　　　　　　$\dfrac{x^2 - x + 2}{x-1} - \dfrac{3x-1}{x-1} = 0$

即　　　　　　　　　　$\dfrac{x^2 - 4x + 3}{x-1} = 0$

亦即 $$\frac{(x-1)(x-3)}{x-1}=0 \quad\cdots\cdots\cdots\cdots\cdots\cdots\cdots\cdots\cdots\cdots\cdots④$$

因滿足④之 x 值不能等於1，故 $x-1\neq0$，將④式左端分子、分母之公因式 $x-1$ 約去即得 $x-3=0$，解得其根為3。若於①式兩端同乘 $x-1$，即等於在④式兩端同乘 $x-1$，則得方程式為：

$$(x-1)(x-3)=0$$

此就是③式，解之就會多出一個根1（此時分母等於零）。因此**兩端同乘所有分母的最低公倍式後，假如解得的未知數的值會使分母為零，即為增根**。

但假如④式左端之分子、分母沒有公因式，則兩端同乘分母的最低公倍式，去分母後，所解得的未知數的值必不會使原分母為零，因此不會引入增根，試觀下例便知：

例3 試解方程式 $\quad x-\dfrac{4}{x}=3 \quad\cdots\cdots\cdots\cdots\cdots\cdots\cdots\cdots\cdots\cdots\cdots①$

【解】

1. 原式即 $$\frac{x^2-4}{x}-3=0$$

亦即 $$\frac{x^2-3x-4}{x}=0 \quad\cdots\cdots\cdots\cdots\cdots\cdots\cdots②$$

2. ②式兩端同乘以 x，得

$$x^2-3x-4=0 \quad\cdots\cdots\cdots\cdots\cdots\cdots\cdots③$$

3. 解③得 $x = 4$，-1，因 4 與 -1 均不使②之分母為零，故亦必為②的解，也就是①的解；換句話講①、③同義。為什麼會這樣呢？蓋在於②式左端之分子、分母無公因式的緣故，故滿足③的 x 值必不使②之分母為零，因而必能滿足②，反過來說，當然滿足②的也一定滿足③，所以②、③同義，也就是①、③同義。

　　由上所論可知：解分式方程式時，以所有分母的最低公倍式乘原方程式的兩端以消去分母時，可能會引入增根，故所得的結果必須驗算，**但驗算時只需將所求得的 x 值代入分母驗其是否為零即可**，若為零則該式沒有意義，當然該值不為其解；若不為零，則該值就是原方程式的解。蓋滿足最後整式方程式之 x 值若不使原分式方程式的分母為零，則亦必能滿足原分式方程式之故。

　　註1：同義方程式就是解(或根)相同的方程式。
　　註2：解集合就是一個方程式所有的解(或根)所成的集合。

習　題

1. 解無理方程式 $\sqrt{5x - 1} = x + 1$ 時，兩端平方，會不會引入增根？為什麼？

2. 在本文例1中，假如我們將解得的結果代入②式的右端發現其值為負，我們就可以確定它是增根，否則就不是增根？為什麼？

3. 解分式方程式：

$$\frac{x-1}{2x-1} - \frac{2(x-1)}{x+1} = \frac{5x-5}{(2x-1)(x+1)}$$

求解時若先消去兩端分子的公因式 $x-1$，然後再去分母，則解得的結果對不對？為什麼？

4. 解無理方程式 $\sqrt{x-[x]} = 2-x$，其中 $[x]$ 表不超過實數 x 的最大整數，稱為 x 的高斯記號，如 $[\sqrt{5}] = 2$，$[3.2]=3$ 等。

（key：令 $[x] = n$，則 $n \leq x < n+1$，n 為整數，$\therefore 0 \leq x-n < 1$ 即 $0 \leq \sqrt{x-n} < 1$，原式即 $\sqrt{x-n} = 2-x$，再兩端平方解之最後由 $0 \leq 2-x < 1$ 決定 x 值。

解答

1. 答：不會，因為滿足方程式 $5x-1 = (x+1)^2$ 的 x 值必使 $5x-1 > 0$，即 $x > \frac{1}{5}$，因而必使 $x+1 > 0$，故之。

2. 答：因為代入原式右端其值為負，則與左端之值不相等（因左端之值必不為負），故為增根。若代入右端其值不為負，則必滿足原式，故為其根。

3. 答：結果不對！因為消去兩端分子的 $x-1$，則減少了一根「1」。

4. 答：2，$\dfrac{5-\sqrt{5}}{2}$。

二、充分條件與必要條件

上面這一段對話的內容可歸納要點如下：假如男方想獲得女方的愛情的話，他必須真心愛女的（否則免談），但光是死心眼的愛是不夠的，他必須要想辦法使對方也傾心自己，方「事有可成」—— 譬如說：多進健身房把身體練棒一點，或在講話技巧上下點工夫，或努力考好大學或考上留美等等。用數學上命題的形式來說，即「若女的嫁給了男的，則必是男的真心愛上女的」為真（也就是說：男的不真心愛女的就不會嫁給他）。但男的真情地愛上了，是不是就能如願以償呢？不一定，還要看看女方的反應，這時邏輯學家就說了：「男人真心愛女人」只是「贏取芳心」的必要條件而非充分條件 —— 亦即非充要條件也。

一般來說，設 p、q 是兩個有關連的敘述，假如能由 p 推演出 q，這樣我們就說 p 蘊涵 q (p Implies q)，記為 $p \Rightarrow q$。

當 $p \Rightarrow q$ 時，表示有 p 就能「充分」保證有 q，因此稱 p 是 q 的充分條件

（The Sufficient Condition）。換個方式講，「有p就有q」也就是「沒有q就沒有p」，因此「q成立」是「p成立」「必須要」具備的先決條件，吾人就稱q是p的必要條件（The Necessary Condition）。

當$p \Rightarrow q$且$q \Rightarrow p$時（我們稱$q \Rightarrow p$是$p \Rightarrow q$的逆蘊涵），可合書為$p \Leftrightarrow q$，這時p不但是q的充分條件，也是必要條件，合稱充要條件（The Sufficient and Necessary Condition），當然這時q也是p的充要條件，我們稱p、q互為充要條件。

譬如我們由$x = 1$可推得$x^2 = 1$，但反之不然（即$x = 1 \Rightarrow x^2 = 1$但$x^2 = 1 \nRightarrow x = 1$），故$x = 1$是$x^2 = 1$的充分條件，但非必要條件，當然$x^2 = 1$是$x = 1$的必要條件，而非充分條件，又如：$a < 0$，$b > 0$是實係數二次方程式$x^2 + ax + b = 0$二根均為正的必要條件，而非充分條件，蓋因：兩根均為正$\Rightarrow$兩根的和為正，且兩根的積為正$\Rightarrow -a > 0$，$b > 0 \Rightarrow a < 0$，$b > 0$，但其逆不真。又如：設n為整數則n為偶數$\Leftrightarrow n^2$為偶數，故n為偶數是n^2為偶數之充要條件。

充分條件是「有之則必然，無之未必不然」，必要條件是「無之則不然，有之未必然」，而充要條件是集兩者之大成：「有之則必然，無之則不然」，如上面所舉的第一個例子中，假如x等於1，當然x^2也一定等於1，但x不等於1，x^2未必就不等於1（如$x = -1$也可使$x^2 = 1$），這就是：「有之則必然，無之未必不然」。反過來講，假如$x^2 \neq 1$則x一定不等於1（因為假如$x = 1$，則x^2就等於1了！），但$x^2 = 1$未必$x = 1$（也可能等於-1），這就是：「無之則不然，有之未必然」。由上之討論也可以看出「$x = 1 \Rightarrow x^2 = 1$」與「$x^2 \neq 1 \Rightarrow x \neq 1$」是同義的兩個敘述，我們稱後者

是前者的逆轉蘊涵，當然「$x^2=1 \Rightarrow x=1$」與「$x \neq 1 \Rightarrow x^2 \neq 1$」也有逆轉蘊涵的關係。一般而言，「非 $q \Rightarrow$ 非 p」[註1]是「$p \Rightarrow q$」的逆轉蘊涵（當然後者也是前者的逆轉蘊涵），兩者必同為真或同為假（不真），如上之「$x=1 \Rightarrow x^2=1$」與「$x^2 \neq 1 \Rightarrow x \neq 1$」兩者同為真，而「$x^2=1 \Rightarrow x=1$」與「$x \neq 1 \Rightarrow x^2 \neq 1$」兩者同為假。

　　至於充要條件呢？以上面所舉的第3個例子來講，假如 n 為偶數，當然 n^2 一定是偶數，而且 n 不為偶數（也就是 n 為奇數），n^2 也一定不為偶數（為奇數），這就是：「有之則必然，無之則不然」。「$p \Rightarrow q$」也可唸為「若 p 則 q」（If p then q），「$q \Rightarrow p$」也可唸為：「若 q 則 p」，因此「$p \Leftrightarrow q$」可唸為「若 p 則 q 且若 q 則 p」，也可唸為「若且唯若 p 則 q」（If and only if p then q），其中「若 p 則 q」表「$p \Rightarrow q$」，而「唯若 p 則 q」（也就是若 q 則 p）表「$q \Rightarrow p$」（也就是：「非 $p \Rightarrow$ 非 q」，故「若且唯若 p 則 q」為真時，p 為 q 之充要條件。「若且唯若 p 則 q」我們可由字面直接接受其意義如下（並非所有的數學名詞皆可如此「顧名思義」）：若有 p 則有 q，且亦唯有 p 才有 q（也就是沒有 p 就沒有 q），這正是「有之則必然，無之則不然」啊！舉個例子說：如：若 $x>1$ 則 $x-1>0$，也唯有 $x>1$，方有 $x-1>0$，故此時 $x>1$ 即為 $x-1>0$ 之充要條件。又如：「學業好」為「競選模範學生」的必要條件，但非充分條件，蓋學業好還須其他四育好，才能參加模範生競選，但若學業不好，那就沒有這個權利了。又如：「科學發達」是「一個國家富強」的必要條件，但亦非充分條件，因為要國家富強除了科學發達一項因素外，必須要有其他條件配合。但科學發達與國家富強是那麼息息相關、不可或缺，故我們說前者為後者的必要條件。

在平時常有同學犯了上面那位男士單戀的毛病，誤認必要條件為充要條件，試看下面的例子：如於實係數二元二次方程式（A）$ax^2 + cy^2 + dx + ey + f = 0$中，「$a = c$」為「此方程式之圖形為一圓」之必要條件，但非充要條件，此意即若$a \neq c$，則（A）之圖形必不為一圓，但當$a = c$時，其圖形未必為一圓！（如$2x^2 + 2y^2 + 8x - 4y + 1 = 0$為圓，但$2x^2 + 2y^2 + x - y + 1 = 0$則否，讀者試自行指出必須加上何種條件方可保證（A）必表一圓），又如：設x，$y \in R$，則$\sqrt{x^2 + y^2} = x - y$之充要條件為：（1）$x = y = 0$，（2）$x = 0$，$y > 0$，（3）$x > 0$，$y = 0$，（4）$x = 0$或$y = 0$，（5）$x \cdot y = 0$且$x \geq y$，這個題目有很多同學選（4）為答案，這是不對的，正確應（5）。

因為$x \cdot y = 0$（即$x = 0$或$y = 0$）僅為$\sqrt{x^2 + y^2} = x - y$之必要條件而已，為什麼呢？

因$\sqrt{x^2 + y^2} = x - y$ ⋯⋯⋯⋯⋯⋯⋯⋯⋯⋯⋯⋯⋯⋯⋯⋯⋯ ①

$\Rightarrow x^2 + y^2 = (x - y)^2$ ⋯⋯⋯⋯⋯⋯⋯⋯⋯⋯⋯⋯⋯⋯ ②

$\Rightarrow x^2 + y^2 = x^2 + y^2 - 2x \cdot y$ ⋯⋯⋯⋯⋯⋯⋯⋯ ③

$\Rightarrow 2x \cdot y = 0$ ⋯⋯⋯⋯⋯⋯⋯⋯⋯⋯⋯⋯⋯⋯⋯⋯⋯⋯⋯ ④

$\Rightarrow x \cdot y = 0$ ⋯⋯⋯⋯⋯⋯⋯⋯⋯⋯⋯⋯⋯⋯⋯⋯⋯⋯⋯ ⑤

而在以上之運算步驟中，①⇒②不能逆推（$\because x^2 + y^2 = (x - y)^2 \Rightarrow \sqrt{x^2 + y^2} = |x - y|$，$\sqrt{x^2 + y^2}$不一定等於$x - y$，$\therefore$②$\not\Rightarrow$①），其餘均可逆推，因此不能由⑤逆推到①，也就是⑤$\not\Rightarrow$①，故$x \cdot y = 0$（也就是$x = 0$或$y = 0$）只是$\sqrt{x^2 + y^2} = x - y$的必要條件，而非充要條件，但假如題中，限定$x \geq y$則$x - y$必定≥ 0則為充要條件。其餘（1）（3）均僅為充分條件，而

（2）皆非。

除了誤認「必要」為「充要」外，還有更嚴重的就是誤認充分條件為充要條件，如：設 x，$y \in R$ 則 $x \geq 0$，$y \geq 0 \Rightarrow \sqrt{x} \cdot \sqrt{y} = \sqrt{x \cdot y}$，但其逆不真，蓋使 $\sqrt{x} \cdot \sqrt{y} = \sqrt{x \cdot y}$ 成立之 x，y 非僅限於 $x \geq 0$，$y \geq 0$ 也，如 $x > 0$，$y < 0$ 亦可，故 $x \geq 0$，$y \geq 0$ 僅為 $\sqrt{x} \cdot \sqrt{y} = \sqrt{x \cdot y}$ 之充分條件，而非充要條件。又如兩角 α 與 β 相等是 $\sin\alpha = \sin\beta$ 的充分條件但非充要條件，蓋因 $\alpha \neq \beta$ 亦可能 $\sin\alpha = \sin\beta$（如 $\alpha = 60^\circ$，$\beta = 120^\circ$），又如「$\alpha = \beta$」$\Rightarrow$「$\sin\alpha = \sin\beta$，$\cos\alpha = \cos\beta$」，但「$\sin\alpha = \sin\beta$，$\cos\alpha = \cos\beta$」$\Rightarrow$「α 與 β 為同界」，未必「$\alpha = \beta$」，故「$\alpha = \beta$」亦僅為「$\sin\alpha = \sin\beta$，$\cos\alpha = \cos\beta$」之充分條件。

充要條件（即充分必要條件）的觀念在數學上是很重要也很有用的，它有一個很重要的性質，現在特別強調一下。這個性質是：當「p」是「q」的充要條件（也就是 $p \Leftrightarrow q$）時，則「p」與「q」同義（或稱等值 equivalence）。何謂同義或等值呢？假如 p、q 表兩個敘述的話，則此兩敘述有相同的真假值（即同為真或同為假），又假如 p、q 表方程式（或不等式）或方程組（或不等式組）的話，則 p、q 之解相同（因而圖形相同）舉例如下：

例1 設 a、b 為實數，則 $a \cdot b = 0 \Leftrightarrow a = 0$ 或 $b = 0$，故「$a \cdot b = 0$」與「$a = 0$ 或 $b = 0$」同義。因此 $(x + y) \cdot (x - y) = 0 \Leftrightarrow x + y = 0$ 或 $x - y = 0$，而 $(x + y) \cdot (x - y) = 0$ 即 $x^2 - y^2 = 0$，故 $x^2 - y^2 = 0 \Leftrightarrow x + y = 0 \lor x - y = 0$，$\therefore$ 方程式 $x^2 - y^2 = 0$ 的圖形就是兩直線：$x + y = 0$ 與 $x - y = 0$。

例2 設 a、b 為實數，則 $a^2 + b^2 = 0 \Leftrightarrow a = 0$，且 $b = 0$，故「$a^2 + b^2 = 0$」與「$a = 0$ 且 $b = 0$」同義。因此 $(x+y)^2 + (x-y)^2 = 0 \Leftrightarrow x+y = 0$ 且 $x - y = 0 \Leftrightarrow x = y = 0$，故 $(x+y)^2 + (x-y)^2 = 0 \Leftrightarrow x = y = 0$，$\therefore$ 方程式 $(x+y)^2 + (x-y)^2 = 0$ 的圖形只有一點（0，0）。

例3 $\sqrt{x} \geq 0$，$\sqrt{y} \geq 0$，$x + y - 1 \leq 0 \Leftrightarrow \sqrt{x}\sqrt{y}(x+y-1) \leq 0$，而左邊三式可

輕鬆學好高中數學

書為 $\begin{cases} \sqrt{x} \geq 0 \\ \sqrt{y} \geq 0 \\ x+y-1 \leq 0 \end{cases}$ （稱為不等式組），故知不等式組 $\begin{cases} \sqrt{x} \geq 0 \\ \sqrt{y} \geq 0 \\ x+y-1 \leq 0 \end{cases}$ 與不等

式 $\sqrt{x}\sqrt{y}(x+y-1) \leq 0$ 同義。（即 $\begin{cases} x \geq 0 \\ y \geq 0 \\ x+y-1 \leq 0 \end{cases}$ 與 $\sqrt{x}\sqrt{y}(x+y-1) \leq 0$ 同

義，何故？）但不等式組(A) $\begin{cases} x \geq 0 \\ y \geq 0 \\ x+y-1 \leq 0 \end{cases}$ 與不等式(B) $xy(x+y-1) \leq 0$ 並

不同義，蓋滿足(A)的 $(x，y)$ 必滿足(B)，但反之未必（因滿足(B)的 $(x，y)$ 也可能 $x \leq 0$，$y \geq 0$，$x+y-1 \geq 0$ 或 $x \geq 0$，$y \leq 0$，$x+y-1 \geq 0$ 或 $x \geq 0$，$y \geq 0$，$x+y-1 \leq 0$ 等等啊！），也就是說，(A)之解必為(B)之解，但(B)之解不一定為(A)之解，故(A)之解僅為(B)之解的一部分而已。

例4 設 a、b 均為非負實數，則 $a = b \Leftrightarrow a^2 = b^2$，因此 $\sqrt{x^2 + y^2} = 6 \Leftrightarrow x^2 + y^2 = 36$，也就是方程式 $\sqrt{x^2 + y^2} = 6$ 之圖形為圓：$x^2 + y^2 = 36$，同理 $|y| =$

$\sqrt{4-x^2} \Leftrightarrow y^2 = 4-x^2 \Leftrightarrow x^2+y^2 = 4$，故 $|y|=\sqrt{4-x^2}$ 之圖形為一圓 $x^2+y^2=4$，但

$$y = \sqrt{4-x^2} \overset{\Rightarrow}{\underset{\Leftarrow}{(\quad)}} y^2 = 4-x^2$$
$$\Leftrightarrow x^2 + y^2 = 4$$

故 $y=\sqrt{4-x^2}$ 之圖形僅為圓 $x^2+y^2=4$，x 軸上方之半圓（包括 x 軸上的點）而已（因為 $y=\sqrt{4-x^2} \geq 0$），同理 $y=-\sqrt{4-x^2}$ 為 x 軸下方之半圓（包括 x 軸上的點），而 $y=\pm\sqrt{4-x^2}$ 實際上就是 $y^2=4-x^2$，也就是 $|y|=\sqrt{4-x^2}$。

　　明白言之，在一定理之敘述中，若其敘述形如「若A則B」時，則僅表示在「A」之假設下必有「B」之結論，至於有「B」是否必有「A」並無言及，可能有也可能沒有，但此非本定理之內容。除非一定理以「若且唯若A則B」之形式出現，我們才可斷定有「A」必有「B」，且有「B」亦必有「A」。但須注意有一例外，就是於定義中本應均書為「若且唯若A則B」之形，但為簡便常省略「且唯若」三字，而僅以「若A則B」之形出現，然其意義實際上即為「若且唯若A則B」之意，如定義「若∠A為90°，則稱∠A為直角」，此定義包含下列二項事項：若有一角為90°，則此角必為直角，且若某角為一直角，則此角必為90°，以上所舉之例子說明了一個定義之特殊性質：定義本身必須具有明確性與唯一性，即定義中的條件要很明確，且唯有滿足此條件者方可稱之為某某，不滿足的就不能如此稱呼。如上例中，90°的角稱為直角，則非90°的角就不能再稱為直角，否則必天下大亂！又如在拋物線之定義中，我們明確的言及「平面上一切與一定直線及不在此直線上之一定點等距離之點所成的圖形稱為拋物

線」，故假如定點在直線上，則所得非拋物線，同樣的，若僅為拋物線之部分而已，則亦非拋物線（如 $y = \sqrt{4x}$ 僅表拋物線 $y^2 = 4x$ 之上半部分而已（包含頂點在內），故不能稱為拋物線），蓋定義中言及「一切與……之點」所成之圖形為拋物線，故若僅為部分點，則「一切……點」之條件不合，因而非為拋物線也。

通常我們有一個懶惰的習慣，即研究某事物時，對其中的專有名詞與專門的觀念常不求甚解，或僅一知半解或似通而非通，或甚至強以普通事物的概念去解釋專門的知識，這是很危險的，常會因差之毫釐而失之千里。數學是一門專門的科學，數學名詞是專有的名詞，數學觀念是專門的知識，故絕對不能憑原始的心靈臨空玄想，因此假如你有一個名詞不甚瞭解的話，你必須馬上找出書本定義去作詳細的研讀，以求真正意義的瞭解，定理亦是如此。換言之，初學者必須要把握住一點專業的精神與真誠的態度，不要只會套公式、背解法、填答案，要學習著使心靈作生動的飛翔，心思作開放的活動，多思考、多觀察，尤其是要多領會多判斷而非僅在於多記憶，唯有如此，在可預見的將來，你心智的領域才能迸發出燦爛的火花與懾人的光芒！

註1：「非 p」表 p 之反面敘述稱為 p 的否定，如「$x = 1$」之否定為「$x \neq 1$」，「$x > 1$」之否定為「$x \not> 1$」，也就是「$x \leq 1$」。

習　題

1. 試以充分、必要、充要填入下列空格內，注意：若為充要條件則填「充要」，若僅為充分條件或必要條件，則填「充分」或「必要」。

(1) $\triangle ABC$中，$AB = AC$是$\angle B = \angle C$的_____條件。

(2) $0 < x < 3$是$x^2 - x - 6 < 0$的_____條件。

(3) $x = y = 1$是$2x - y = 2y - x = 1$的_____條件。

(4) 設x，$y \in R$，則$x = y$是$x^2 + y^2 = xy$的_____條件。

(5) 設a，b，c為$\triangle$之三邊長，則$a^3 + b^3 + c^3 = 3abc$是這個$\triangle$為等邊$\triangle$的_____條件。

(6) $a > 0$，$b > 0$為實係數方程式$x^2 + ax + b = 0$二根均為負的_____條件。

2. 試證：$a + b < 1$是$x^2 + ax - b = 0$有虛根的必要條件，又$a^2 + b < 0$是$x^2 - ax - b = 0$有虛根的充分條件（此中a，$b \in R$）。

3. 設x、y為實數則$|x + y| = |x| + |y|$之充要條件為_____。

4. 拋物線$y = ax^2 + bx + c$

(1) 有最高點之充要條件為何？

(2) 有最低點之充要條件為何？

(3) 通過4個象限之條件為何？

5. 設一拋物線之焦點坐標為$(1，1)$，準線方程式為$x + y + 2 = 0$，則其方程式為何：（提示：設$p(x，y)$是拋物線上的一點，則到焦點的距離＝

此點到準線的距離，亦即 $\sqrt{(x-1)^2+(y-1)^2} = \dfrac{|x+y+2|}{\sqrt{2}}$ 因兩邊均不為負，故與下式同義 $(x-1)^2+(y-1)^2 = \dfrac{(x+y+2)^2}{2}$ 再化簡可得。）

解答

1. 答：(1)充要；(2)充分；(3)充要；(4)必要；(5)充要；(6)必要。

2. Key：(1)證明：若 $a^2+4b<0$ 則 $a+b<1$。

           (2)證明：若 $a^2+b<0$ 則 $a^2+4b<0$。

3. 答：$x \cdot y \geq 0$。

4. 答：(1)$a<0$；(2)$a>0$；(3)$a \cdot c<0$。

5. 答：$x^2-2xy+y^2-8x-8y=0$。

三、談無窮數列的極限

先讓我介紹「鐘樓怪人」這部電影，這是一部古老的電影，片中<u>珍娜露露布麗姬妲</u>飾演一個大美人，<u>安東尼昆</u>飾演宮廷中一名長得很醜之看管鐘樓的怪人，怪人對美人傾慕久已，無奈自慚形穢，不敢表示。<u>安東尼昆</u>單戀在心，因而鬱鬱不樂，自不在話下，但他對美人卻一直注意且暗中相助。後來宮廷發生變亂，美人不幸慘死，<u>安東尼昆</u>見狀從鐘樓上跳下來撫屍大哭，緊緊擁抱著屍體不放——夜以繼日地。經過好幾年以後，人們在這個宮殿的廢墟裡發現了他倆的遺體——兩具骨骸——完全嵌在一起，幾乎是合而為一變成一個人了。不！只是「幾乎」而已，實際上兩者之間應該還有空隙存在的，不管它有多小。讓我們假設他倆遺骸的融合是時間的函數，隨著時間的增加也愈趨近，直至永遠，那麼我們可以說，<u>安東尼昆</u>的骨骸是趨近於<u>珍娜露露布麗姬妲</u>的骨骸為其極限，姑且借用極限的符號可表為

$$\lim_{t \to \infty} N_t = J$$（N_t表<u>安</u>者，J表<u>珍</u>者，t表時間，以秒計。）

就數列 $\{0, \frac{3}{2}, \frac{2}{3}, \cdots, 1 + \frac{(-1)^n}{n}, \cdots\}$ 而言，當 n 很大時，則 $\frac{1}{n}$ 很小，因此 $1 \pm \frac{1}{n}$ 很靠近於 1，n 越大則越靠近，然則此種靠近可至何種之程度？是不是到某種程度以後就不再繼續靠近了？換言之，$|a_n - 1| = \frac{1}{n}$ 可小於何種程度之正數？是不是此種正數其大小要有所限制？這個答案是否定的：

譬如我們要 $|a_n - 1|$ 小於 $\frac{1}{100}$，即欲 $\frac{1}{n} < \frac{1}{100}$，能不能辦得到？可以，只要取 $n > 100$ 即可，即 $n = 101$、102、…均可，又如要它小於 $\frac{1}{10000}$，即欲 $\frac{1}{n} < \frac{1}{10000}$，也可以，只要取 $n > 10000$ 即可，即 $n = 10001$、10002、…均可。對一般情形而言，我們如要 $|a_n - 1|$ 小於一任意小之正數 ε，只要取 $n > \frac{1}{\varepsilon}$ 就成了，因為當 $n > \frac{1}{\varepsilon}$ 時就有 $\frac{1}{n} < \varepsilon$，也就是 $|a_n - 1| < \varepsilon$。換個形式來講，這就是說：對於任予之正數 ε，若取 $n_0 = \frac{1}{\varepsilon}$，則對一切自然數 $n > n_0$ 就有 $|a_n - 1| < \varepsilon$ 恆成立，那麼我們就管數列 $\{a_n\}$ 叫做收斂於1為其極限。簡記 $\lim\limits_{n \to \infty} a_n = 1$。

　　上面的意義我們可用下列圖示的方法來表明（參閱圖1）：

　　於 xy 一平面上作直線 $y = 1$，然後標點 $p_n(n，a_n)$，即取自然數為橫座標而對應數 a_n 為縱座標，如此可得 $p_1(1，0)$、$p_2(2，\frac{3}{2})$、$p_3(3，\frac{2}{3})$、$p_4(4，\frac{5}{4})$、…，然後任取正數 ε，作三直線 $y = 1 \pm \varepsilon$ 與 $x = \frac{1}{\varepsilon}$，則你可發現凡在直線 $x = \frac{1}{\varepsilon}$ 右邊之點其與 $y = 1$ 之距離均在直線 $y = 1 + \varepsilon$ 與 $y = 1 - \varepsilon$ 之間，即 $|a_n - 1| < \varepsilon$ 對一切 $n > \frac{1}{\varepsilon}$ 均成立。如取 $\varepsilon = \frac{1}{3}$，則除了點 $p_1(1，0)$、$p_2(2，\frac{3}{2})$、$p_3(3，\frac{2}{3})$ 以外，其餘在直線 $x = 3$ 右邊之點 $p_4(4，\frac{5}{4})$、$p_5(5，\frac{4}{5})$，…均在直線 $y = 1 + \varepsilon$ 與 $y = 1 - \varepsilon$ 之間（如圖1），即當 $n > 3$ 時恆有點 $p_n(n，a_n)$ 與直線 $y = 1$ 之距離小於 $\frac{1}{3}$。即對一切 $n > n_0(n_0 = 3)$，$|a_n - 1| < \frac{1}{3}$ 恆成立，然後你取其他任意之正數 ε（當然要小一點才有意思），你仍然可以發現有上面之性質。

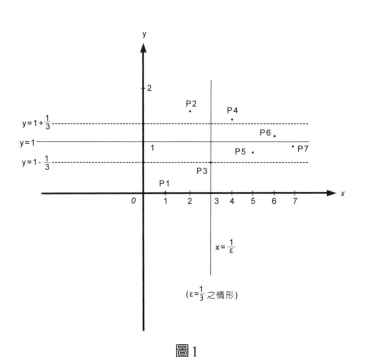

圖1

　　然而上面所取之正數n_0，是不是一定就是正整數呢？當然不是，如

$\varepsilon = \dfrac{2}{5}$的話，那麼$n_0$就要變成$\dfrac{5}{2}$了，甚至可取$\varepsilon = \sqrt{\dfrac{2}{5}}$，此時$n_0$變為$\dfrac{\sqrt{5}}{\sqrt{2}}$，

因此n_0不一定要正整數，只要正數就成了。由上之說明也另外可以看出n_0

之所取常是決定於ε之大小的，也就是說n_0是隨ε而變的，除非a_n恆為一常

數，其每一項均相同，則n_0可以任意取，如$a_n = 2$，對於任一正數ε，我們

可任取一正數n_0，則對一切$n > n_0$均恆有$|a_n - 2| = 0 < \varepsilon$，因此$\lim\limits_{n \to \infty} a_n = 2$。

　　那麼n_0之取法是不是就隨ε而唯一確定呢？當然也不是，如前所取

$\varepsilon = \dfrac{1}{3}$ 時，我們除了取 $n_0 = 3$ 以外，還可以取 $n_0 = 3\dfrac{1}{2}$ 或 $3\dfrac{1}{3}$ 或 $\sqrt{10}$ …等等，因為當 n 大於上面所取之任一 n_0 時均可使 $n > 3$，因此恆有 $\dfrac{1}{n} < \dfrac{1}{3}$，亦即 $|a_n - 1| < \dfrac{1}{3}$，用圖示方法來講：凡在直線 $x = 3$ 右邊任作 x 軸之垂線 $x = k$（$k > 3$），則在 $x = k$ 右邊之點必在 $x = 3$ 之右邊，因此該點與 $y = 1$ 之距離必小於 $\dfrac{1}{3}$，故知所需之 n_0 並非唯一存在，但我們只要能找出其中一個就好了。

再舉個例子：有一數列 $\{a_n\}$，其定義為：當 n 為奇數時，$a_n = 2$，n 為偶數時，$a_n = \dfrac{2n-1}{n}$，則此數列趨近於 2 為極限，蓋對於任予之正數 ε，取 $n_0 = \dfrac{1}{\varepsilon}$，則當 $n > n_0$ 時，若 n 為奇數，則

$$|a_n - 2| = |2 - 2| = 0 < \varepsilon$$

若 n 為偶數時，則

$$|a_n - 2| = \left| \dfrac{2n-1}{n} - 2 \right| = \dfrac{1}{n} < \varepsilon 。$$

畫個圖來說（參閱圖2），對於任予之正數 ε，作直線 $y = 2 \pm \varepsilon$ 與 $y = 2$ 並作直線 $x = \dfrac{1}{\varepsilon}$，則對於一切在直線 $x = \dfrac{1}{\varepsilon}$ 右邊之點，必介於直線 $y = 2 + \varepsilon$ 與 $y = 2 - \varepsilon$ 之間，蓋點 P_{2n-1} 均在直線 $y = 2$ 之上，而點 P_{2n} 均在直線 $y = 2$ 與 $y = 2 - \varepsilon$ 之間，故也。

上面這個例子與開頭第一個例子之趨近的情形有所不同。於第一個例

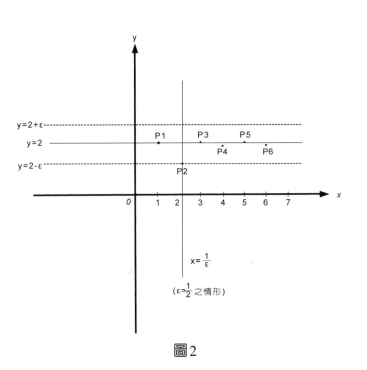

圖2

子中n越大，則a_n亦愈趨近於1，但第二個例子中並非如此，如$|a_3 - 2| = 0$，但$|a_4 - 2| = \dfrac{1}{4}$，顯然a_4並不比a_3靠近2。由此可知數列之收斂並非均如第一個例子之情形者。那麼對於一般情形而言，何謂一無窮數列$\{a_n\}$之極限為α呢？其定義如下：對於任予之正數ε必有一正數n_0使對一切自然數$n >$ n_0，恆有$|a_n - \alpha| < \varepsilon$成立，則稱$\{a_n\}$收斂於$\alpha$或$\{a_n\}$以$\alpha$為其極限。

　　以上定義中，為何要規定$|a_n - \alpha| < \varepsilon$對一切大於$n_0$之自然數$n$均成立呢？能不能對某些大於$n_0$之$n$成立就好了呢？當然不成，因為假如不對一切$n > n_0$之$n$均成立，也許就會有項數大於$n_0$之某些項會離$\alpha$很遠，這時你

怎能說它趨近於α為極限呢？如$a_n = \sin n°$如取$\varepsilon = \dfrac{1}{2}$、$n_0 = 150$、$\alpha = 0$，則雖然當$150 < n < 210$有$|a_n - 0| < \dfrac{1}{2}$，但並非一切$n > 150$均有此性質，顯然$n = 270$、$450$、…時，$|a_n| = 1$與$0$之相差很大，取$n_0$為其他之正數，仍有某一大於$n_0$之$n$使$a_n$與$0$相距很遠（參閱圖3）。此時我們當然不能說$\{a_n\}$趨近於$0$為其極限。同理，任意其他實數均不為其極限，故$a_n$無極限，我們稱之為發散數列。

其次「為什麼定義中要規定ε為任一所予之正數呢？」「只對某一、二特定之正數而言不可嗎？」當然不可！因為如此不能保證a_n能很靠近於α，故必須要為任予之正數。此中「任一所予之正數」中之「任一」相對於「某一」，

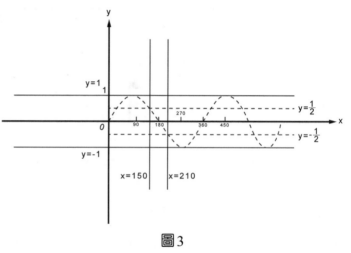

圖3

意指可以取為任意小，比你所能想像的小還小，於是$|a_n - \alpha|$方可任意地小，也就是a_n可任意地靠近於α了。就如同前面所說，安和珍他倆遺骸之融合是無限制的，而達到了「天長地久有時盡，此情綿綿無絕期」之境界。

以上之說明多所比喻，且對定義條剖縷析，目的在增進你對極限之了解。不過你要把它連貫起來，整體來看，如此較能把握到它的意義。

四、由龜兔賽跑談無窮級數求和

大家一定都聽說過龜兔賽跑的故事。驕傲的兔子常常嘲笑烏龜說，看你這個醜傢伙，爬起路來又笨又慢，假如我們來作一萬公尺的賽跑，我讓你先爬一千公尺，我還是會贏你。烏龜實在嚥不下這口氣，終於答應跟兔子比賽，他們請來了猴子當裁判，起跑前烏龜先爬在前面一千公尺，然後槍聲一響，兩者同時出發，只見兔子健步如飛，一下子就趕過烏龜而遙遙領先，這時兔子驕傲的心理又在作祟了：現在我已經領先這麼多了，我姑且在路旁陰涼處休息一下，等等烏龜也不遲啊！說著躺下就睡著了，一臉神氣狀，還將屁股朝向烏龜呢！正當兔子好夢正酣時，烏龜默默辛苦地爬著，發揮堅忍不拔的毅力一直爬到終點，獲得了這場比賽的勝利，這時兔子還未醒過來呢！

當人們聽了這個故事，都在為烏龜獲勝、兔子慘敗高興時，希臘有一位詭辯家齊諾（Zeno），卻給大家潑了一盆冷水，他說，這個故事是絕對不可能發生的，因為當兔子讓烏龜先爬行一段距離時，兔子就永遠趕不上烏龜了，因而不會發生兔子睡覺而烏龜獲勝的事，他的理由是：（參閱下圖）

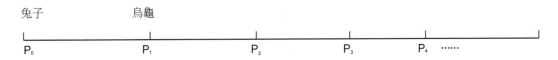

假如出發時兔子在 P_0 處，而烏龜在兔子前面 P_1 處，則當兔子由 P_0 跑到 P_1 時，烏龜同時也由 P_1 爬到了 P_2，然後當兔子由 P_1 跑到 P_2 時，烏龜也同時由 P_2 爬到了 P_3，如此繼續兔子永遠落後烏龜一段距離，因而趕不上烏龜。

當然，大家不會相信齊諾的鬼話，我們可以用無窮級數求和來駁倒他，為了說明方便，我們得假設一些文字數字來計算比較好，譬如說我們假設 $\overline{P_0P_1}=a$，而兔子的速度為每秒 V_1 公尺，烏龜的速度為每秒 V_2 公尺（ $V_1 > V_2$ 且設兩者均以等速度前進），則兔子由 P_0 跑到 P_1 的時間為 a/V_1 （秒），這也是烏龜由 P_1 爬到 P_2 的時間，因此烏龜由 P_1 爬到 P_2 的距離 $\overline{P_1P_2}=\left(\dfrac{a}{V_1}\right)\times V_2=a\left(\dfrac{V_2}{V_1}\right)$ （公尺），仿此可求得 $\overline{P_2P_3}=a\left(\dfrac{V_2}{V_1^2}\right)\times V_2=a\left(\dfrac{V_2}{V_1}\right)^2$ （公尺）， $\overline{P_3P_4}=a\left(\dfrac{V_2}{V_1}\right)^3$ （公尺），於是 $\overline{P_0P_1}+\overline{P_1P_2}+\overline{P_2P_3}+\overline{P_3P_4}+\cdots=a+a\left(\dfrac{V_2}{V_1}\right)+a\left(\dfrac{V_2}{V_1}\right)^2+a\left(\dfrac{V_2}{V_1}\right)^3+\cdots$ 成等比級數，藉無窮等比級數求和可得上式之和為 $\dfrac{aV_1}{V_1-V_2}$ （公尺），這是兔子趕上烏龜所跑的距離，由此可求得兔子趕上烏龜所花的時間是 $\dfrac{a}{V_1-V_2}$ （秒），這就表示兔子在有限的時間就能趕上烏龜，當然過此時間後兔子就超過烏龜了！註1

上面 $\overline{P_0P_1}+\overline{P_1P_2}+\overline{P_2P_3}+\overline{P_3P_4}+\cdots=a+a\left(\dfrac{V_2}{V_1}\right)+a\left(\dfrac{V_2}{V_1}\right)^2+a\left(\dfrac{V_2}{V_1}\right)^3+\cdots$ 中，因為有無窮多項，所以稱它是一個無窮級數，它的和是怎麼求出來的呢？為了答覆這個問題，我們先來看一個例子：

例1　試求 $1 - \dfrac{1}{2} + \dfrac{1}{4} - \dfrac{1}{8} + \cdots + (-1)^{n-1}\dfrac{1}{2^{n-1}} + \cdots$ 的和是多少？

【解】

　　這個問題我們可以用圖形來解答它，如下圖，$\triangle ABC$ 中令 $\overline{AM_1}$ 為 $\overline{BC}$ 上的中線其長為1，取 $\overline{AB}$，$\overline{AC}$ 兩邊的中點 D_1，E_1 與 M_1 連成 $\triangle D_1M_1E_1$，令 $\overline{D_1E_1}$ 交 $\overline{AM_1}$ 於 M_2，又連 $\overline{D_1M_1}$，$\overline{E_1M_1}$ 之中點 E_2，D_2 所成線段交 $\overline{AM_1}$ 於 M_3，又連 $\overline{E_2M_2}$，$\overline{D_2M_2}$ 之中點所成線段交 $\overline{AM_1}$ 於 M_4… 如此繼續至無窮，則

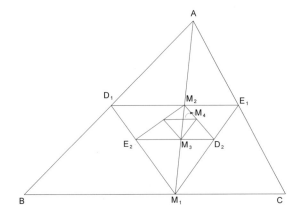

$$\overline{AM_1} = 1$$
$$\overline{AM_2} = 1 - \frac{1}{2}$$
$$\overline{AM_3} = 1 - \frac{1}{2} + \frac{1}{4}$$
$$\overline{AM_4} = 1 - \frac{1}{2} + \frac{1}{4} - \frac{1}{8}$$
$$\therefore 1 - \frac{1}{2} + \frac{1}{4} - \frac{1}{8} + \cdots + (-1)^{n-1}\frac{1}{2^{n-1}} = \overline{AM_n}$$

因 n 越大，M_n 會越接近於 G，也就是 $\overline{AM_n}$ 會越接近於 $\overline{AG}$（G 為 $\triangle ABC$ 的重心，也是 $\triangle D_1M_1E_1$，$\triangle D_2M_2E_2\cdots$ 的重心），故

$$1 - \frac{1}{2} + \frac{1}{4} - \frac{1}{8} + \cdots + (-1)^{n-1}\frac{1}{2^{n-1}} + \cdots$$
$$= \overline{AG} = 1 \times \frac{2}{3} = \frac{2}{3}$$

上面這是一個無窮多個數（項）相加能得一個有限值的例子^{註2}，也就是一個無窮級數有和的例子，直覺上您會覺得一個無窮級數 $a_1 + a_2 + a_3 + \cdots + a_n + \cdots$ 有和的先決條件是：當 $n = 1$、2、$3\cdots$ 逐次增大時，$|a_n|$ 越來越小，也就是 a_n 越來越接近於 0（這種接近可到任意所欲之程度），我們就稱數列 $\{a_n\}$ 的極限為 0，記為 $\lim\limits_{n\to\infty}a_n = 0$ 或 $a_n \to 0$，但這只是一個必要條件，並非充分條件，也就是說：當級數 $a_1 + a_2 + a_3 + \cdots + a_n + \cdots$ 有和時，必 $\lim\limits_{n\to\infty}a_n = 0$，但 $\lim\limits_{n\to\infty}a_n = 0$ 時，級數 $a_1 + a_2 + \cdots + a_n + \cdots$ 未必有和，為什麼這樣，我們等下再談。

那麼一個級數有和時，我們如何求它的和呢？除了上面的例1外，我們再舉一個例子，希望能由此得出一般求無窮級數之和的方法（假如它有和的話）：

例2 無窮級數 $\frac{1}{2} + \frac{1}{4} + \frac{1}{8} + \cdots + \left(\frac{1}{2}\right)^n + \cdots$，它的和是多少？

這個問題我們可以把它看成是長為「1」的線段，第一次去掉全長的一半，第二次去掉第一次所剩下的一半，第三次去掉第二次所剩下的一

半⋯，如此繼續無窮多次，求所去掉之線段長的總和是多少？很明顯的，我們可以發現每次去掉前次所剩之一半，剩下的另一半必越來越小（當然所去掉的一半也很小），因此次數多了以後所剩下的應很接近於0，因而去掉的線段長總和應很接近很接近於原線段的長「1」，故我們可以想像無窮多次後，其總和應為1，我們就稱無窮級數 $\frac{1}{2} + \frac{1}{4} + \frac{1}{8} + \cdots + \left(\frac{1}{2}\right)^n + \cdots$ 其和為1。

將以上步驟用數學符號重新表示如下：

令這級數的第n項為a_n，則$a_n = \left(\frac{1}{2}\right)^n$，也就是第$n$次去掉之線段長，那麼第1次到第$n$次所去掉之線段長的總和（以$S_n$表示）為 $S_n = \frac{1}{2} + \frac{1}{4} + \frac{1}{8} + \cdots + \left(\frac{1}{2}\right)^n$，藉等比級數求和可得 $S_n = \frac{\frac{1}{2}\left(1 - \left(\frac{1}{2}\right)^n\right)}{1 - \frac{1}{2}} = 1 - \left(\frac{1}{2}\right)^n$，因當$n = 1$、2、3⋯逐次增大時，$\left(\frac{1}{2}\right)^n$越來越接近於0，故$S_n$越來越接近於1（即$\lim_{n \to \infty} S_n = 1$），這個1就是無窮級數 $\frac{1}{2} + \frac{1}{4} + \frac{1}{8} + \cdots + \left(\frac{1}{2}\right)^n + \cdots$ 的和。

由上面的討論可知：

對一般無窮等比級數 $a_1 + a_2 + a_3 + \cdots + a_n + \cdots$ 來講，令首n項的和為S_n（即$S_n = a_1 + a_2 + \cdots + a_n$，亦稱為$n$項部分和），當$n = 1$、2、3⋯逐次增大時，假如$S_n$越來越接近於某一個定數$S$，這個定數就稱為此無窮級數的和，即和 $S = \lim_{n \to \infty} S_n$，這是說當$\lim_{n \to \infty} S_n$存在時，我們求出$\lim_{n \to \infty} S_n$的值就是和了；可是當$\lim_{n \to \infty} S_n$不存在時，那當然此級數就沒有和了，因此一個級數 $a_1 + a_2 + a_3 + \cdots + a_n + \cdots$ 有沒有和，完全取決於$\lim_{n \to \infty} S_n$是否存在，存在就有和，

反之則無。有和的級數稱為收斂級數，沒有和的級數稱為發散級數，舉個例子：

例3 判斷無窮級數 $\dfrac{1}{1\cdot 3}+\dfrac{1}{3\cdot 5}+\dfrac{1}{5\cdot 7}+\cdots+\dfrac{1}{(2n-1)\cdot(2n+1)}+\cdots$ 是否收斂？若收斂並求其和。

【解】

1. 先求 S_n，

$$
\begin{aligned}
S_n &= \frac{1}{1\cdot 3}+\frac{1}{3\cdot 5}+\frac{1}{5\cdot 7}+\cdots+\frac{1}{(2n-1)\cdot(2n+1)}\\
&= \frac{1}{2}\left[\left(1-\frac{1}{3}\right)+\left(\frac{1}{3}-\frac{1}{5}\right)+\left(\frac{1}{5}-\frac{1}{7}\right)+\cdots+\left(\frac{1}{2n-1}-\frac{1}{2n+1}\right)\right]\\
&= \frac{1}{2}\left(1-\frac{1}{2n+1}\right)
\end{aligned}
$$

2. 因為當 $n=1$、2、$3\cdots$ 逐次增大時，$\dfrac{1}{2n+1}$ 越來越接近於 0，故 $1-\dfrac{1}{2n+1}$ 越來越接近於 1，$\therefore\dfrac{1}{2}\left(1-\dfrac{1}{2n+1}\right)$ 越來越接近於 $\dfrac{1}{2}$，也就是 $\lim\limits_{n\to\infty}S_n=\dfrac{1}{2}$，故此級數收斂，其和為 $\dfrac{1}{2}$。

我們再回顧例1重新將其列為例4。用求 $\lim\limits_{n\to\infty}S_n$ 的方法求其和於下：

例4 求無窮級數 $1-\dfrac{1}{2}+\dfrac{1}{4}-\dfrac{1}{8}+\cdots+(-1)^{n-1}\dfrac{1}{2^{n-1}}+\cdots$ 的和。

【解】

    1. 先求 S_n，

$$S_n = 1 - \frac{1}{2} + \frac{1}{4} - \frac{1}{8} + \cdots + (-1)^{n-1}\frac{1}{2^{n-1}}$$

$$= \frac{1\left[1 - \left(-\frac{1}{2}\right)^n\right]}{1 - \left(-\frac{1}{2}\right)}$$

$$= \frac{2}{3}\left[1 - \left(-\frac{1}{2}\right)^n\right]$$

    2. 當 $n = 1$、2、$3\cdots$ 逐次增大時，$\left(-\frac{1}{2}\right)^n$ 越來越接近於 0，故 $1 - \left(-\frac{1}{2}\right)^n$ 越來越接近於 1，$\therefore \frac{2}{3}\left[1 - \left(-\frac{1}{2}\right)^n\right]$ 越來越接近於 $\frac{2}{3}$，也就是 $\lim\limits_{n \to \infty} S_n = \frac{2}{3}$，故此級數的和為 $\frac{2}{3}$。

    例4與例2都是無窮等比級數的例子，仿照例4的辦法，我們可以證明：

    當 $|r| < 1$ 時，無窮等比級數 $a + ar + ar^2 + \cdots + ar^{n-1} + \cdots$ 收斂，其和為 $\frac{a}{1-r}$，$|r| \geq 1$ 時，此級數發散，沒有和。

    因為此部分課本上已有詳細討論，故在此不再贅述，不過我們可以利用這個結果來說明本文開始時，龜兔賽跑中兔子追上烏龜所跑的距離 $a + a\left(\frac{V_2}{V_1}\right) + a\left(\frac{V_2}{V_1}\right)^2 + \cdots = \frac{aV_1}{V_1 - V_2}$ 是怎麼求出來的？因為它是一個無窮等比級數，公比 $r = \frac{V_2}{V_1} < 1$，首項 a，故其和 $= \dfrac{a}{1 - \dfrac{V_2}{V_1}} = \dfrac{aV_1}{V_1 - V_2}$。

最後我們再來說明一下在前面所提：若無窮級數 $a_1 + a_2 + a_3 + \cdots + a_n + \cdots$ 收斂則 $\lim\limits_{n \to \infty} a_n = 0$，但反之則未必。我們將證明前者，並舉反例說明後者：

證明 1. $a_n = (a_1 + a_2 + \cdots + a_{n-1} + a_n)$
$\qquad\qquad - (a_1 + a_2 + \cdots + a_{n-1})$
$\qquad\quad = S_n - S_{n-1} (n \geq 2)$

2. 因級數 $a_1 + a_2 + \cdots + a_n + \cdots$ 收斂，故 $\lim\limits_{n \to \infty} S_n$ 存在，$\therefore \lim\limits_{n \to \infty} S_{n-1}$ 亦存在且
$\lim\limits_{n \to \infty} S_n = \lim\limits_{n \to \infty} S_{n-1}$[註3]。

3. $\therefore \lim\limits_{n \to \infty} a_n = \lim\limits_{n \to \infty} (S_n - S_{n-1}) = \lim\limits_{n \to \infty} S_n - \lim\limits_{n \to \infty} S_{n-1} = 0$[註4]。

反之：例如無窮級數 $1 + \dfrac{1}{2} + \dfrac{1}{3} + \dfrac{1}{4} + \cdots + \dfrac{1}{n} + \cdots$，其 n 項部分和 $S_n = 1 + \dfrac{1}{2} + \dfrac{1}{3} + \dfrac{1}{4} + \cdots + \dfrac{1}{n}$，我們考慮 n 為 2 之乘冪時，S_n 之值：

當 $n = 1$ 時，$S_1 = 1$

$n = 2$ 時，$S_2 = 1 + \dfrac{1}{2}$

$n = 4$ 時，$S_4 = 1 + \dfrac{1}{2} + \dfrac{1}{3} + \dfrac{1}{4}$
$\qquad\qquad\quad > 1 + \dfrac{1}{2} + \dfrac{1}{4} + \dfrac{1}{4}$
$\qquad\qquad\quad = 1 + \dfrac{1}{2} + \dfrac{1}{2} = 1 + \dfrac{1}{2} \times 2$

$n = 8$ 時，$S_8 = S_4 + (\dfrac{1}{5} + \dfrac{1}{6} + \dfrac{1}{7} + \dfrac{1}{8})$
$\qquad\qquad\quad > 1 + \dfrac{1}{2} \times 2 + \dfrac{1}{8} \times 4$
$\qquad\qquad\quad = 1 + \dfrac{1}{2} \times 3$

$$\vdots \qquad \vdots$$

$$n = 2^m \text{時} , \ S_{2^m} = S_{2^{m-1}} + \underbrace{\frac{1}{2^{m-1}+1} + \cdots + \frac{1}{2^m-1} + \frac{1}{2^m}}_{\text{共} 2^{m-1} \text{個}}$$

$$> 1 + \frac{1}{2} \times (m-1) + \frac{1}{2}$$

$$= 1 + \frac{1}{2} \times m \text{。}$$

當然 m 越大，則 S_{2^m} 也越大，因此 $\lim\limits_{n \to \infty} S_n$ 不存在，也就是原級數發散。

　　從上面這個例子，我們也可看出一個無窮級數之 n 項部分和 S_n 有時是求不出來的，因此要求出此級數的和或判斷其為發散有時並非易事，不過當一個無窮級數成等比時，要求出其和或判斷其為發散，則甚為容易。

　　註1：當然這裡您可以用簡單的代數方程式來求得距離，不過基本上仍要「兔子能在有限時間內趕上烏龜」之前提下才能辦到：

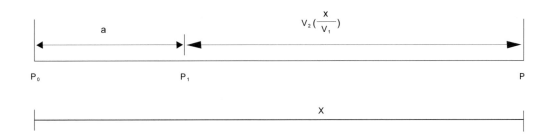

設兔子趕上烏龜所跑的距離共 x 公尺，則兔子跑此距離所花的時間為 $\frac{x}{V_1}$（秒），在此時間內烏龜共爬了 $V_2(\frac{x}{V_1})$（公尺），因為起跑時烏龜在兔子之前 a 公尺，故 $x = a + V_2(\frac{x}{V_1})$（參閱上圖），由此解得 $x = \frac{aV_1}{V_1 - V_2}$（公尺）。

註2：有限多個數相加，其和當然是定值，但無窮多個數相加就未必了，如 $1 + 2 + 3 + \cdots + n + \cdots$ 與 $1 - 1 + 1 - 1 + \cdots + (-1)^{n-1} + \cdots$ 其和均非定值。

註3：一般道理我們不講，只舉下例讓您「相信」：

如設 $S_n = \dfrac{n}{n+1}$ 則 $S_{n-1} = \dfrac{n-1}{n}$ 於是

$$\lim_{n \to \infty} S_n = 1 = \lim_{n \to \infty} S_{n-1} 。$$

註4：一般若 $\{a_n\}\{b_n\}$ 均收斂則

$$\lim_{n \to \infty}(a_n \pm b_n) = \lim_{n \to \infty} a_n \pm \lim_{n \to \infty} b_n 。$$

$$\lim_{n \to \infty}(a_n \cdot b_n) = (\lim_{n \to \infty} a_n) \cdot (\lim_{n \to \infty} b_n) 。$$

又設 $b_n \neq 0$，$\forall n \in N$ 且 $\lim_{n \to \infty} b_n \neq 0$ 則

$$\lim_{n \to \infty}\left(\frac{a_n}{b_n}\right) = \frac{\lim_{n \to \infty} a_n}{\lim_{n \to \infty} b_n} 。$$

五、數學歸納法

數學歸納法是很重要的一種數學方法，它可用來討論很多關係到自然數的問題，今天我們就來談談它的原理與應用，首先看底下的一個傳球遊戲：

這個傳球遊戲是在班上進行的，首先由老師將球拿給1號同學（假設每一位同學按座位順序，由1號開始都編有一個號碼），然後按下列規則進行傳球：當某位同學接到球後，馬上要傳給下一個號碼的同學，一直到最後一位同學接到球為止。

按照以上的方法傳球，每一位同學一定都可以接到一次球。

我們將以上傳球遊戲的結果整理如下：

1. 1號同學先接到球。

2. 當第 k 號同學接到球，則第 $k+1$ 號同學亦必接到球[註]，這樣我們就可以斷定每一位同學一定都會接到球。

一般的情形而言，設 E_n 是表含自然數 n 的命題，假如滿足下列兩個條件，則對一切自然數 n，E_n 一定均為真：

1. $n=1$ 時 E_n 為真（即 E_1 為真）。

2. $n=k$ 時為真 $\Rightarrow$ $n=k+1$ 時為真（即 E_k 為真 $\Rightarrow$ E_{k+1} 為真）。

您比較一下上述傳球的例子，當可明瞭為何如此！

以上即為我們通稱的數學歸納法。欲證明一個命題 E_n 為真，就要證明

它滿足以上條件1、2，條件1稱為檢驗特殊情形，條件2稱為證明一般情形，其步驟為：設E_k為真從而利用它證明E_{k+1}亦為真，不過有時可將1、2兩條件略加調整而得下列兩種情況，分別稱為數學歸納法的型2與型3而稱原來的為型1：

型2：若1.E_1，E_2均為真。

2.E_{k-1}，E_k均為真$\Rightarrow E_{k+1}$為真。

則$\forall n \in N$，E_n均為真。

型3：若1.E_1為真。

2.E_1，E_2，$\cdots$，E_k均為真$\Rightarrow E_{k+1}$為真。

則$\forall n \in N$，E_n均為真。

以上型2稍加說明：首先由1知E_1，E_2均為真。於是由2知E_3為真（即於2中令$k=2$則$k+1=3$），既然E_2，E_3均為真，故由2知E_4為真，再由E_3、E_4均為真，又可推得E_5為真，$\cdots$如此繼續可推得任意自然數n，E_n均為真。型3之理同此。

舉例應用如下：

例1 證明$1^3 + 2^3 + \cdots + n^3 = \left[\dfrac{n}{2}(n+1)\right]^2$，$\forall n \in N$均成立。

證明 利用型1即可證明，讀者自行練習。

例2 證明$3^n \geq n^3$，$\forall n \in N$均成立。

證明 1. 當 $n=1$ 時，左 $=3^1>1^3=$ 右

∴ $n=1$ 時成立

當 $n=2$ 時，左 $=3^2>2^3=$ 右

∴ $n=2$ 時亦成立

當 $n=3$ 時，左 $=3^3=$ 右

∴ $n=3$ 時亦成立

2. 現設 $n=k(k\geq 3)$ 時成立，即設 $3^k\geq k^3$ 成立，則 $n=k+1$ 時，左 $-$ 右 $=$ $3^{k+1}-(k+1)^3=3\cdot 3^k-(k+1)^3$，

因 $3^k\geq k^3$，故 $3\cdot 3^k\geq 3k^3$，於是

$$左-右\geq 3k^3-(k+1)^3=2k^3-3k^2-3k-1$$
$$=(k^3-3k^2+3k-1)+(k^3-6k)$$
$$=(k-1)^3+k(k^2-6)$$

因 $k\geq 3$，故 $(k-1)^3>0$，$k(k^2-6)>0$，

故 $(k-1)^3+k(k^2-6)>0$，即左 $>$ 右。

此表示 $n=k+1$ 時亦成立。

∴ $\forall n\in N$，均成立。

以上之證明實即為型1之應用，但因為要使 $k^2-6>0$，故必須 $k\geq 3$，因此要驗證 $n=1$、2、3等三種特殊情形。

例3 證明 $\dfrac{(1+\sqrt{5})^n-(1-\sqrt{5})^n}{2^n\sqrt{5}}$ 為一自然數（$n\in N$）。

證明 1. 當 $n=1$ 時，原數 $=\dfrac{(1+\sqrt{5})-(1-\sqrt{5})}{2\sqrt{5}}=1$ 為自然數。

2. 設 $n=k(k\in N)$ 時成立，即設 $\dfrac{(1+\sqrt{5})^k-(1-\sqrt{5})^k}{2^k\sqrt{5}}\in N$，則 $n=k+1$ 時，

原數 $=\dfrac{(1+\sqrt{5})^{k+1}-(1-\sqrt{5})^{k+1}}{2^{k+1}\sqrt{5}}=$

$$\dfrac{[(1+\sqrt{5})^k-(1-\sqrt{5})^k][(1+\sqrt{5})+(1-\sqrt{5})]-(1+\sqrt{5})^k(1-\sqrt{5})+(1-\sqrt{5})^k(1+\sqrt{5})}{2^{k+1}\sqrt{5}}$$

$$=\dfrac{[(1+\sqrt{5})^k-(1-\sqrt{5})^k]\cdot 2-(1+\sqrt{5})(1-\sqrt{5})[(1+\sqrt{5})^{k-1}-(1-\sqrt{5})^{k-1}]}{2^{k+1}\sqrt{5}}$$

$$=\dfrac{2[(1+\sqrt{5})^k-(1-\sqrt{5})^k]}{2^{k+1}\sqrt{5}}+\dfrac{4[(1+\sqrt{5})^{k-1}-(1-\sqrt{5})^{k-1}]}{2^{k+1}\sqrt{5}}$$

$$=\dfrac{(1+\sqrt{5})^k-(1-\sqrt{5})^k}{2^k\sqrt{5}}+\dfrac{(1+\sqrt{5})^{k-1}-(1-\sqrt{5})^{k-1}}{2^{k-1}\sqrt{5}}$$

在上數中，因 $\dfrac{(1+\sqrt{5})^k-(1-\sqrt{5})^k}{2^k\sqrt{5}}\in N$ （所設），故欲上數為自然數，必須 $\dfrac{(1+\sqrt{5})^{k-1}-(1-\sqrt{5})^{k-1}}{2^{k-1}\sqrt{5}}$ 亦為自然數才成，因此在假設款中，必須再設 $\dfrac{(1+\sqrt{5})^{k-1}-(1-\sqrt{5})^{k-1}}{2^{k-1}\sqrt{5}}$ 亦為自然數，也就是要假設 $n=k-1$，k （$k\geq 2$）時均成立，如此相對的，在檢驗事項中也要檢驗 $n=2$ 的情形：

當 $n=2$ 時，

$$原數 =\dfrac{(1+\sqrt{5})^2-(1-\sqrt{5})^2}{2^2\sqrt{5}}=1\in N。$$

綜上所述，重新整理此題之證明如下：

一、當 $n=1$ 時，原數 $=1\in N$，

當 $n=2$ 時，原數 $=1\in N$，

故 $n=1$、2 時均成立。

二、設 $n=k-1$、k 時均成立，即設

$$\frac{(1+\sqrt{5})^{k-1}-(1-\sqrt{5})^{k-1}}{2^{k-1}\sqrt{5}} \text{ 與 } \frac{(1+\sqrt{5})^{k}-(1-\sqrt{5})^{k}}{2^{k}\sqrt{5}}$$

均為自然數，則 $n=k+1$ 時，

原數 $=\dfrac{(1+\sqrt{5})^{k}-(1-\sqrt{5})^{k}}{2^{k}\sqrt{5}}+\dfrac{(1+\sqrt{5})^{k-1}-(1-\sqrt{5})^{k-1}}{2^{k-1}\sqrt{5}}$ 亦為自然數，即 $n=k+1$ 時亦成立。

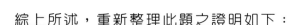

例4 證明：任一 N 的非空部分集合 S 必有一最小元素。

證明 先證下列命題 E_n 為真：「若 $n\in S$ 則 S 中有一最小元素」。

1. 設 $1\in S$ 則因 1 為最小之自然數，故 1 即為 S 中之最小元素，故 E_1 為真。

2. 設 E_1、E_2、$\cdots$、E_{k-1} 均為真，若 $k\in S$，則有下列兩種情形。

   (1) S 中無小於 k 之元素，此時 k 即 S 之最小元素。

   (2) S 中含有小於 k 之元素 P，此時 $P\le k-1$，由假設知 E_p 為真，即「若 $P\in S$ 則 S 中有最小之元素」為真，因 $P\in S$ 故 S 中確有最小之元素。

   綜上 (1)、(2) 知：E_k 亦為真。因此對於 $\forall n\in N$，E_n 均為真。因 $S\ne\phi$，

壹　聽我說數學

故必有一自然數 $n \in S$，因此 S 中有最小之元素。

以上之證明為型3之應用。又下列定理：

大於1之自然數必為質數或可分解為質因數的乘積，其證明亦用及型3。

有時在一個命題中含有2個或2個以上的自然數，如 m、n、$k \cdots$ 等，此時我們證明時，可對其中某一個自然數加以證明，而視其餘的自然數為定值，舉例如下：

例5　設 $n \in N$，定義 a^n 如下：

1. $a^1 = a$

2. $a^{n+1} = a^n \cdot a$

試根據此定義，利用數學歸納法證明：$(a^m)^n = a^{mn}$，$\forall m，n \in N$ 均成立。

證明　我們可視 m 為定值，而證明原式對一切 $n \in N$ 均成立。

1. 當 $n = 1$ 時，$(a^m)^1 = a^m$（定義(1)）$= a^{m \cdot 1}$。

2. 設 $n = k(k \in N)$ 時成立，即設 $(a^m)^k = a^{mk}$ 成立，則 $n = k+1$ 時

$$(a^m)^{k+1} = (a^m)^k (a^m) \text{（由定義(2)）}$$
$$= a^{mk} a^m \text{（由所設）}$$
$$= a^{mk+m} \text{（利用 } a^m \cdot a^n = a^{m+n}\text{）}$$
$$= a^{m(k+1)} \text{。}$$

3. $\therefore \forall n \in N$，原式均成立。

在以上的證明中，雖然視 m 為定值，但當 m 為任意值時，以上的每一

步驟亦均成立，如當 $n = 1$ 時，$(a^m)^1 = a^m = a^{m \cdot 1}$ 中 $m = 1$ 時成立，$m = 2$ 時亦成立，m 等於其他的自然數亦均成立，故 $n = 1$ 時 $(a^m)^1 = a^{m \cdot 1}$ 對一切 $m \in N$ 均成立，同理 $n = k$，$k + 1$ 時亦如此。故實際上以上之證明是對一切自然數 m、n、$(a^m)^n$ 均等於 $a^{m \cdot n}$。

　　以上我們談到了利用數學歸納法證明一個命題時，必須檢驗特殊情形與證明一般情形。此兩者必須要兼顧，缺一不可，否則會導致錯誤，舉例如下：

例6　問 $n^2 - n + 17$ 是否對一切 $n \in N$ 均為質數？

【解】
　　當 $n = 1$ 時，原數 $= 17$ 為質數，當 $n = 2$ 時，原數 19 亦為質數，…，一直到 $n = 16$ 時均為質數，但 $n = 17$ 時原數 $= 17^2$ 不為質數，故假如您僅檢驗前面若干個自然數就認定 $n^2 - n + 17$ 為質數則為錯誤。

例7　問 $2 + 4 + \cdots + 2n = n(n + 1) + 1$ 是否成立（$n \in N$）？

【解】
　　設 $n = k$ 時，原式成立，即設 $2 + 4 + \cdots + 2k = k(k + 1) + 1$ 成立，則 $n = k + 1$ 時，
　　　左 $= 2 + 4 + 6 + \cdots + 2k + 2(k + 1)$
　　　　 $= k(k + 1) + 1 + 2(k + 1)$

$$=(k+1)(k+2)+1=右$$

故 $n = k+1$ 時，亦成立；但顯然 $n = 1$ 時，原式即不成立，實際上對一切 $n \in N$，原式均不真。

　　談到了這個地方您或許對數學歸納法有更進一步的瞭解而驚愕於它的內容豐富，變化多端，可是底下的故事會讓您更加驚愕：

　　這是一個英語國家的故事，學生最討厭的是考試（大概全世界的學生都如此），尤其是突然舉行的抽考，抽考的英文是「Surprise Examination」（驚愕考試），有人就在 Surprise 這個字上大作文章，事情是這樣的：英國某校一位數學老師向學生宣布，本學期將一定舉行一次驚愕考試，學生雖然不喜歡，但一時也沒有辦法。不料有一天上課時老師宣布舉行抽考，班上有位同學立即起立反對，他用數學歸納法證明驚愕考試絕對不能舉行，其證法如下：假如本學期的課已上至最後一節了，並且一直還沒有舉行過抽考，那麼學生便會知道抽考將在最後一節舉行，那麼這考試就沒有驚愕可言了，所以驚愕考試絕對不會在最後一節舉行。現在假定驚愕考試不會在倒數第 1、2、…、n 節課舉行，而且在倒數第 $n+1$ 節課以前都還沒有舉行過抽考，那麼在上倒數第 $n+1$ 節課時，學生必然會預料到此節課要抽考，於是又不成其為驚愕了，所以驚愕考試也不可能在倒數第 $n+1$ 節課舉行，利用數學歸法我們看出驚愕考試是不可能舉行的。學生證完以後老師問他：「如此說來您相信驚愕考試在哪一天都不可能舉行了？」學生點頭，老師又問了：「包括今天在內嗎？」學生說：「是的！」老師說：「所以今天舉行驚愕考試的確讓你們驚愕了！」

　　妙哉！真是魔高一尺，道高一丈！太精彩了，也太令人「驚愕」了！

註：當然這裏所指的k號，是最後一個編號以前的任一個號碼。

參考資料：1.數學導論，庫蘭特、羅賓士合著（水牛出版社）；2.數學世界，清華大學數學叢書。

習　題

利用數學歸納法，證明第1~5題：

1. $3 + 3^2 + 3^3 + \cdots + 3^n = \dfrac{3}{2}(3^n - 1)$，（$n \in N$）

2. $\sqrt[3]{3} > \sqrt[n]{n}$（$n \in N$，$n \geq 4$）

3. $\sqrt[n]{n} > \sqrt[n+1]{n+1}$（$n \in N$，$n \geq 3$）

   （key：證明$n^{n+1} > (n+1)^n$）

4. $2^n > n^3$（$n \in N$，$n \geq 10$）

5. $\dfrac{(m+n)!}{m!n!} \geq mn + 1$（$m$，$n \in N$）

6. 設 $f(n) = \dfrac{5 + 3\sqrt{5}}{2}\left(\dfrac{1+\sqrt{5}}{2}\right)^n + \dfrac{5 - 3\sqrt{5}}{2}\left(\dfrac{1-\sqrt{5}}{2}\right)^n$，（$n \in N$）

   證明：(1)$f(n) + f(n+1) = f(n+2)$

   (2)$f(n)$恆為自然數

7. $3^{2n+1} + 5^{2n-1}$恆為16的倍數（$n \in N$），試證之。

8. $n(n^2 - 1)$恆為24的倍數（n為大於1的奇數），試證之。

9. 問$(\sqrt{2} + 1)^n + (\sqrt{2} - 1)^n$是否對一切自然數$n$均為整數？若不是，則$n$為何

種自然數，$(\sqrt{2}+1)^n + (\sqrt{2}-1)^n$ 方為整數？對您的答案，用數學歸納法加以證明。

（key：考慮 $n=1$、2、4 時，原式＝？）

10. 先由特殊情形歸納出下列各題的結論，然後再加以證明：

    (1) $1^2 - 2^2 + 3^2 - 4^2 + \cdots - (2n)^2 = ?$（$n \in N$）

    (2) $n(n+1)(n+2)$ 恆能被何數整除？

    (3) 設 a、b、c 為直角三角形的三邊，a 為斜邊，a^n 與 $b^n + c^n$ 之大小關係為何？（$n \in N$，$n \geq 2$）

11. 不論 n 為何正整數，$10^{2n} + 5 \cdot 12^n - 6$ 都可被正整數 p 整除，則 p 值最大多少？

12. 平面上有997個相異點，將兩點的連接線段之中點標以紅點，試證所得之紅點至少有1991個。

    （key：用歸納法）

解答

9. 答：n 為偶數。

10. 答：(1) $-n(2n+1)$；(2) 6；(3) $a^n \geq b^n + c^n$。

11. 答：22。

六、椰子知多少？

有甲、乙、丙、丁4個人，帶著一隻猴子一起去採椰子，回來後把椰子放成一堆，但不知有多少個？甲半夜醒來起貪心，把椰子分成4等分，自取1份，恰好多出一個給猴子，其餘3份再放成一堆。接著乙也醒來，把所剩椰子也分成4等分自取1份，也恰好多出一個給猴子，把其餘3份又放成一堆，接著丙、丁依次醒來，也都如法炮製一番，恰好也都多出一個送給猴子。第二天起來後，誰也不知道別人動了手腳，他們共同把所剩的椰子分成4等分，每人取1份，恰好又多出一個給猴子，問椰子最少有多少個？

這個問題可用下面的方法來求解：

設原有椰子x個，依題意得

$$\left[\left\{\left[(x-1)\frac{3}{4}-1\right]\frac{3}{4}-1\right\}\frac{3}{4}-1\right]\frac{3}{4}-1 = 4m$$

其中m為正整數，或

$$4m = (x-1)\left(\frac{3}{4}\right)^4 - \left(\frac{3}{4}\right)^3 - \left(\frac{3}{4}\right)^2 - \left(\frac{3}{4}\right) - 1$$

$$= (x-1)\left(\frac{3}{4}\right)^4 - \frac{1-\left(\frac{3}{4}\right)^4}{1-\frac{3}{4}}$$

$$= (x-1)\left(\frac{3}{4}\right)^4 - 4\left[1-\left(\frac{3}{4}\right)^4\right]$$

即

$$(x-1)\left(\frac{3}{4}\right)^4 = 4m + 4\left[1 - \left(\frac{3}{4}\right)^4\right]$$

故

$$\begin{aligned} x - 1 &= 4m\left(\frac{4}{3}\right)^4 + 4\left(\frac{4}{3}\right)^4\left[1 - \left(\frac{3}{4}\right)^4\right] \\ &= 4m \cdot \frac{256}{81} + \frac{1024}{81} - 4 \\ &= \frac{1024(m+1)}{81} - 4 \\ \therefore \quad x &= \frac{1024(m+1)}{81} - 3 \ 。 \end{aligned}$$

因1024與81互質，故$m+1$為81的倍數，當$m+1=81$時，則$x=1024-3=1021$為最小值，故椰子至少有1021個。一般情形$m+1=81k$，k為正整數，故椰子數為$x=1024k-3$，取$k=1$就是最少的情形。

將以上的問題推廣為：

n人帶一隻猴子一起去採椰子。n人先後於半夜醒來，依次將椰子分成n等份，自取1份，均恰多出r個給猴子（$0 \le r < n$），若翌日早晨一數所剩之椰子也是取走r個後恰能n等份，那麼椰子有多少個？最少多少個？此問題可仿上解之如下：

設原有x個，依題意得：

$$\left(\cdots\left(\left((x-r)\frac{n-1}{n}-r\right)\frac{n-1}{n}-r\right)\cdots-r\right)\frac{n-1}{n}-r$$
$$= nm$$

m為正整數（其中$\frac{n-1}{n}$有n個）。

$$nm = (x - r)\left(\frac{n-1}{n}\right)^n - r\left(\frac{n-1}{n}\right)^{n-1} \cdots$$
$$- r\left(\frac{n-1}{n}\right)^2 - r\left(\frac{n-1}{n}\right) - r$$
$$= (x - r)\left(\frac{n-1}{n}\right)^n - r\left[\frac{1 - \left(\frac{n-1}{n}\right)^n}{1 - \frac{n-1}{n}}\right]$$
$$= (x - r)\left(\frac{n-1}{n}\right)^n - nr\left[1 - \left(\frac{n-1}{n}\right)^n\right]$$

即

$$(x - r)\left(\frac{n-1}{n}\right)^n = nm + nr\left[1 - \left(\frac{n-1}{n}\right)^n\right]$$
$$\therefore x - r = nm\left(\frac{n}{n-1}\right)^n + nr\left(\frac{n}{n-1}\right)^n - nr$$
$$= \frac{n^{n+1}m}{(n-1)^n} + \frac{n^{n+1}r}{(n-1)^n} - nr$$
$$= \frac{n^{n+1}(m+r)}{(n-1)^n} - nr$$
$$\therefore x = \frac{n^{n+1}(m+r)}{(n-1)^n} - r(n-1)$$

因 n 與 $n-1$ 互質，故 n^{n+1} 與 $(n-1)^n$ 互質。因此 $m+r$ 為 $(n-1)^n$ 的倍數。令 $m+r = (n-1)^n k$，k 為正整數，則 $x = n^{n+1}k - r(n-1)$ 為椰子數的一般型式。當 $k = 1$ 時，則 $x = n^{n+1} - r(n-1)$，此為最少的椰子數。此時 $m+r = (n-1)^n$，即 $m = (n-1)^n - r$ 為椰子數最少時，每人最後分得之椰子數。

在上列推廣的問題中，假如翌日早晨所剩之椰子必須取走 r' 個（$0 \leq r' < n$）才能 n 等分，那麼椰子最少有多少個？

這個問題的解答要利用上面解得的結果：

仍設椰子原有x個，得：

$$\left[\cdots\left\{\left[(x-r)\frac{n-1}{n}-r\right]\frac{n-1}{n}-r\right\}\cdots-r\right]\frac{n-1}{n}-r$$
$$=nm' \quad\cdots\cdots\cdots\cdots\cdots\cdots\cdots\cdots\cdots\cdots\cdots\cdots① $$

式中m'為正整數，表前夜裡，最後一人將所剩椰子n等分，自己所取一份之椰子數，其中$\dfrac{n-1}{n}$共有$n-1$個。又

$$(n-1)m'=nm+r' \cdots\cdots\cdots\cdots\cdots\cdots\cdots\cdots\cdots\cdots② $$

m為正整數，表第二天早晨每人所取n等份中每一等分的椰子數。

由文中推廣問題之解答知道：滿足①之x與m'分別為：

$$\begin{cases} x=n^{n}k-r(n-1) & (k\in N)\\ m'=(n-1)^{n-1}k-r \end{cases} \cdots\cdots\cdots\cdots\cdots③ $$

若③再能滿足②則為所求。

③滿足②即滿足$(n-1)[(n-1)^{n-1}k-r]=nm+r'$

即 $k(n-1)^{n}-r(n-1)-r'$ 能被n整除，因

$$(n-1)^{n}$$
$$=\underbrace{n^{n}-n\cdot n^{n-1}\cdot 1+\cdots+(-1)^{n-1}n\cdot n\cdot 1^{n-1}}_{\text{此部分能被}n\text{整除}}$$

$$+(-1)^{n}\cdot 1^{n}$$

故　　$k(n-1)^n - r(n-1) - r'$能被n整除的充要條件為$k(-1)^n + r - r'$能被n整除。

(1) 當n為偶數，則$k(-1)^n + r - r' = k + r - r'$。

若$r \geq r'$，則取$k = n + r' - r$，故

$$x = (n + r' - r)n^n - r(n-1)$$為最少。

若$r' > r$，則取$k = r' - r$，故

$$x = (r' - r)n^n - r(n-1)$$為最少。

(2) 當n為奇數，則$k(-1)^n + r - r' = r - r' - k$。

若$r > r'$，則取$k = r - r'$，故

$$x = (r - r')n^n - r(n-1)$$為最少。

若$r \leq r'$，則取$k = n + r - r'$，故

$$x = (n + r - r')n^n - r(n-1)$$為最少。

七、談有關多項式的一個定理

我要談的定理是：

已予一多項式 $P(x) = p_n x^n + p_{n-1} x^{n-1} + \cdots + p_1 x + p_0$，若有 $n+1$ 個相異 x 值使 $P(x)$ 的值為 0，則 $P(x)$ 為零多項式，即

$$p_n = p_{n-1} = \cdots = p_1 = p_0 = 0 。$$

從大學聯考的一個試題說起。

某年大學聯考有這樣的題目：設 $f(x) = ax^2 + bx + c$，a、b、c 均為實數，若 $f(x) = 0$ 有三根 0、1、2，則 $a = ? b = ? c = ?$ 有位考生考完後說：這個題目根本是錯的，怎麼 $f(x) = 0$ 是二次方程式能有三個根呢？二次方程式不是只有兩個根嗎？言之鑿鑿，旁聽者「啊呀」之聲四起！不禁令人暗暗為聯招會擔心。

記得從前有一幅漫畫，畫一位骨瘦如柴的男士喜歡穿很多衣服充胖子，有一次到浴室洗澡，當他把那身外物一件件脫下後，堆積起來的衣服竟比他的身子還高，這時在場的人都為他的「現出原形」而大吃一驚。這

個漫畫的用意在於：

　　1. 諷刺世人的虛偽造作；

　　2. 啟示人們不要由一件事物的外形去論斷該事物的本身。

　　現在且讓我們來討論前面那位考生的「高見」，他認為：$f(x) = 0$是二次方程式（因而不能有三個根0、1、2）這是錯的，他犯的毛病正是上一段末了所說的第二點：誤以外形去論斷一件事物的本身。由外形看$ax^2 + bx + c = 0$「似」為二次方程式，但其實不然，因為式中並未言明$a \neq 0$。必須$a \neq 0$方為二次。換言之，$ax^2 + bx + c = 0$為二次方程之充要條件為$a \neq 0$，未言明$a \neq 0$，絕不能輕據外形以論斷其為二次方程式，正如同不能由一位男生俊俏的臉孔，就認為他是一位好男生的道理。

　　說到這裡，也許有同學要說話了：老師！就算$ax^2 + bx + c = 0$不一定二次，但因式中3次與3次以上之項均不存在，故它次數至多為二次啊？次數至多為二次之方程式，其根當然亦至多2個，怎麼有3個呢？我的答覆是：有次數且次數至多為2之方程式其根當然至多有二（因零次方程式無根，一次方程式恰有一根，二次方程式有兩根），但問題的癥結在於「$ax^2 + bx + c = 0$是否必有次數呢？」不一定！因a、b、c可能均為0，此時上式即為$0x^2 + 0x + 0 = 0 - (A)$也，(A)式之根有無限多個，何僅三根0、1、2？這時說它有三根不但不多反而少呢？蓋以3與∞（表無限多之記號）相比，正如同小巫見大巫一樣，其比值趨近於0啊！

　　現在且讓我們正面來解答大學聯考的這個題目：

【解】　因$f(x) = 0$有三根0、1、2，故

$$f(0) = 0，\quad f(1) = 0，\quad f(2) = 0。$$

現$f(x) = ax^2 + bx + c$，但卻有三個相異之x值，使$f(x)$之值為0。

故依上面所列之定理知$f(x)$為零多項式，即$a = b = c = 0$。

且讓我們再看看另外一題：

設$f(x) = ax^2 + bx + c$、a、b，c均為複數，若$f(x) = 0$有相異的三根λ、μ、ν則$a = ? b = ? c = ?$

解這個題目綜合有下列幾種方法：

第一種方法：還是利用上列定理立即得答案為$a = b = c = 0$。

第二種方法：取$\lambda = 0$，$\mu = 1$，$\nu = 2$，依題目之假設得

$$f(0) = 0，f(1) = 0，f(2) = 0$$

即 $\begin{cases} c = 0 \\ a + b + c = 0 \\ 4a + 2b + c = 0 \end{cases}$ 解之得$a = b = c = 0$。

第三種方法：因λ、μ、ν為$f(x) = 0$之三根，故

$$f(\lambda) = 0，f(\mu) = 0，f(\nu) = 0。$$

即 $\begin{cases} a\lambda^2 + b\lambda + c = 0 \\ a\mu^2 + b\mu + c = 0 \\ a\nu^2 + b\nu + c = 0 \end{cases}$

視上方程組中λ、μ、ν為常數，a、b、c為變數，解之亦得$a = b = c = 0$。

上面第三種方法雖亦可得答案，然此種解法所花之時間已較第一種解法浪費甚多矣！若再觀念不清楚，拘塞於「$ax^2 + bx + c = 0$為二次方程

式」，焦思於其「怎能有三個相異之根？」則其所浪費之時間那才令人心痛呢？

其次讓我們來徹底瞭解上列之定理，並將之證明：有很多讀者不瞭解這個定理的意義，他們常有這樣的問題：「怎麼定理中需要限定$n+1$個相異x值呢？n個不可以嗎？」是不可以！因為光已知n個相異之x值，使$P(x)$之值為0，則$P(x)$不一定為零多項式，如$f(x) = x^2 - 3x + 2$當$x = 1$或2時，$f(x)$之值均為0，但此時$f(x)$並非零多項式。讀者千萬不要以為定理中之$P(x)$為n次多項式，它實際上是一個零多項式，只不過在先沒講，但在定理的結論中卻告訴你了！明瞭這點後，現在再讓我們看看它的證明。

證明　假定有$n+1$個相異之數a_1、a_2、$\cdots$，a_n、a_{n+1}能使$P(x)$為0，則由因式定理，可將$P(x)$先寫為

$$P(x) = P_n(x - a_1)(x - a_2)\cdots(x - a_n)(*)$$

於是

$$P(a_{n+1}) = p_n(a_{n+1} - a_1)(a_{n+1} - a_2)\cdots(a_{n+1} - a_n),$$

但$P(a_{n+1}) = 0$，而$a_{n+1} - a_1 \neq 0$，$a_{n+1} - a_2 \neq 0$，$\cdots$，$a_{n+1} - a_n \neq 0$，故有$P_n = 0$，因之得

$$P(x) = 0x^n + p_{n-1}x^{n-1} + \cdots + p_1 x + p_0$$
$$= p_{n-1}x^{n-1} + \cdots + p_1 x + p_0$$

重複使用上項推理方法，可得

$$p_{n-1} = p_{n-2} = \cdots = p_1 = p_0 = 0 \text{ 。}$$

以上之證法是書本常見之證明，但我總覺得它不夠完美：

第一：「重複使用上項推理方法可得……」雖可說得過去，但總覺太囉嗦，實際上將 $P_n = 0$ 代入前面的 (*) 式中，即可得 $P(x)$ 等於 0，於是 $p_n = p_{n-1} = \cdots = p_1 = p_0 = 0$ 矣！

第二：用此種證法常會碰到「小心眼」的同學「發問相難」：老師！證明中言可將 $P(x)$ 先寫為

$$P(x) = p_n(x - a_1)(x - a_2) \cdots (x - a_n)$$

能否先將其寫為

$$P(x) = p_n(x - a_2)(x - a_3) \cdots (x - a_{n+1})$$

或為何一定要將 $P(x)$ 表為 n 個因式的乘積來寫？怎麼不整個寫為

$$P(x) = p_{n+1}(x)(x - a_1)(x - a_2) \cdots (x - a_n)(x - a_{n+1})$$

就是這麼一問，啟發了下面的證法。

證明　假定有 $n+1$ 個相異之數 a_1、a_2、$\cdots a_n$、a_{n+1}，均能使 $P(x)$ 之值為 0，即是使

$$P(a_1) = P(a_2) = \cdots = P(a_n) = P(a_{n+1}) = 0$$

則 $P(x)$ 有 $(x - a_1)(x - a_2) \cdots (x - a_{n+1})$ 之因式，故可將 $P(x)$ 書寫為

$$P(x) = p_{n+1}(x)(x - a_1)(x - a_2) \cdots (x - a_{n+1})$$

上式若 $p_{n+1}(x) \neq 0$，則右端有次數，其次數至少為 $n+1$ 次，但左端卻不然，因而矛盾，故必 $p_{n+1}(x) = 0$，即得證 $P(x) = 0$。

上之證明用及由下之定理所推得之推論。

定理

設 $f(x)$ 表一多項式，a、b 為相異二數，若 $f(a) = 0$，$f(b) = 0$，則 $(x-a) \cdot (x-b)$ 為 $f(x)$ 之因式。

推論　設 $f(x)$ 表一多項式，a_1、a_2、$\cdots$、a_k 為 k 個相異之數，若

$$f(a_1) = f(a_2) = \cdots = f(a_k) = 0$$

則 $(x-a_1)(x-a_2)\cdots(x-a_k)$ 為 $f(x)$ 之因式。

由原來的定理，我們又可推得下面定理：

已予兩多項式：

$$f(x) = a_n x^n + a_{n-1} x^{n-1} + \cdots + a_1 x + a_0$$

$$g(x) = b_n x^n + b_{n-1} x^{n-1} + \cdots + b_1 x + b_0$$

若有 $n+1$ 個相異 x 值，使兩者的值相等則 $f(x) = g(x)$。

你能自行證明上述之定理與推論嗎？若不能請你和朋友研究看看，你一定會有所收穫的！

習 題

1. 已予 $F(x) = \dfrac{5x^2 + lx + 3l - m}{2x^2 + (m-2)x + 1}$，若有3個相異之$x$值使$F(x)$的值為定值，求$l$、$m$之值。

2. 設$f(x) = a_3 x^3 + a_2 x^2 + a_1 x + a_0$，若以$x-1$、$x-2$、$x-3$、$x-4$除之餘式均為$100$，則$f(x) = $？

3. 設a、b、c為相異三實數，若$f(x)$為x的二次式，則

$$f(x) = \frac{(x-b)(x-c)}{(a-b)(a-c)} \cdot f(a) + \frac{(x-c)(x-a)}{(b-c)(b-a)} \cdot f(b)$$
$$+ \frac{(x-a)(x-b)}{(c-a)(c-b)} \cdot f(c),$$

試證之。

4. 解方程式

$$x^2 + 3x + \frac{(x+a)^2}{(a-b)(a-c)} + \frac{(x+b)^2}{(b-c)(b-a)} + \frac{(x+c)^2}{(c-a)(c-b)} = 0$$

5. 證明：本文最後所列的定理。

6. 設$f(x) = (a-1)x^2 + (b+2)x + (c-3)$（$a$、$b$、$c$均為實數），若$[f(1)]^2 + [f(2)]^2 + [f(3)]^2 = 0$，則$a$、$b$、$c$值為何？

7. 設對任意實數a，均有$(p(a))^3 + Q(a) \cdot (p(a))^2 + (a^4 + 1) \cdot p(a) + a^3 + a = 0$，求多項式$p(x)$及$Q(x)$各為何？（但$p(x)$及$Q(x)$均非常數多項式）。

8. 設 α、β 為 $x^2 - 5x + 3 = 0$ 之兩根，整係數多項式 $f(x)$ 被 $(x - \alpha)$ 除之餘 β，被 $(x - \beta)$ 除之餘 α，被 $(x - 5)$ 除之餘 6，則 $f(x)$ 被 $(x^2 - 5x + 3)(x - 5)$ 除之餘式為何？

解答

1. key：令原式的定值為 k，則有 3 個相異 x 值使 $5x^2 + lx + 3l - m = k[2x^2 + (m - 2)x + 1]$，故

$$5 = 2k \text{，} l = k(m - 2) \text{，} 3l - m = k$$

即

$$\frac{5}{2} = \frac{l}{m - 2} = \frac{3l - m}{1}$$

答：$m = \dfrac{35}{13}$，$l = \dfrac{45}{26}$。

2. 答：100。

4. key：先證明 $\dfrac{(x + a)^2}{(a - b)(a - c)} + \dfrac{(x + b)^2}{(b - c)(b - a)} + \dfrac{(x + c)^2}{(c - a)(c - b)} = 1$

答：令

$$f(x) = \frac{(x + a)^2}{(a - b)(a - c)} + \frac{(x + b)^2}{(b - c)(b - a)} + \frac{(x + c)^2}{(c - a)(c - b)}$$

則

$$f(-a) = 0 + \frac{(b - a)^2}{(b - c)(b - a)} + \frac{(c - a)^2}{(c - a)(c - b)}$$

$$= \frac{b - a}{b - c} + \frac{c - a}{c - b} = \frac{(b - a) - (c - a)}{(b - c)}$$

$$= \frac{b - c}{b - c} = 1 \quad 。$$

同理 $f(-b)=1$，$f(-c)=1$，故 $f(x)=1$，於是原式為 $x^2+3x+1=0$，兩根為 $\dfrac{-3\pm\sqrt{5}}{2}$。

5. key：令 $F(x)=f(x)-g(x)$ 再證明有 $n+1$ 個相異 x 值使 $F(x)$ 的值為 0，故 $F(x)=0$，$\therefore$ $f(x)=g(x)$。

6. 答：$a=1$、$b=-2$、$c=3$。

7. key：由題意得

$$(p(x))^3+Q(x)\cdot(p(x))^2+(x^4+1)\cdot p(x)+x^3+x=0，$$

即

$$p(x)[(p(x))^2+Q(x)\cdot p(x)+(x^4+1)]=-x(x^2+1)$$

$$\therefore \quad p(x)=cx \vee c(x^2+1) \vee cx(x^2+1)$$

（後兩種不合），可求出 $c=-1$，故 $p(x)=-x$，$Q(x)=x^3$。

8. key：設

$$f(x)=(x^2-5x+3)(x-5)q(x)+a(x^2-5x+3)+(lx+m)$$

則
$$f(\alpha)=l\alpha+m=\beta \quad\cdots\cdots\cdots\cdots\cdots\cdots\cdots ①$$
$$f(\beta)=l\beta+m=\alpha \quad\cdots\cdots\cdots\cdots\cdots\cdots\cdots ②$$

解①，②得 $l=-1$，$m=\alpha+\beta=5$。

由 $f(5)=6$ 可得 $a=2$。

$$\therefore \quad 餘式為 2(x^2-5x+3)-x+5=2x^2-11x+11。$$

八、妙解與謬解

從一個問題談起：

某年高中聯考，數學試題有下面這個問題：

師傅對徒弟說，我在你這個年齡時，你只有2歲，等你到了我這個年齡時，我就41歲了，問師徒現年各幾歲？

這個問題可用代數一元一次方程式來解或二元一次方程式來解，也可用算術方法不用任何未知數來解，但都沒有下面這個「圖解法」來得方便迅速！

圖1

圖1中 $\overline{AB}$ 是數線的一部分，C、D 是師徒現在年齡的位置，當師移至 D 時，徒移至 B（2歲），當徒移至 C 時，師移至 A（41歲），可見 C、D 是 $\overline{AB}$ 的三等分點，3段距離均為13（$(41-2) \div 3 = 13$），因此師現年 $41 - 13 = 28$（歲），徒現在 $2 + 13 = 15$（歲）。

這真是妙解！

「圖解」的方便常在於能由直觀，迅速看出問題解法的癥結所在，因而能一舉解出該問題。

　　各位可能已在課本中欣賞過很多藉圖解來闡釋的代數問題，最有名的是：兩正數的算術平均大於或等於其幾何平均，且等於的充要條件是兩數相等。即：設 $a > 0$，$b > 0$，則 $\dfrac{a+b}{2} \geq \sqrt{ab}$ 且「＝」成立 $\Leftrightarrow a = b$，可圖解如下：

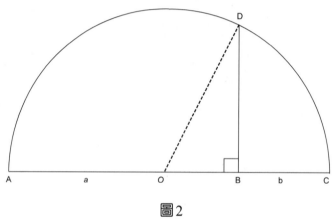

圖2

1. 作 $\overline{AB} = a$，$\overline{BC} = b$，以 $\overline{AC}$ 為直徑作半圓。

2. 過 B 作 $\overline{AC}$ 的垂直線交半圓於 D，則 $\overline{BD} = \sqrt{ab}$。

3. 取 $\overline{AC}$ 中點 O（半圓圓心）則 $\overline{OD} = \dfrac{a+b}{2}$，由直角△斜邊最大可看出 $\dfrac{a+b}{2} \geq \sqrt{ab}$，而且「＝」成立 $\Leftrightarrow \overline{OD} = \overline{BD} \Leftrightarrow O = B$，也就是 $a = b$。

　　跟以上相類似的，有下列這個不等式：設 $a > 0$，$b > 0$ 則 $\dfrac{a^2 + b^2}{2} \geq (\dfrac{a+b}{2})^2$ 且「＝」成立 $\Leftrightarrow a = b$。

證明

1. 如圖3，直角△ABC三邊長為a、b、c。

2. 延長$\overline{CA}$至D使$\overline{AD}=a$，作$\overline{DE}\perp\overline{CD}$於$D$，且$\overline{DE}=b$，連接$\overline{AE}$與$\overline{BE}$則$\overline{AE}=c$且$\angle BAE=90°$。$\therefore\overline{BE}=\sqrt{2}c=\sqrt{2}\sqrt{a^2+b^2}$。

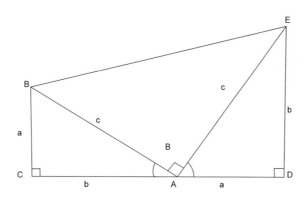

圖3

3. $\because\overline{BE}\geq\overline{DC}$ 即 $\sqrt{2}\sqrt{a^2+b^2}\geq a+b$，兩邊平方得 $2(a^2+b^2)\geq(a+b)^2$，再兩邊除以4，即得 $\dfrac{a^2+b^2}{2}\geq(\dfrac{a+b}{2})^2$，且「＝」成立⇔$\overline{BE}=\overline{CD}$，即$a=b$。

上面這個不等式也可寫為 $a^2+b^2\geq\dfrac{(a+b)^2}{2}$。

圖3這個梯形$BCDE$是很有名氣的且妙用多多，以前有位美國總統名叫James A. Garfield就曾利用它來證明過畢氏定理，他的證明是：梯形$BCDE=\triangle ABC+\triangle ADE+\triangle ABE$（指梯形面積等於3個△面積相加，以

下同此）。

$$\therefore \frac{1}{2}(a+b)^2 = \frac{1}{2}ab + \frac{1}{2}ab + \frac{1}{2}c^2 \text{ 。}$$

兩邊消去 $\frac{1}{2}$，整理可得 $a^2 + b^2 = c^2$，證畢。

這個妙證出自總統先生之手，不禁令人覺得：妙解人人有，連國家元首也會露一手！

將圖3的梯形稍作變化，我們再來導出兩個公式如下：

(一)正弦兩角和公式

$$\sin(\alpha + \beta) = \sin\alpha\cos\beta + \cos\alpha\sin\beta$$

證明 我們就 α、β 均為銳角的情形證明如下：

1. 在線段 $\overline{CD}$ 上任取一點 A，以 A 為圓心，1為半徑作圓弧分別交過 C，D 且與 $\overleftrightarrow{CD}$ 垂直之直線於 B，E（如圖4）。

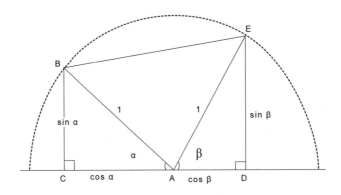

圖4

2. 令$\angle BAC = \alpha$，$\angle EAD = \beta$則$\angle BAE = \pi - (\alpha + \beta)$，於是$\overline{BC} = \sin\alpha$，

$\overline{AC} = \cos\alpha$，$\overline{DE} = \sin\beta$，$\overline{AD} = \cos\beta$。

3. 梯形$BCDE = \triangle ABC + \triangle ADE + \triangle ABE$

$\therefore \dfrac{1}{2}(\sin\alpha + \sin\beta)(\cos\alpha + \cos\beta)$

$= \dfrac{1}{2}\sin\alpha \cdot \cos\alpha + \dfrac{1}{2}\sin\beta \cdot \cos\beta$

$\quad + \dfrac{1}{2} \cdot 1^2 \cdot \sin(\pi - (\alpha + \beta))$

即

$\qquad (\sin\alpha + \sin\beta)(\cos\alpha + \cos\beta)$

$\qquad = \sin\alpha \cdot \cos\alpha + \sin\beta \cdot \cos\beta + \sin(\alpha + \beta)$

$\therefore \ \sin(\alpha + \beta) = \sin\alpha \cdot \cos\beta + \cos\alpha \cdot \sin\beta$。

(二)柯西不等式

$\qquad (a^2 + b^2)(c^2 + d^2) \geq (ac + bd)^2$ 且「＝」成立$\Leftrightarrow a : c = b : d$

證明

我們就a、b、c、d為正數的情形證明如下：

1. 圖5中ABC與ADE是任意的兩個直角$\triangle$。令$\angle BAE = \theta$則$\triangle ABE =$

$\dfrac{1}{2}\sqrt{a^2 + b^2} \cdot \sqrt{c^2 + d^2}\sin\theta$。

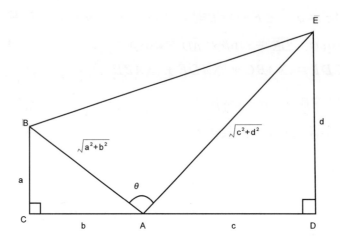

圖5

2. 梯形$BCDE = \triangle ABC + \triangle ADE + \triangle ABE$，即

$$\frac{1}{2}(a+d)(b+c)$$
$$= \frac{1}{2}ab + \frac{1}{2}cd + \frac{1}{2}\sqrt{a^2+b^2}\sqrt{c^2+d^2}\sin\theta$$

3. $\because 0 < \sin\theta \leq 1$

$\therefore \frac{1}{2}(a+d)(b+c)$

$\leq \frac{1}{2}(ab + cd + \sqrt{a^2+b^2}\sqrt{c^2+d^2})$。
$\therefore ac + bd \leq \sqrt{a^2+b^2}\sqrt{c^2+d^2}$，

即 $\quad (a^2+b^2)(c^2+d^2) \geq (ac+bd)^2$，

此 中「＝」號 成 立 的 充 要 條 件 為 $\sin\theta = 1$ 即 $\theta = 90°$，此 時 $\triangle ABC \sim \triangle EAD$ 即 $a:c=b:d$。

看了以上的證明真不禁令人驚嘆，3個三角形組成的梯形竟然有這麼多的妙用，把幾個式子就這樣輕巧的證明出來了，你能不感受它的魅力！

在以上的證明中我們也可以看出來幾乎都用到了面積，原來面積也有它的妙用，舉二個大家比較熟悉的例子：

例1 在圖6中，$\angle BAC = 120°$，$\overline{AB} = x$，$\overline{AC} = y$，分角線 $\overline{AD} = z$，求證：

$$\frac{1}{x} + \frac{1}{y} = \frac{1}{z} \text{。}$$

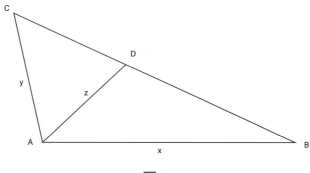

圖6

證明

$\triangle ABC = \triangle ABD + \triangle ACD$，即

$$\frac{1}{2}xy\sin 120° = \frac{1}{2}xz\sin 60° + \frac{1}{2}yz\sin 60° \text{，}$$

兩邊消去 $\frac{1}{2}\sin 120°$（即 $\frac{1}{2}\sin 60°$）得

$$xy = xz + yz \text{。}$$

再兩邊同除以 xyz 即得 $\frac{1}{x} + \frac{1}{y} = \frac{1}{z}$，證畢 —— 這又是一個妙解！

例2　P 是正 $\triangle ABC$ 內部任一點，自 P 向三邊作垂線，垂足分別為 D、E、F，令 $\overline{AM}$ 是 $\overline{BC}$ 上的高，則 $\overline{PD} + \overline{PE} + \overline{PF} = \overline{AM}$，試證之。

證明

連接 $\overline{PA}$、$\overline{PB}$、$\overline{PC}$ 則

$$\triangle PAB + \triangle PBC + \triangle PCA = \triangle ABC\text{，}$$

即

$$\frac{1}{2}\overline{AB}\cdot\overline{PD} + \frac{1}{2}\overline{BC}\cdot\overline{PE} + \frac{1}{2}\overline{CA}\cdot\overline{PF} = \frac{1}{2}\overline{BC}\cdot\overline{AM}\text{，}$$

$\because \overline{AB} = \overline{BC} = \overline{CA}$，

$\therefore \overline{PD} + \overline{PE} + \overline{PF} = \overline{AM}$ 。

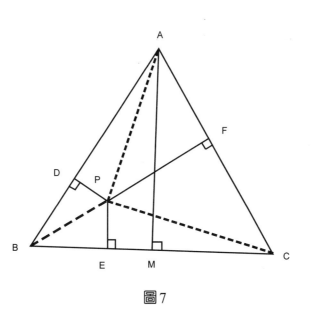

圖7

以上若P在三角形之邊上，則上述結果顯然仍然成立，但若P在△之外部，則上述結果就不成立了，您能仿上導出它們的關係式嗎？

大家都曉得向量的內積很有用，現在舉三個用內積求解的妙解如下，以與大家共享：

例1

求 $4\cos\theta - 3\sin\theta$（$0 \le \theta < 2\pi$）之最大、最小值。

【解】

令 $P(\cos\theta, \sin\theta)$，$A(4, -3)$，且向量 $\overrightarrow{OP}$ 與 $\overrightarrow{OA}$ 之夾角為 α，則

$4\cos\theta - 3\sin\theta = \overrightarrow{OA} \cdot \overrightarrow{OP} = |\overrightarrow{OA}\,\|\,\overrightarrow{OP}|\cos\alpha = 5\cos\alpha$。

當 $\alpha = 0$ 時（即 $\overrightarrow{OP}$ 與 $\overrightarrow{OA}$ 同向），則原式 $= 5\cos0 = 5$ 為最大值。

當 $\alpha = \pi$ 時（即 $\overrightarrow{OP}$ 與 $\overrightarrow{OA}$ 反向），則原式 $= 5\cos\pi = -5$ 為最小值。

用上述方法我們可證明 $a\cos\theta + b\sin\theta$（$0 \le \theta < 2\pi$）之最大值為 $\sqrt{a^2 + b^2}$，最小值為 $-\sqrt{a^2 + b^2}$。

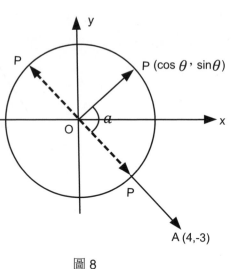

圖 8

例2　設直線 $L: f(x,y) = ax + by + c = 0$ 將座標平面分割為兩個半平面 H_1 與 H_2，若 $P_1(x_1, y_1)$ 與 $P_2(x_2, y_2)$ 同在某一半平面內則 $f(x_1, y_1) \cdot f(x_2, y_2) > 0$。若 $P_1(x_1, y_1)$ 與 $P_2(x_2, y_2)$ 分在不同的半平面內，則 $f(x_1, y_1) \cdot f(x_2, y_2) < 0$，試證之。

證明

1. 設直線 L 之法線向量 $\vec{n} = (a, b)$，且 $A(x_0, y_0)$ 為 L 上任一點，又令向量 $\overrightarrow{AP_1}$，$\overrightarrow{AP_2}$ 與 $\vec{n}$ 之夾角分別為 θ_1 與 θ_2 則

$\vec{n} \cdot \overrightarrow{AP_1} = |\vec{n}\,\|\,\overrightarrow{AP_1}|\cos\theta_1$，

$\vec{n} \cdot \overrightarrow{AP_2} = |\vec{n}\,|\,\overrightarrow{AP_2}|\cos\theta_2$。

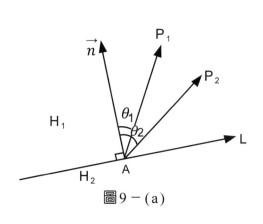

圖9−(a)

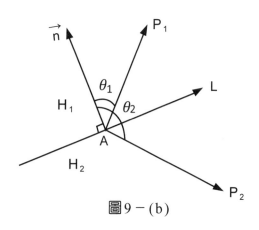

圖9−(b)

2. 當 P_1 與 P_2 同在某一半平面內時，則 θ_1 與 θ_2 必同為銳角（或0）或同為鈍角（或 π），故 $\cos\theta_1$ 與 $\cos\theta_2$ 同號；也就是 $\vec{n}\cdot\overrightarrow{AP_1}$ 與 $\vec{n}\cdot\overrightarrow{AP_2}$ 同號，因 $\vec{n}\cdot\overrightarrow{AP_1} = (a，b)\cdot(x_1-x_0，y_1-y_0) = a(x_1-x_0) + b(y_1-y_0) = ax_1 + by_1 + c$。同理 $\vec{n}\cdot\overrightarrow{AP_2} = ax_2 + by_2 + c$，故 $(ax_1 + by_1 + c)\cdot(ax_2 + by_2 + c) > 0$ 即 $f(x_1，y_1)\cdot f(x_2，y_2) > 0$（圖9−(a)所示 P_1 與 P_2 同在 H_1 內且 $0 < \theta_1$，$\theta_2 < \dfrac{\pi}{2}$）。

3. 當 P_1 與 P_2 不在同一半平面時，則 θ_1 與 θ_2 必一為銳角（或0），另一為鈍角（或 π），故 $\cos\theta_1$ 與 $\cos\theta_2$ 異號；也就是 $\vec{n}\cdot\overrightarrow{AP_1}$ 與 $\vec{n}\cdot\overrightarrow{AP_2}$ 異號，故 $(ax_1 + by_1 + c)\cdot(ax_2 + by_2 + c) < 0$ 即 $f(x_1，y_1)\cdot f(x_2，y_2) < 0$（圖9−(b)所示，$P_1$，$P_2$ 分在 H_1 與 H_2 內且 $0 < \theta_1 < \dfrac{\pi}{2}$，$\dfrac{\pi}{2} < \theta_2 < \pi$）。

例3 設 $ABCD$ 為任意四邊形，試證 $\overline{AB}^2 + \overline{BC}^2 + \overline{CD}^2 + \overline{DA}^2 \geq \overline{AC}^2 + \overline{BD}^2$ 且「 = 」成立的充要條件為 $ABCD$ 為平行四邊形。

壹　聽我說數學

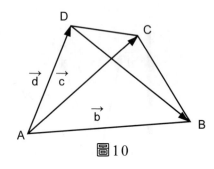

圖10

證明

1.令 $\overrightarrow{AB} = \vec{b}$ ， $\overrightarrow{AC} = \vec{c}$ ， $\overrightarrow{AD} = \vec{d}$ 則

$\overrightarrow{BC} = \vec{c} - \vec{b}$ ， $\overrightarrow{BD} = \vec{d} - \vec{b}$ ， $\overrightarrow{CD} = \vec{d} - \vec{c}$ 。

於是

$$\overline{AB}^2 + \overline{BC}^2 + \overline{CD}^2 + \overline{DA}^2 - \overline{AC}^2 - \overline{BD}^2$$
$$= |\vec{b}|^2 + |\vec{c} - \vec{b}|^2 + |\vec{d} - \vec{c}|^2 + |\vec{d}|^2 - |\vec{c}|^2 - |\vec{d} - \vec{b}|^2$$
$$= |\vec{b}|^2 + (|\vec{c}|^2 + |\vec{b}|^2 - 2\vec{b} \cdot \vec{c}) + (|\vec{d}|^2 + |\vec{c}|^2 - 2\vec{c} \cdot \vec{d})$$
$$\quad + |\vec{d}|^2 - |\vec{c}|^2 - (|\vec{d}|^2 + |\vec{b}|^2 - 2\vec{b} \cdot \vec{d})$$
$$= |\vec{b}|^2 + |\vec{c}|^2 + |\vec{d}|^2 - 2(\vec{b} \cdot \vec{c}) - 2(\vec{c} \cdot \vec{d}) + 2(\vec{b} \cdot \vec{d})$$
$$= |\vec{b} + \vec{d} - \vec{c}|^2 \geq 0$$

$$\therefore \overline{AB}^2 + \overline{BC}^2 + \overline{CD}^2 + \overline{DA}^2 \geq \overline{AC}^2 + \overline{BD}^2$$

2.「＝」成立時 $\Leftrightarrow \vec{b} + \vec{d} - \vec{c} = \vec{0}$

$$\Leftrightarrow \vec{c} = \vec{b} + \vec{d}$$

$$\Leftrightarrow ABCD 為平行四邊形。$$

以上例3這個證明是非常漂亮的，其中用到了向量內積的性質：

$$|\vec{a} \pm \vec{b}|^2 = (\vec{a} \pm \vec{b}) \cdot (\vec{a} \pm \vec{b})$$
$$= |\vec{a}|^2 + |\vec{b}|^2 \pm 2(\vec{a} \cdot \vec{b})$$

輕鬆學好高中數學

以上所列舉的都是妙解，但也有初學者功力不夠，卻想一步登天因而導致錯誤，這就變成謬解了，舉例如下：

A. 設 $x^2 y = 8$，$x > 0$，$y > 0$，求 $x + y$ 的最小值。

【解】

由 $A.M. \geq G.M$ 得 $x + y \geq 2\sqrt{xy}$，「＝」號成立的充要條件為 $x = y$。而當 $x = y$ 時代入 $x^2 y = 8$ 中得 $x = y = 2$，因而 $x + y = 2\sqrt{xy} = 4$ 為最小值。

以上解法是錯誤的，雖然 $x = y$ 時，$x + y = 2\sqrt{xy}$，但此式的右邊 $2\sqrt{xy}$ 仍含變數 x、y 並非定值，故不是 $x + y$ 的最小值。

正確的解法應為：

$$x + y = \frac{x}{2} + \frac{x}{2} + y \geq 3\sqrt[3]{(\frac{x}{2})^2 \cdot y} = 3\sqrt[3]{2}$$，

因 $3\sqrt[3]{2}$ 為定值，故為 $x + y$ 之最小值。

注意：在上題中產生 $x + y$ 的最小值 x，y 為 $x = 2\sqrt[3]{2}$，$y = \sqrt[3]{2}$，此時 $x = 2y$ 而非 $x = y$。

B. 某奶粉工廠欲訂購一批容積一定之圓柱形的鐵罐，問應如何設計才最節省材料？

【解】

設圓柱的高度為 h，底半徑為 r，則其容積 $V = \pi r^2 h$ 為定值，表面積 $S = 2\pi r^2 + 2\pi rh$，現欲求 r，h 之關係使 S 最小。

有同學馬上猜說$h = r$，錯了！正確應是$h = 2r$，理由如下：

由$A.M. \geq G.M.$得

$$S = 2\pi r^2 + 2\pi r h = 2\pi r^2 + \pi r h + \pi r h$$
$$\geq 3\sqrt[3]{2\pi^3 r^4 h^2} = 3\sqrt[3]{2\pi}\sqrt[3]{(\pi r^2 h)^2} = (3\sqrt[3]{2\pi})\sqrt[3]{V^2}$$

為定值。

故當$2\pi r^2 = \pi r h$，即$h = 2r$時，表面積S最小即材料最省！

本題若由$S = 2\pi r^2 + 2\pi r h \geq 2\sqrt{4\pi^2 r^3 h} = 4\sqrt{\pi \cdot \pi r^2 h}\sqrt{r} = 4\sqrt{\pi \cdot V}\sqrt{r}$ 說$2\pi r^2 = 2\pi r h$時，即$r = h$時S最小則為錯誤，因上式右端之$4\sqrt{\pi \cdot V}\sqrt{r}$並非定值（猶含變數$r$）。

C. 在教幾何問題時，常會發現有同學易犯下列「一廂情願」的毛病：

設$\triangle ABC$為任意三角形，自頂點A作底邊$\overline{BC}$的垂直平分線$\overline{AD}$（垂直$\overline{BC}$且平分$\overline{BC}$——很貪心），則$\triangle ABD \cong \triangle ACD$（$S.A.S$）可得$\overline{AB} = \overline{AC}$。於是得到了「任意三角形為等腰三角形」的謬論。

下面這個例子跟上面的情形有「異曲同工」之「謬」：

設$\triangle ABC$為任意三角形，作$\angle A$的分角線$\overline{AD}$和$\overline{BC}$的中垂線

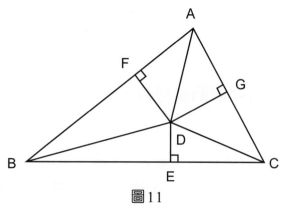

圖11

$\overline{DE}$ 相交於D點，則有下列兩種情形：

　　1. D在$\triangle ABC$內部（圖11）：連接$\overline{BD}$、$\overline{CD}$並自D作$\overline{AB}$、$\overline{AC}$的垂線，令垂足分別為F、G，則

$$\overline{DB} = \overline{DC} \text{，} \overline{DF} = \overline{DG} \text{，} \angle BFD = 90° = \angle CGD \text{。}$$

　　$\therefore \triangle BDF \cong \triangle CDG$故$\overline{BF} = \overline{CG}$ ……………………………… (1)

又$\overline{DF} = \overline{DG}$，$\overline{AD}$為公共邊。

　　$\therefore \triangle ADF \cong \triangle ADG$故$\overline{AF} = \overline{AG}$ ……………………………… (2)

由(1)(2)我們得到下列結論：

$$\overline{AB} = \overline{AF} + \overline{FB} = \overline{AG} + \overline{GC} = \overline{AC}$$

即$\triangle ABC$為等腰三角形。

　　2.D在$\triangle ABC$外部（圖12）：依第1種情形的討論，我們亦可得下列結論：

$$\overline{AB} = \overline{AF} - \overline{FB} = \overline{AG} - \overline{GC} = \overline{AC} \text{，}$$

亦即$\triangle ABC$為等腰三角形。

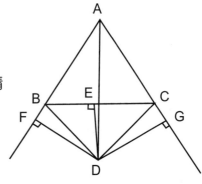

圖12

　　綜合以上1，2，我們均得「任意三角形為等腰三角形」之謬論。

　　讀者試自行找出以上謬誤之所在！

D. 考慮下列交錯級數 $1 - \dfrac{1}{2} + \dfrac{1}{3} - \dfrac{1}{4} + \dfrac{1}{5} - \dfrac{1}{6} + \cdots\cdots + (-1)^{n-1}\dfrac{1}{n} + \cdots\cdots$。

　　這個級數是收斂的，且收斂於一正數A（證明從略），但下面的推演

卻可導出 $A = 0$，您說怪不怪：

$$A = 1 - \frac{1}{2} + \frac{1}{3} - \frac{1}{4} + \frac{1}{5} - \frac{1}{6} + \frac{1}{7} - \frac{1}{8} + \cdots\cdots$$

於是

$$\frac{1}{2}A = \frac{1}{2} - \frac{1}{4} + \frac{1}{6} - \frac{1}{8} + \cdots\cdots$$

相加得

$$\frac{3}{2}A = 1 + \frac{1}{3} - \frac{1}{2} + \frac{1}{5} + \frac{1}{7} - \frac{1}{4} + \cdots\cdots\cdots\cdots\cdots\cdots\cdots\cdots\cdots\cdots\cdots\cdots (1)$$

將(1)式右邊重排可得

$$\frac{3}{2}A = 1 - \frac{1}{2} + \frac{1}{3} - \frac{1}{4} + \frac{1}{5} - \frac{1}{6} + \cdots\cdots\cdots\cdots\cdots\cdots\cdots\cdots\cdots\cdots (2)$$

故 $\frac{3}{2}A = A$，$\therefore A = 0$，這是不可能的！為什麼會這樣？仔細推敲，問題是出在將(1)式右端重排得到(2)式之右端，也就是用到了交換律。因為無窮級數用了交換律會導致錯誤的結果，因此可知交換律對無窮級數是不成立的。

這是一個很不錯的例子，它告訴我們交換律並不是對所有情形都能成立，因此在複數系裡加法與乘法滿足交換律實在是非常珍貴，連帶使它有很多性質很完美。

最後再舉一個妙解但也會謬解的例子：求 $\frac{3}{\cos\theta} + \frac{2}{\sin\theta}$（$0 < \theta < \frac{\pi}{2}$）之最小值。

【解】

將<u>柯西</u>不等式推廣可得 $(a_1^3 + b_1^3)(a_2^3 + b_2^3)(a_3^3 + b_3^3) \geq (a_1 a_2 a_3 + b_1 b_2 b_3)^3$，於是

$$(\sqrt[3]{\frac{3}{\cos\theta}}^3 + \sqrt[3]{\frac{2}{\sin\theta}}^3)(\sqrt[3]{\frac{3}{\cos\theta}}^3 + \sqrt[3]{\frac{2}{\sin\theta}}^3)(\sqrt[3]{\cos^2\theta}^3 + \sqrt[3]{\sin^2\theta}^3)$$

$$\geq (\sqrt[3]{\frac{3}{\cos\theta}}^2 \cdot \sqrt[3]{\cos^2\theta} + \sqrt[3]{\frac{2}{\sin\theta}}^2 \cdot \sqrt[3]{\sin^2\theta})^3$$

$$= (\sqrt[3]{9} + \sqrt[3]{4})^3 \text{，}$$

即 $(\frac{3}{\cos\theta} + \frac{2}{\sin\theta})^2 \geq (\sqrt[3]{9} + \sqrt[3]{4})^3$ 。

$\therefore \frac{3}{\cos\theta} + \frac{2}{\sin\theta} \geq (\sqrt[3]{9} + \sqrt[3]{4})^{\frac{3}{2}} = (3^{\frac{2}{3}} + 2^{\frac{2}{3}})^{\frac{3}{2}}$ ，

即 $\frac{3}{\cos\theta} + \frac{2}{\sin\theta}$ 之最小值為 $(3^{\frac{2}{3}} + 2^{\frac{2}{3}})^{\frac{3}{2}}$，這真是妙解！

但假如把這個問題解成下列結果，那就不妙了：由 $A.M. \geq G.M.$ 得

$$\frac{3}{\cos\theta} + \frac{2}{\sin\theta} \geq 2\sqrt{\frac{6}{\sin\theta\cos\theta}}$$

$$= 2\sqrt{\frac{12}{\sin 2\theta}} \geq 2\sqrt{12} = 4\sqrt{3}$$

故 $\frac{3}{\cos\theta} + \frac{2}{\sin\theta} \geq 4\sqrt{3}$ 。

$\therefore \frac{3}{\cos\theta} + \frac{2}{\sin\theta}$ 之最小值為 $4\sqrt{3}$，這就是謬解了！（稍花工夫可算出 $4\sqrt{3} < (3^{\frac{2}{3}} + 2^{\frac{2}{3}})^{\frac{3}{2}}$）

讀者試自行指出錯誤所在。

結　語

　　數學真是一門奇妙的學問，您用很少的公式就能解出很多的問題，而且妙招百出、趣味叢生，真是題目人人會解，各有巧妙不同，但運用之妙存乎您平常努力培養出來的功力，否則妙解不成反成謬解，豈不畫虎不成反類犬了。

九、扇形之美

　　您看過〈楚留香〉連續劇嗎？劇中的男主角楚香帥綸巾披褂，手持香扇一把，舉手投足無不風采奪人，當他右手把扇子一甩，甩出一個扇形時，那種帥勁美到最高點，不知迷倒多少女性觀眾，令人久久難忘——這是影劇的扇形之美。

　　在幾何上的扇形比這個更美，不僅美在外形，也美在內涵，怎麼個美法且聽我道來。

　　先說明在數學上扇形的定義：在一個圓上截取一段圓弧，然後過此弧的兩端點分別與圓心連線作兩條半徑，則此二半徑與圓弧所圍的區域就稱為一個扇形。依此定義您可說鐘面上的秒針自某位置開始轉動，轉動的角度不超過360度，則轉動所掃過的區域就是一個扇形，當然一把扇，將其張開也是一個扇形，棒球場上以本壘為中心的紅土部分也是一個扇形。

　　扇形在幾何上怎麼美法？您曉得直圓錐的側面積怎麼求得的嗎？我們可以利用扇形的面積來求。先提一下下列公式：設扇形的半徑為r，弧長為S，中心角為θ（弧度），面積為A，則

（1）$S = r\theta$；

（2）$A = \dfrac{1}{2}r^2\theta = \dfrac{1}{2}rS$。

曉得上面公式後，我們就可以用它來求直圓錐的側面積：設直圓錐的底半徑為r，斜高為l，設想此圓錐是用紙黏成的，現拿一把剪刀沿斜高剪開，

然後將圓錐面攤開，就成一個以l為半徑、底周長為弧長的扇形了，如圖1，因直圓錐的底周長為$2\pi r$，故攤開後之扇形弧長為$2\pi r$，因此扇形面積$= \dfrac{1}{2}l(2\pi r) = \pi rl$，此即為直圓錐之側面積，以上的解法很美，美在將立體的圖形展開成平面的圖形，您認為是嗎？

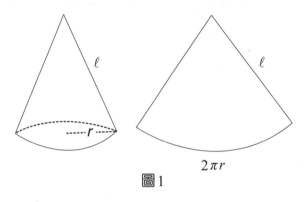

圖1

其次我們來看看是否存在一個扇形它的周長等於它的面積（指兩者度量相等），分析如下：設扇形的半徑為r，中心角為θ（弧度），則弧長$= r\theta$，周長$= 2r + r\theta$，面積$= \dfrac{1}{2}r^2\theta$，依題意有$2r + r\theta = \dfrac{1}{2}r^2\theta$，兩邊消去$r$，解得$\theta = \dfrac{4}{r - 2}$（$r \neq 2$），因此得到下列結論：假如一個扇形的半徑$\neq 2$，則當$\theta = \dfrac{4}{r - 2}$時，此扇形的周長必等於此扇形的面積。

其次假如我們固定扇形的周長，則何時面積最大？即令$2r + r\theta = L$（為定值），則由$A.M. \geq G.M.$得：

$$L = 2r + r\theta \geq 2\sqrt{2r^2\theta}，$$

即 $2r^2\theta \leq \dfrac{L^2}{4}$。

　　$\therefore \dfrac{1}{2}r^2\theta \leq \dfrac{L^2}{16}$ 為最大面積。

　　此時 $2r = r\theta$，$\therefore \theta = 2$（弧度）。即周長固定為 L 時，則當中心角 $= 2$（弧度）時，此扇形有最大面積 $\dfrac{L^2}{16}$。

　　反之，固定扇形面積為 A，即設 $\dfrac{1}{2}r^2\theta = A$（$A$ 為定值）。
則 $r^2\theta = 2A$，

　　$\therefore 2r + r\theta \geq 2\sqrt{2r^2\theta} = 2\sqrt{4A} = 4\sqrt{A}$ 為最小周長。

此時 $2r = r\theta$，即 $\theta = 2$。也就是說，面積固定為 A 時，則當中心角 $= 2$（弧度）時，此扇形有最小周長 $4\sqrt{A}$。（此結論亦可由 $\dfrac{L^2}{16} = A$，解得 $L = 4\sqrt{A}$）

　　給您一個練習：

練習1

　　試證等周長的扇形與矩形，兩者的最大面積相等。（key：設周長為 L，則最大面積均為 $\dfrac{L^2}{16}$）。

　　下面我們提出一連串有關扇形的問題，這些題目由淺入深，希望您能從中領會其中解法之美，有些細節留給您去想想個中道理。

　　題1　下圖2之扇形 AOB 中，$\angle AOB = 90°$，半徑 $\overline{OA} = \overline{OB} = 1$，分別以 $\overline{OA}$，$\overline{OB}$ 為直徑在扇形內部作半圓，求斜線部分的面積。

【解】

1. 連接 $\overline{AC}$ 與 $\overline{BC}$ 則 $\overline{AC}$ 與 $\overline{BC}$ 共線，且弓形 AC 與 CB 兩者面積的和等於梭形 OC 之面積（為何？）

2. ∴ 斜線部分面積 ＝ 弓形 ACB 之面積 ＝ 扇形 AOB 之面積 － △ AOB 之面積 ＝ $\dfrac{\pi}{4} \times 1^2 - \dfrac{1}{2} \times 1^2 = \dfrac{\pi}{4} - \dfrac{1}{2}$（平方單位）。

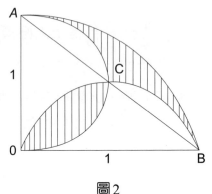

圖2

題2 正方形之邊長為1，分別以正方形的頂點為圓心，1為半徑畫4個圓弧，相交如右圖所示，求斜線部分的面積。

【解】

這個問題的解法很多，我們藉助於「餘弦定理」來解會比較方便，先介紹何謂「餘弦定理」？就是：三角形中，任一邊的平方等於其他兩邊的平方和減去兩邊與夾角餘弦乘積的兩倍。

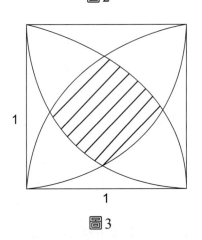

圖3

1. 令正方形四頂點為 A、B、C、D，斜線部分的四頂點為 P、Q、R、S（如圖4所示）。

2. 連接 $\overline{PQ}$、$\overline{QR}$、$\overline{RS}$、$\overline{SP}$ 與 $\overline{BP}$、$\overline{BQ}$，則 $\angle PBQ = \dfrac{\pi}{6}$（為何？）正方形 $PQRS$ 的面積 ＝ $\overline{PQ^2}$，依餘弦定理得

$$\overline{PQ}^2 = \overline{BP}^2 + \overline{BQ}^2 - 2\overline{BP} \times \overline{BQ} \times \cos(\angle PBQ)$$
$$= 1^2 + 1^2 - 2 \times 1 \times 1 \times \cos\frac{\pi}{6}$$
$$= 2 - \sqrt{3}$$

3. 弓形PQ的面積
   $\quad$ = 扇形BPQ的面積 $-$ $\triangle BPQ$的面積
$$= \frac{1}{2} \times 1^2 \times \frac{\pi}{6} - \frac{1}{2} \times 1^2 \times \sin\frac{\pi}{6}$$
$$= \frac{\pi}{12} - \frac{1}{4}$$

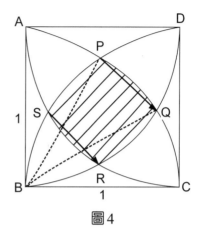

圖4

4. 於是所求面積
$$= \Box PQRS的面積 + 4個弓形PQ的面積$$
$$= (2 - \sqrt{3}) + 4\left(\frac{\pi}{12} - \frac{1}{4}\right)$$
$$= \frac{\pi}{3} + 1 - \sqrt{3}（平方單位）。$$

壹　聽我說數學

題3　　如圖5扇形OAB之半徑r，圓心角為$60°$，試求其內接矩形$PQRS$之最大面積。

【解】

1. 作$\angle AOB$的平分線交$\overline{QR}$於M，則
   $\angle MOA = 30°$，令$\angle MOQ = \theta$，則
   $\overline{OM} = r\cos\theta$，$\overline{QM} = r\sin\theta$，$\therefore \overline{QR} = 2r\sin\theta$。

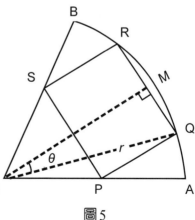

圖5

$$\overline{PQ} = r\cos\theta - r\sin\theta \cot 30°$$
$$= r(\cos\theta - \sin\theta\sqrt{3})$$
$$= 2r(\sin 30° \cos\theta - \cos 30° \sin\theta)$$
$$= 2r\sin(30° - \theta)$$

2. 面積＝ $4r^2 \sin\theta \cdot \sin(30° - \theta) = 2r^2[\cos(2\theta - 30°) - \cos 30°]$（化積成差）。

3. 顯然 $2\theta - 30° = 0°$ 時，有最大面積 $2r^2(1 - \dfrac{\sqrt{3}}{2}) = (2 - \sqrt{3})r^2$。

將以上問題擴大到一般情形：

給定一扇形，半徑為 r，中心角為 2α（$r > 0$，$0 < \alpha < \dfrac{\pi}{2}$），求此扇形內接矩形 $PQRS$ 的最大面積（Q，R 在圓弧上，P，S 分在兩半徑上）（參閱圖5）。

令這最大面積是扇形面積的 $S(\alpha)$ 倍，試證 $\dfrac{1}{2} < S(\alpha) < \dfrac{2}{\pi}$。

【解】

1. 最大面積仿上易求得為 $r^2 \tan\dfrac{\alpha}{2}$。

2. $s(\alpha) = \dfrac{r^2 \tan\dfrac{\alpha}{2}}{\dfrac{r^2}{2}(2\alpha)} = \dfrac{\tan\dfrac{\alpha}{2}}{\alpha} = \dfrac{1}{2} \dfrac{\tan\dfrac{\alpha}{2}}{\dfrac{\alpha}{2}}$，

$\because 0 < \dfrac{\alpha}{2} < \dfrac{\pi}{4}$，$\therefore \dfrac{\tan\dfrac{\alpha}{2}}{\dfrac{\alpha}{2}} > 1$（參閱後面圖9所證明之性質），故

$S(\alpha) > \dfrac{1}{2}$。

3. 其次當 $\theta \in (0, \frac{\pi}{4})$ 時，若能證明 $\frac{\tan\theta}{\theta}$ 遞增則當 $\theta = \frac{\pi}{4}$ 時，就可得到 $S(\alpha)$ 的上限 $\frac{2}{\pi}$。如圖6所示。

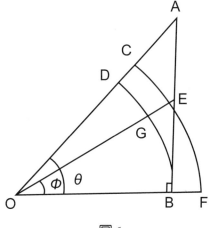

圖6

$$\frac{\triangle OAE}{扇形_{ODG}} > \frac{扇形_{OCE}}{扇形_{ODG}} = \frac{扇形_{OEF}}{扇形_{OGB}} > \frac{\triangle OEB}{扇形_{OGB}}$$

$$\therefore \frac{\triangle OAE}{扇形_{ODG}} > \frac{\triangle OEB}{扇形_{OGB}} \text{。}$$

利用 $\frac{a}{b} > \frac{c}{d} \Rightarrow \frac{a+c}{b+d} > \frac{c}{d}$，可得

$$\frac{\triangle OAE + \triangle OEB}{扇形_{ODG} + 扇形_{OGB}} > \frac{\triangle OEB}{扇形_{OGB}}，$$

即 $\dfrac{\triangle OAB}{扇形_{ODB}} > \dfrac{\triangle OEB}{扇形_{OGB}}$

$$\therefore \frac{\tan\theta}{\theta} > \frac{\tan\phi}{\phi}，$$

於是得

$$\theta > \phi \Rightarrow \frac{\tan\theta}{\theta} > \frac{\tan\phi}{\phi} \text{。}$$

4. $\because 0 < \dfrac{\alpha}{2} < \dfrac{\pi}{4}$，

$$\therefore S(\alpha) = \frac{1}{2}\frac{\tan\dfrac{\alpha}{2}}{\dfrac{\alpha}{2}} < \frac{1}{2}\frac{\tan\dfrac{\pi}{4}}{\dfrac{\pi}{4}} = \frac{2}{\pi}$$

（另外唸過理科數學的同學，亦可用三角函數微分的方法證明 $f'(\theta) > 0$，於是$f(\theta)$遞增，此處 $f(\theta) = \dfrac{\tan\theta}{\theta}$）。

　題4　有一扇形AOB其中心角$\angle AOB$為θ，半徑為r，設P為弧$\overparen{AB}$上任一點，自P向兩半徑$\overline{OA}$及$\overline{OB}$各作垂線，垂足分別為Q及R，試證線段QR的長為一定值（圖7）。

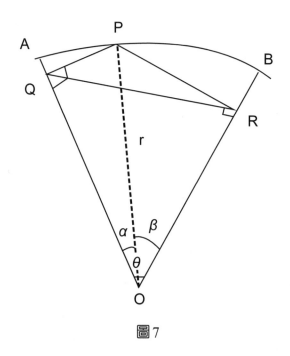

圖7

證明

1. 連接$\overline{OP}$設$\angle AOP = \alpha$，$\angle BOP = \beta$，則$\alpha + \beta = \theta$，且$\angle QPR = \pi - \theta$，在$\text{Rt}\triangle OPQ$中，$\overline{PQ} = r\sin\alpha$，又在$\text{Rt}\triangle OPR$中，$\overline{PR} = r\sin\beta$。

2. 在 $\triangle PQR$ 中，由餘弦定理得

$\overline{QR}^2$

$= \overline{PQ}^2 + \overline{PR}^2 - 2\overline{PQ}\ \overline{PR}\cos(\angle QPR)$

$= r^2\sin^2\alpha + r^2\sin^2\beta - 2r^2\sin\alpha\sin\beta\cos(\pi - \theta)$

$= r^2(\sin^2\alpha + \sin^2\beta + 2\sin\alpha\sin\beta\cos\theta)$

$= r^2(\dfrac{1 - \cos 2\alpha}{2} + \dfrac{1 - \cos 2\beta}{2} + 2\sin\alpha\sin\beta\cos\theta)$

$= r^2[1 - \dfrac{1}{2}(\cos 2\alpha + \cos 2\beta) + 2\sin\alpha\sin\beta\cos\theta]$

$= r^2[1 - \dfrac{1}{2}\cdot 2\cos(\alpha + \beta)\cos(\alpha - \beta) + 2\sin\alpha\sin\beta\cos\theta]$

$= r^2[1 - \cos\theta\cos(\alpha - \beta) + (\cos(\alpha - \beta) - \cos(\alpha + \beta))\cos\theta]$

$= r^2[1 - \cos\theta\cos(\alpha - \beta) + \cos(\alpha - \beta)\cos\theta - \cos^2\theta]$

$= r^2(1 - \cos^2\theta) = r^2\sin^2\theta$ 為定值。

練習2

在扇形 AOB 中 O 為中心，$\overline{OA} = \overline{OB} = r$，$P$ 為圓弧 $\overset{\frown}{AB}$ 上任一點，而 P 至 $\overline{OA}$ 的距離為 a，至 $\overline{OB}$ 的距離為 b，試將 r 以 a，b 表示之。

（答案：$\dfrac{2}{\sqrt{3}}\sqrt{a^2 + ab + b^2}$）。

練習3

圖8中，扇形 AOB 之半徑為14，中心角為 θ，在 $\overset{\frown}{AB}$ 上有一點 P，由 P 對 $\overline{OA}$ 作垂直線段 $\overline{PQ}$，其長13，P 對 $\overline{OB}$ 作垂直線段 $\overline{PR}$，其長11，求(1)θ，

(2)斜線部分的面積。

（答案：(1)$\frac{2\pi}{3}$　(2)$\frac{196\pi}{3} - 47\sqrt{3}$）。

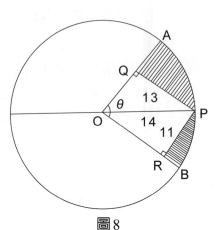

圖8

其次我們來談一個問題，您曉得三角函數中，$\sin x$的導函數為$\cos x$，$\cos x$的導函數為$-\sin x$嗎？即$\dfrac{d\sin x}{dx} = \cos x$，$\dfrac{d\cos x}{dx} = -\sin x$，這兩個公式的導出跟「扇形」也扯上關係：

原來我們可藉助於「扇形」先導出下列性質(1)，再由(1)導出(2)，而最後可導出$\sin x$，$\cos x$的微分公式：

(1) 設$\dfrac{-\pi}{2} < x < \dfrac{\pi}{2}$，$x \neq 0$，則

$|\sin x| < |x| < |\tan x|$。

(2) $\displaystyle\lim_{x \to 0}\dfrac{\sin x}{x} = 1$。

(1) 證明：分下列兩種情形進行：

1. $0 < x < \dfrac{\pi}{2}$：如右圖9單位圓中，$\angle AOB = x$，過A作圓的切線交$\overrightarrow{OB}$於C，則$\triangle AOB <$ 扇形$AOB < \triangle AOC$，由扇形面積$= \dfrac{1}{2}r^2\theta$（r表半徑，θ表中心角以弧度計），可得

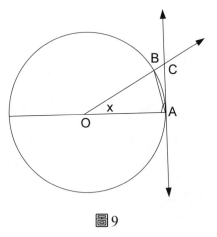

圖9

$\dfrac{1}{2}\sin x < \dfrac{1}{2}x < \dfrac{1}{2}\tan x$，

$\therefore \sin x < x < \tan x$，

即 $|\sin x| < |x| < |\tan x|$。

2. $-\dfrac{\pi}{2} < x < 0$，即 $0 < -x < \dfrac{\pi}{2}$，由 1 可得

$\sin(-x) < -x < \tan(-x)$，

$-\sin x < -x < -\tan x$

即 $|\sin x| < |x| < |\tan x|$。

綜上 1、2 知：$-\dfrac{\pi}{2} < x < \dfrac{\pi}{2}$，$x \neq 0$，恆有 $|\sin x| < |x| < |\tan x|$。

(2) 證明：$\because x \to 0$，$\therefore -\dfrac{\pi}{2} < x < \dfrac{\pi}{2}$，$x \neq 0$，由 (1) 知

$|\sin x| < |x| < |\tan x| = \left| \dfrac{\sin x}{\cos x} \right|$

$\Rightarrow 1 < \dfrac{|x|}{|\sin x|} < \dfrac{1}{|\cos x|}$

$\Rightarrow 1 < \dfrac{x}{\sin x} < \dfrac{1}{\cos x}$　　　（$\because \sin x$ 與 x 同號，而 $\cos x > 0$）

$\Rightarrow \cos x < \dfrac{\sin x}{x} < 1$

$\because x \to 0$ 時，$\cos x \to 1$，$\therefore$ 由挾擠定理知

$\displaystyle\lim_{x \to 0} \dfrac{\sin x}{x} = 1$。

於是

$\dfrac{d \sin x}{dx} \Big|_{x=a} = \displaystyle\lim_{x \to a} \dfrac{\sin x - \sin a}{x - a}$

$\qquad\qquad = \displaystyle\lim_{x \to a} \dfrac{2 \cos \dfrac{x+a}{2} \cdot \sin \dfrac{x-a}{2}}{x - a}$

（分子利用 $\sin x - \sin y = 2\cos\dfrac{x+y}{2}\cdot\sin\dfrac{x-y}{2}$）

$$= \lim_{x\to a}\cos\frac{x+a}{2}\cdot\frac{\sin\dfrac{x-a}{2}}{\dfrac{x-a}{2}}$$

$$= \lim_{x\to a}\cos\frac{x+a}{2}\cdot\lim_{\frac{x-a}{2}\to 0}\frac{\sin\dfrac{x-a}{2}}{\dfrac{x-a}{2}}$$

$$= \cos\alpha\cdot 1 = \cos a$$

$$\therefore \frac{d\sin x}{dx} = \cos x.$$

同理可得

$$\frac{d\cos x}{dx} = -\sin x \text{。}$$

最後我們再來證明一個問題：球面上兩點之間，在球面上的最短路徑就是通過該兩點之大圓的圓弧。

證明

設 A、B 是球面上的任意兩點，當 A、B 是直徑兩端點時，則通過 A、B 之大圓有無限多個，最短路徑就是這些大圓上的半圓弧（每個均等長）。

當 A、B 兩點非球面直徑兩端點時，則 A、B 兩點之間在球面上的最短路徑，就是通過 A、B 兩點之大圓的劣弧，底下我們將證明此命題。

為證明以上命題，我們先證明下列這個預備性質，列為性質(3)。

性質(3)設 $0 < \alpha < \beta < \dfrac{\pi}{2}$，則

$\dfrac{\sin\beta}{\beta} < \dfrac{\sin\alpha}{\alpha}$ 。

證明

1. 首先認識到

$$\frac{\sin\beta}{\beta} < \frac{\sin\alpha}{\alpha} \Leftrightarrow \beta\sin\alpha - \alpha\sin\beta > 0 ,$$

故證明右者即是。

2. 令 $\beta = \alpha + r \left(0 < r < \dfrac{\pi}{2}\right)$ ，則

$$
\begin{aligned}
\beta\sin\alpha - \alpha\sin\beta &= (\alpha + r)\sin\alpha - \alpha\sin(\alpha + r) \\
&= (\alpha + r)\sin\alpha - \alpha(\sin\alpha\cos r + \cos\alpha\sin r) \\
&> (\alpha + r)\sin\alpha - \alpha(\sin\alpha + r\cos\alpha)
\end{aligned}
$$

（$\because 0 < \cos r < 1$，且由前面性質(1)，知 $0 < \sin r < r$）

$$= r(\sin\alpha - \alpha\cos\alpha)$$
$$= (r\cos\alpha)(\tan\alpha - \alpha) > 0$$

（ $\because \tan\alpha > \alpha$ ）

$$\therefore \beta\sin\alpha - \alpha\sin\beta > 0$$

即

$$\frac{\sin\beta}{\beta} < \frac{\sin\alpha}{\alpha} \text{ 。}$$

接著，我們將利用性質(3)證明：通過球面上 A、B 兩點之「大圓劣弧長」恆小於通過此兩點之「小圓劣弧長」：

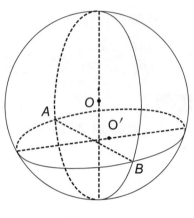

圖 10-(a)

1. 如右圖 10－(a)，令球面上過 A、B 兩點之大圓（圓心為 O）的劣弧長記為 S，小圓（圓心為 O'）的劣弧長記為 S'。

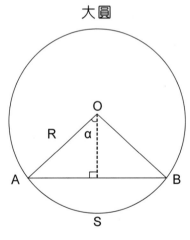

大圓

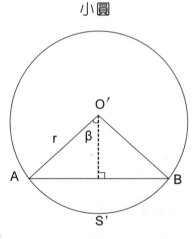

小圓

圖 10-(b)

2. 令 $\overline{OA} = \overline{OB} = R$（球的半徑也是大圓的半徑），$\overline{O'A} = \overline{O'B} = r$（小圓的半徑），且令 $\angle AOB = 2\alpha$，$\angle AO'B = 2\beta$，則 $r < R$，由圖 10-(b)

得

$$R\sin\alpha = \frac{1}{2}\overline{AB} = r\sin\beta \ ,$$

故

$$\frac{\sin\beta}{\sin\alpha} = \frac{R}{r} > 1 - (1) \ ,$$

因此

$$\sin\beta > \sin\alpha \ ,$$

且因 $\overset{\frown}{AB}$ 為劣弧，故

$$0 < \alpha < \beta < \frac{\pi}{2} \ 。$$

3. 由性質(3)知

$$\frac{\sin\beta}{\sin\alpha} < \frac{\beta}{\alpha} - (2) \ ,$$

故由(1)(2)得

$$\frac{R}{r} < \frac{\beta}{\alpha} \Rightarrow R(2\alpha) < r(2\beta)$$
$$\Rightarrow S < S'$$

∴本性質得證。

最後，因球面上通過 A、B 兩點的所有路徑中，以「共平面」的路徑較短，而共平面的路徑就是通過 A、B 點之各種圓弧，這些圓弧中以「通過 A、B 兩點之大圓的劣弧」為最短，因而本命題得證。

這就是我們坐飛機從<u>洛杉磯</u>經<u>漢城</u>飛回<u>台北</u>，飛機不直接朝向<u>漢城</u>飛，而要繞到北極南方<u>阿留申</u>群島上空飛行的道理，因為後者的航線是在一大圓弧上的緣故。

參考資料

　　(1) 台大數學系主編：中華民國科學才能青年選拔活動高中數學競試試題及答案分析專集，台北市中華文化復興運動推行委員會。

　　(2) 國立台灣師大附中主編：高中數學充實教材第三輯，台北市教育部中等教育司出版。

輕鬆學好高中數學

十、頑童、兔子與黃金分割 —— 奇妙的數列

同學們在演算數學題目時,可能會碰到底下的問題:

頑童上樓梯或一步跨一階或一步跨兩階,假如樓梯共有10階,問此頑童有幾種上樓梯的方法?

此問題可如下解之:設跨n階樓梯的方法有a_n種

若第一步跨一階則剩下$n-1$階,於是跨法有a_{n-1}種

若第一步跨二階則剩下$n-2$階,於是跨法有a_{n-2}種

$\therefore a_n = a_{n-1} + a_{n-2}$ (*) ($n \geq 3$)

而$a_1 = 1$,$a_2 = 2$(一步跨兩階或分兩步跨,每步各跨一階),於是由(*)可得

$$a_3 = a_2 + a_1 = 2 + 1 = 3$$
$$a_4 = a_3 + a_2 = 3 + 2 = 5$$
$$a_5 = a_4 + a_3 = 5 + 3 = 8$$
$$\vdots$$
$$\vdots$$
$$a_{10} = a_9 + a_8 = 55 + 34 = 89$$

這89(種)就是本題的答案!

將以上1,2,3…,89種重新排列如下(第一個「1」寫2次):

1,1,2,3,5,8,13,21,34,55,89

這就是<u>費玻納西</u>數列的前11項。

　　<u>費玻納西</u>數列又稱為奇妙的數例，是怎樣被「發現」出來的呢？相傳緣起於十三世紀義大利有一位數學家叫<u>費玻納西</u>（Fibonacci），他提出了底下的問題：

　　假定一對兔子在牠們出生整整兩個月後長大，可以生出一對小兔子，其後每隔一個月又可以再生一對小兔子。現在假如今年一月初籠子內有一對剛出生的兔子，問明年一月初籠子內該有幾對兔子？（假如兔子均不死亡），經過計算可得兔子的對數如下：

1，1，2，3，5，8，13，21，34，55，89，144，233

今年一月初兔　　子之對數　　二月初之對數　　三月初之對數　　四月初之對數　……　明年一月初之對數

　　假如兔子繼續衍生下去，我們可得下面之數列：

1，1，2，3，5，8，13，21，34，55，89，144，233，377，610，……

稱為<u>費玻納西</u>數列（以下簡稱<u>費氏</u>數列），若以 F_n（$n \in N$）表此數列之第 n 項，則可得 $F_n = F_{n-1} + F_{n-2}$（$n \geq 3$），而 $F_1 = F_2 = 1$。

　　究竟<u>費氏</u>數列奇妙在哪裡？為了欣賞它的「奇妙」，我們先來導出<u>費</u>

氏數列的Binet型：$F_n = \dfrac{1}{\sqrt{5}}(\alpha^n - \beta^n)$，其中$\alpha = \dfrac{1+\sqrt{5}}{2}$，$\beta = \dfrac{1-\sqrt{5}}{2}$。

pf:令$F_{n+2} - \alpha F_{n+1} = \beta(F_{n+1} - \alpha F_n)$

即$F_{n+2} = (\alpha + \beta)F_{n+1} - \alpha\beta F_n$

則

$$\begin{cases} \alpha + \beta = 1 \quad \cdots\cdots\cdots\cdots\cdots\cdots\cdots\cdots\cdots\cdots\cdots\cdots \text{(a)} \\ \alpha\beta = -1 \quad \cdots\cdots\cdots\cdots\cdots\cdots\cdots\cdots\cdots\cdots\cdots\cdots \text{(b)} \end{cases}$$

由(b)得$\beta = -\dfrac{1}{\alpha}$，代入(a)得：

$$\alpha - \dfrac{1}{\alpha} = 1 \rightarrow \alpha^2 - \alpha - 1 = 0$$

$$\therefore \alpha = \dfrac{1\pm\sqrt{5}}{2}，\quad \beta = \dfrac{1\mp\sqrt{5}}{2}。$$

(1) $F_{n+2} - \dfrac{1+\sqrt{5}}{2}F_{n+1} = (\dfrac{1-\sqrt{5}}{2})(F_{n+1} - \dfrac{1+\sqrt{5}}{2}F_n)$

表$< F_{n+1} - \dfrac{1+\sqrt{5}}{2}F_n >$為一公比$\dfrac{1-\sqrt{5}}{2}$的等比數列

$$\therefore F_{n+1} - \dfrac{1+\sqrt{5}}{2}F_n = (\dfrac{1-\sqrt{5}}{2})^{n-1}(F_2 - \dfrac{1+\sqrt{5}}{2}F_1)$$

$$\therefore F_{n+1} - \dfrac{1+\sqrt{5}}{2}F_n = (\dfrac{1-\sqrt{5}}{2})^n \quad \cdots\cdots\cdots\cdots\cdots\cdots\cdots\cdots（①）$$

(2) $F_{n+2} - \dfrac{1-\sqrt{5}}{2}F_{n+1} = (\dfrac{1+\sqrt{5}}{2})(F_{n+1} - \dfrac{1-\sqrt{5}}{2}F_n)$

表 $< F_{n+1} - \dfrac{1-\sqrt{5}}{2} F_n >$ 為一公比 $\dfrac{1+\sqrt{5}}{2}$ 的等比數列

$$\therefore F_{n+1} - \frac{1-\sqrt{5}}{2} F_n = (\frac{1+\sqrt{5}}{2})^{n-1}(F_2 - \frac{1-\sqrt{5}}{2} F_1)$$

$$\therefore F_{n+1} - \frac{1-\sqrt{5}}{2} F_n = (\frac{1+\sqrt{5}}{2})^{n} \quad \cdots\cdots\cdots\cdots\cdots\cdots\cdots（②）$$

(3)由②－①得

$$\sqrt{5} F_n = (\frac{1+\sqrt{5}}{2})^n - (\frac{1-\sqrt{5}}{2})^n$$

$$\therefore F_n = \frac{1}{\sqrt{5}}[(\frac{1+\sqrt{5}}{2})^n - (\frac{1-\sqrt{5}}{2})^n] \, , \; n \in N$$

即 $F_n = \dfrac{1}{\sqrt{5}}(\alpha^n - \beta^n)$。

以上這個式子就稱為費氏數列的Binet型，是以法國數學家Jacgues－phillipe－Marie Binet（1786－1856）之名而命的。

有了以上這個式子，我們可以來一窺費氏數列的奧妙：

在 $< F_n >$：1，1，2，3，5，8，13，21，34，……中，我們將每一後項比其前項可得1，2，1.5，1.6，1.6，1.625，1.6153846，1.6190476…，我們發現其比值一小一大、一大一小的出現，但從第6個以後皆約為1.6多，因此我們聯想到其比值會不會趨近於某一個定數，為了解決這個問題，我們可以利用費氏數列的Binet型來探討如下：

令 $G_n = \dfrac{F_{n+1}}{F_n}$ 則

$$G_n = \frac{\frac{1}{\sqrt{5}}(\alpha^{n+1} - \beta^{n+1})}{\frac{1}{\sqrt{5}}(\alpha^n - \beta^n)} = \frac{\alpha^{n+1} - \beta^{n+1}}{\alpha^n - \beta^n},$$

（其中 $\alpha = \frac{1+\sqrt{5}}{2}$ ，$\beta = \frac{1-\sqrt{5}}{2}$ ），因 $|\alpha|>|\beta|$ ，故上式上、下同除以 α^n 則得

$$G_n = \frac{\alpha - \beta(\frac{\beta}{\alpha})^n}{1 - (\frac{\beta}{\alpha})^n},$$

而 $\frac{\beta}{\alpha} = \frac{1-\sqrt{5}}{1+\sqrt{5}}$ 其絕對值小於 1 ，$\therefore (\frac{\beta}{\alpha})^n \to 0$

因而 $G_n \to \alpha$ ，也就是

$$\lim_{n \to \infty} G_n = \alpha = \frac{1+\sqrt{5}}{2} \doteq 1.618 \text{ 。}$$

$\frac{1+\sqrt{5}}{2}$ 這個數值稱為黃金比（Golden Ratio），以下簡稱為 α ，報紙、書本、桌子等等，它們的長度與寬度的比值往往接近於這個比值，大概是因為在這個比例之下它們看起來很順眼和諧吧！甚至人的臉型假如長與寬的比符合這個比值，看起來就會比較美，因此，稱此數值為黃金比。建築和繪畫方面也常利用這個比值來引起美的感覺，這就叫做黃金律。雅典的帕德能神殿（Parthenon at Athens）（見圖1）莊嚴、宏偉、和諧，予人以美的感覺，被認

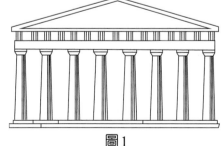

圖1

為是古希臘最偉大的建築之一，為什麼呢？因為它的寬度與高度正合於黃金律。

　　帕德能神殿的各部分，都精密的符合了黃金矩形（見後說明）的條件。這座由許多幾何均勻對稱體結合而成的大建築物，係在西元五百餘年時建成，彼時建築工程師對於黃金比，恐怕還沒有自覺的知識。

　　在幾何上，假如在一條線段 $\overline{AB}$ 上，取一點 C，使 $\dfrac{\overline{AC}}{\overline{BC}} = \dfrac{\overline{AB}}{\overline{AC}}$ （如圖 2），則稱 C 點將 $\overline{AB}$ 黃金分割，為何這樣稱呼其來有自：圖2中，令 $\overline{AB} = 1$，$\overline{AC} = X$ 則得

$$\frac{X}{1-X} = \frac{1}{X} \text{ ，}$$

可解得

$$X = \frac{-1+\sqrt{5}}{2} \text{ ，}$$

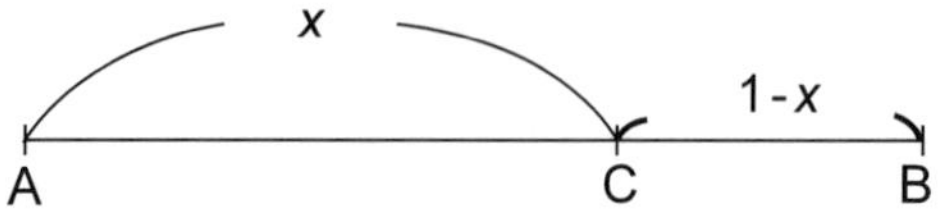

098

$$\therefore \frac{\overline{AC}}{\overline{BC}} = \frac{\overline{AB}}{\overline{AC}} = \frac{1}{X} = \frac{1+\sqrt{5}}{2}$$

圖2

正是黃金比，因此我們稱 C 點將 $\overline{AB}$ 黃金分割，真是名符其實。

　　更有進者，長和寬之比為 $\dfrac{1+\sqrt{5}}{2}$ 的矩形就叫做黃金矩形。假如我們從黃金矩形 $ABCD$ 的一端，把小正方形 $ABEF$ 去掉（圖3），剩下的 $CDFE$ 仍是一個黃金矩形，用同樣的方法可以逐步去掉許多正方形而得愈來愈小的黃金矩形，而分割點 F、H、I、J、K、L……都排在一個等角螺線上，螺線的中心正好是兩虛線 AC 與 DE 的交點（圖4）。

輕鬆學好高中數學

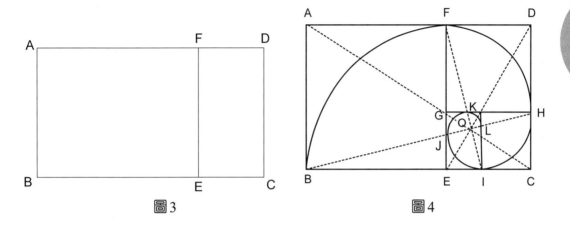

圖3

圖4

所謂等角螺線就是向徑和切線交角永遠不變的曲線（圖5）。鸚鵡螺的外殼（圖6）、象鼻、羊角、鸚鵡的爪子等等，都是呈等角螺線形的。

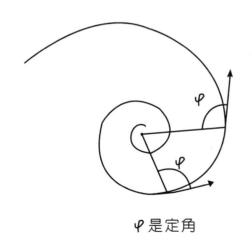

φ 是定角

圖5

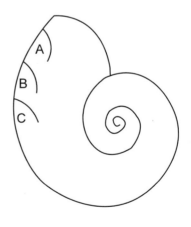

圖6

仔細觀察雛菊花蕊的排列，您會發現它們也是成等角螺線形。這種排列可有兩種看法：左旋（逆時針方向）和右旋（順時針方向）的。大部分雛菊的右旋數和左旋數是21和34，正是費氏數列中的相鄰兩項。松果、鳳梨的鱗片也有類似的排列，而排列數各為5和8以及8和13，也是費氏數列中的相鄰兩項。向日葵也是一樣，通常右旋數和左旋數各為21和34、34和55更大的則有89和144，甚至144和233，都是費氏數列中的相鄰兩項。甚至鋼琴的琴鍵在一個度八音之間有黑鍵五個、白鍵八個！費氏數列到處可見。

　　費氏數列中相鄰兩項的比值趨近黃金比值，由黃金矩形又可描出等角螺線，等角螺線又出現在松果、鳳梨、雛菊、向日葵等上，而它們的左、右螺線旋數又恰好是費氏數列中相鄰的兩項，自然造物的奧妙令人嘆為觀止。

　　在上面「一點 C 將線段 $\overline{AB}$ 黃金分割」的定義中，我們可視為：一點 C 將 $\overline{AB}$ 分成兩段，移去小段 $\overline{CB}$ 後，$\overline{AB}$ 與剩下大段 $\overline{AC}$ 兩者長的比值為 α，仿此我們也可以定義黃金三角形如下：

　　假如一個 $\triangle ABC$，在 $\overline{AB}$ 上取一點 D，使 $\triangle CBD$ 相似於 $\triangle ABC$ 且移去 $\triangle CBD$ 後，$\triangle ABC$ 與剩下的 $\triangle ACD$ 兩者面積的比值為 α，即 $\dfrac{\triangle ABC}{\triangle ACD} = \alpha$，則稱 $\triangle ABC$ 為黃金三角形。下面數例要來說明黃金三角形的存在。

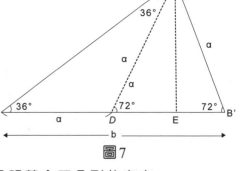

圖7

例1　證明：頂角為36°的等腰三角形是一個黃金三角形。

Pf:如右圖7，設$\angle A = 36°$，則$\angle ACB = \angle ABC = 72°$作$\angle ACB$之分角線交$\overline{AB}$於$D$，令$\overline{BC} = a$，$\overline{AC} = \overline{AB} = b$，則$\overline{AD} = \overline{CD} = a$，於是

$$\frac{\triangle ABC}{\triangle ACD}$$

$$= \frac{\frac{1}{2}\overline{AB} \times \overline{AC} \times \sin A}{\frac{1}{2}\overline{AD} \times \overline{AC} \times \sin A} = \frac{\overline{AB}}{\overline{AD}} = \frac{b}{a} = \frac{\sin 72°}{\sin 36°} \text{ （正弦定理）}$$

$$= \frac{\cos 18°}{2\sin 18° \cos 18°} = \frac{1}{2\sin 18°} = \frac{1}{2 \times \frac{\sqrt{5}-1}{4}} = \frac{1+\sqrt{5}}{2} = \alpha$$

又顯然$\triangle CBD$相似於$\triangle ABC$，$\therefore \triangle ABC$為一個黃金三角形。

且知$\triangle ABC$中最長邊與最短邊兩者長的比為α。

對於一個正十邊形來講（圖8），每一頂點與中心的聯線分此十邊形為十個等腰三角形，此等腰三角形的頂角均為$36°$，因此每一個等腰三角形都是黃金三角形。更有進者，通過正五邊形的同一頂點的兩條對角線之夾角也是$36°$（圖9），故此三角形也是黃金三角形，且$\frac{r}{s} = \frac{d}{t} = \alpha$。

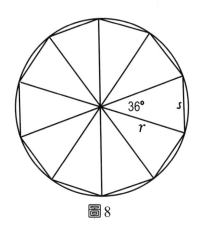

圖8

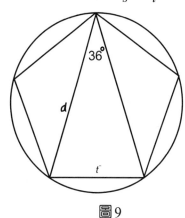

圖9

例2　如圖10，D點將 $\overline{AB}$ 黃金分割且 $\overline{AD} > \overline{DB}$，以$B$為中心 $\overline{AD}$ 為半徑畫一圓弧，在此圓弧上任取一點C（但C不在AB線上），連接 $\overline{AC}$ 與 $\overline{BC}$ 得 $\triangle ABC$，試證$\triangle ABC$為黃金三角形。

Pf:1. 令 $\overline{AD} = X = \overline{BC}$，$\overline{DB} = Y$，$\overline{AC} = Z$，則因$D$將 $\overline{AB}$ 黃金分割，故

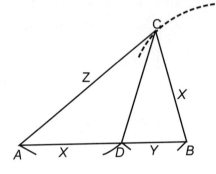

圖10

$$\frac{X+Y}{X} = \frac{X}{Y} (= \alpha)$$

即 $\dfrac{\overline{AB}}{\overline{CB}} = \dfrac{\overline{CB}}{\overline{DB}}$，且$\angle B$公用，$\therefore \ \triangle ABC \backsim \triangle CBD$。

2. 又

$$\frac{\triangle ABC}{\triangle ACD} = \frac{\frac{1}{2}(X+Y)Z\sin A}{\frac{1}{2}X \times Z\sin A} = \frac{X+Y}{X} = \alpha$$

$\therefore \ \triangle ABC$為黃金三角形。黃金三角形處處可見！

習　題

1. 已予一線段 $\overline{AB}$，試以幾何作圖法（只能用圓規與無刻劃的直尺作圖）

輕鬆學好高中數學

將 $\overline{AB}$ 黃金分割。

2. 如圖11，假如△ABC為一黃金三角形，△CBD 為被移去的相似三角形，試證：$\dfrac{\triangle ABC}{\triangle CBD} = \alpha^2$。

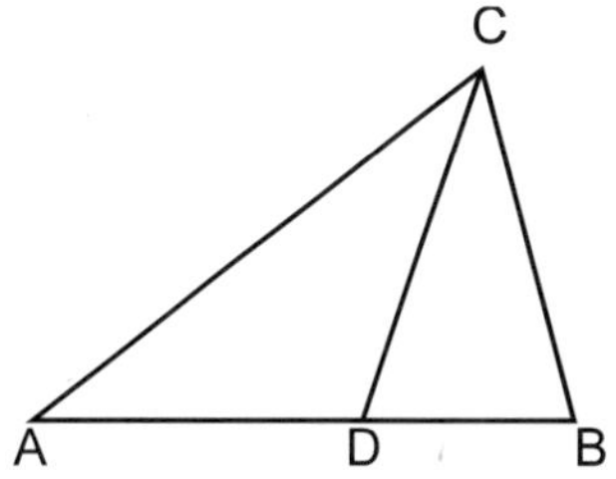

3. 在上面圖4中CDFE為一個黃金矩形，試證之。

4. 圖12中，ABCDE為單位圓之內接正五邊形，作所有的對角線又圍成一個正五邊形 $A_1B_1C_1D_1E_1$。

① 證明：B_1 將 $\overline{BA_1}$ 黃金分割。

② 求 $\dfrac{\text{正五邊形} A_1B_1C_1D_1E_1 \text{之面積}}{\text{正五邊形} ABCDE \text{之面積}}$ 的比值。

③ 再作 $A_1B_1C_1D_1E_1$ 之對角線又構成一個新的正五邊形 $A_2B_2C_2D_2E_2 \cdots$，如此繼續為之，求所有正五邊形面積的總和。

5. 試證沒有一個三角形其三邊長分別為費氏數列中的相異三數。

6. 證明 $F_n = \left[\dfrac{\alpha^n}{\sqrt{5}} + \dfrac{1}{2}\right]$，$n = 1$，$2$，$3$，$\cdots\cdots$，其中[　]表高斯記號（註：所謂實數X的高斯記號[X]，意表不超過X的最大整數，如 $[2.5] = 2$，$[\pi] = 3$，$[-1.4] = -2$）。

7. 在費氏數列中，能否有某一項末四位均為「零」？試對您的答案加以證明。（註：此題請參閱專題論述第一篇）

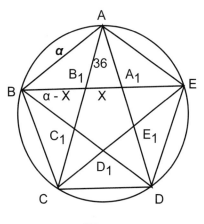

圖11

圖12

解答

4. 答：② $\dfrac{7-3\sqrt{5}}{2}$ 。③ $\dfrac{(5+3\sqrt{5})\sqrt{10+2\sqrt{5}}}{16}$ 。

7. 答：有。

參考資料

1. 大衛·柏佳米尼及時代生活雜誌社編輯部（譯註者：傅溥），數學漫談，美亞書版股份有限公司。

2. Hoggatt（李恭晴譯），奇妙的數列，汝旭圖書有限公司。

貳

數學專題論述

一、費玻納西（Fibonacci）數列末k位均為「0」的項是第幾項？（其中k為正整數）

(一)前言

　　Fibonacci數列是一個奇妙的數列，它有很多非常奇妙的性質，其中末位為「0」的項似乎出現某種循環性，譬如：第15項末位有一個「0」，第150項末位有二個「0」……，而150是15的10倍，這似乎暗示著其間存在著某種規則。至於末位三個「0」，四個「0」的項是否存在呢？這些都是值得去探討的問題，因而展開了底下的研究。

(二)研究目的

　　探求Fibonacci數列末k位均為「0」的項是否均存在？（k是任意正整數）若有，則為第幾項？列出結論。

(三)研究內容與過程

　　經過一番研討，發現以上問題的答案都是肯定的。現先證明有末四位均為「0」的項存在。

　　Pf：若我們可以找到數列中，某一對相鄰項(F_k, F_{k+1})和另外一對相

鄰項(F_{n+k}, F_{n+k+1})末四位數全同[(*)]。

即

$$F_k = F_{n+k} - (多少萬)$$
$$F_{k+1} = F_{n+k+1} - (多少萬)$$

則

$$
\begin{aligned}
F_{k-1} &= F_{k+1} - F_k \\
&= F_{n+k+1} - (多少萬) - [F_{n+k} - (多少萬)] \\
&= (F_{n+k+1} - F_{n+k}) - (多少萬) \\
&= F_{n+k-1} - (多少萬)
\end{aligned}
$$

∴ F_{k-1}與F_{n+k-1}的末四位全同，依此類推F_n與F_0的末四位就全同了！因$F_0 = 0$，故F_n末四位為「0」。

今在前面$10^8 + 2$項中，共有$10^8 + 1$對相鄰項，此$10^8 + 1$對中必有兩對末四位相同，也就是有某一對相鄰項(F_k, F_{k+1})和另一對相鄰項(F_{n+k}, F_{n+k+1})末四位全同[註]，滿足上述條件$(*)$，∴得證有末四位均為「0」的項存在，同理可證：末k位均為「0」的項均存在。

現進一步要來求末k位均為「0」的項為第幾項，為達此目的，必須藉助於Lacus數列，因此首先介紹Fibonacci數列與Lucas數列如下：

Fibonacci數列：

$$<F_n>：1，1，2，3，5，8，13，21，34，55，89，144，233\cdots\cdots$$

$$\uparrow \quad \uparrow \qquad\qquad\qquad\qquad\qquad\qquad \uparrow$$
$$F_5 \quad F_6 \qquad\qquad\qquad\qquad\qquad\qquad F_{12}$$

Lucas數列：

$$<L_n> : 1 , 3 , 4 , 7 , 11 , 18 , 29 , 47 , 76 , 123 , 199 , \cdots\cdots$$

廣義的Fibonacci數列：

$$<H_n> : p , q , p+q , p+2q , 2p+3q , 3p+5q \cdots\cdots$$

甲、我們先來證明幾個預備性質（(一)到(七)）

(一) $H_{n+2} = pF_n + qF_{n+1}$，$n \geq 0$，$F_0 = 0$

pf：1. $n = 0$　$H_2 = qF_1 = q$

　　　　$n = 1$　$H_3 = pF_1 + qF_2 = p+q$　　成立

2. 設 $n = k$，$k+1$（$k \geq 0$）時成立，

即設　　　　　　　　$H_{k+2} = pF_k + qF_{k+1}$

且　　　　　　　　　$H_{k+3} = pF_{k+1} + qF_{k+2}$

則 $n = k+2$ 時

$$\begin{aligned}
H_{k+4} &= H_{k+3} + H_{k+2} \\
&= (pF_{k+1} + qF_{k+2}) + (pF_k + qF_{k+1}) \\
&= p(F_k + F_{k+1}) + q(F_{k+1} + F_{k+2}) \\
&= pF_{k+2} + qF_{k+3} \quad 成立
\end{aligned}$$

∴　得證。

(二)$L_n = F_n + 2F_{n-1} = F_{n-1} + F_{n+1}$

pf：由(一)$L_n = pF_{n-2} + qF_{n-1}$　（$p = 1$，$q = 3$）

$$= F_{n-2} + 3F_{n-1} = F_{n-2} + F_{n-1} + 2F_{n-1}$$

$$= F_n + 2F_{n-1} = (F_n + F_{n-1}) + F_{n-1}$$

$$= F_{n-1} + F_{n+1}$$

∴　得證。

(三)Fibonacci & Lucas的Binet型：

設 $\alpha = \dfrac{1+\sqrt{5}}{2}$，$\beta = \dfrac{1-\sqrt{5}}{2}$ 則

1. $F_n = \dfrac{1}{\sqrt{5}}(\alpha^n - \beta^n)$

2. $L_n = \alpha^n + \beta^n$

pf：1.令　$F_{n+2} - \alpha F_{n+1} = \beta(F_{n+1} - \alpha F_n)$，

即 $F_{n+2} = (\alpha + \beta)F_{n+1} - \alpha\beta F_n$

則 $\begin{cases} \alpha + \beta = 1 \cdots\cdots\cdots\cdots(a) \\ \alpha\beta = -1 \cdots\cdots\cdots\cdots(b) \end{cases}$

由(b)得$\beta = -\dfrac{1}{\alpha}$代入(a)

得$\alpha - \dfrac{1}{\alpha} = 1 \Rightarrow \alpha^2 - \alpha - 1 = 0$

$$\therefore \alpha = \frac{1 \pm \sqrt{5}}{2} , \quad \beta = \frac{1 \mp \sqrt{5}}{2}$$

(1) $F_{n+2} - \dfrac{1+\sqrt{5}}{2} F_{n+1} = \left(\dfrac{1-\sqrt{5}}{2} \right)\left(F_{n+1} - \dfrac{1+\sqrt{5}}{2} F_n \right)$

表 $< F_{n+1} - \dfrac{1+\sqrt{5}}{2} F_n >$ 為一公比 $\dfrac{1-\sqrt{5}}{2}$ 的 G.P.

$$\therefore F_{n+1} - \frac{1+\sqrt{5}}{2} F_n = \left(\frac{1-\sqrt{5}}{2} \right)^{n-1} \left(F_2 - \frac{1+\sqrt{5}}{2} F_1 \right)$$

$$\therefore F_{n+1} - \frac{1+\sqrt{5}}{2} F_n = \left(\frac{1-\sqrt{5}}{2} \right)^{n} \cdots\cdots\cdots\cdots\cdots ①$$

(2) $F_{n+2} - \dfrac{1-\sqrt{5}}{2} F_{n+1} = \left(\dfrac{1+\sqrt{5}}{2} \right)\left(F_{n+1} - \dfrac{1-\sqrt{5}}{2} F_n \right)$

表 $\left(F_{n+1} - \dfrac{1-\sqrt{5}}{2} F_n \right)$ 為一公比 $\dfrac{1+\sqrt{5}}{2}$ 的 G.P.

$$\therefore F_{n+1} - \frac{1-\sqrt{5}}{2} F_n = \left(\frac{1+\sqrt{5}}{2} \right)^{n-1} \left(F_2 - \frac{1-\sqrt{5}}{2} F_1 \right)$$

$$\therefore F_{n+1} - \frac{1-\sqrt{5}}{2} F_n = \left(\frac{1+\sqrt{5}}{2} \right)^{n} \cdots\cdots\cdots\cdots\cdots ②$$

(3) 由 ② − ① 得

$$\sqrt{5} F_n = \left(\frac{1+\sqrt{5}}{2} \right)^{n} - \left(\frac{1-\sqrt{5}}{2} \right)^{n}$$

$$\therefore \quad F_n = \frac{1}{\sqrt{5}} \left[\left(\frac{1+\sqrt{5}}{2} \right)^{n} - \left(\frac{1-\sqrt{5}}{2} \right)^{n} \right] , \quad n \in N$$

即 $F_n = \dfrac{1}{\sqrt{5}}(\alpha^n - \beta^n)$。

2. 由(二) $L_n = F_{n-1} + F_{n+1} = \dfrac{\alpha^{n-1} - \beta^{n-1}}{\sqrt{5}} + \dfrac{\alpha^{n+1} - \beta^{n+1}}{\sqrt{5}}$

$\qquad\qquad = \dfrac{1}{\sqrt{5}}[\alpha^n(\alpha^{-1} + \alpha) - \beta^n(\beta^{-1} + \beta)]$

$\qquad\qquad = \dfrac{1}{\sqrt{5}}[\alpha^n \cdot \sqrt{5} + \beta^n \cdot \sqrt{5}]$ 　[下註]

$\qquad\qquad = \alpha^n + \beta^n$

[註]

$$\alpha = \frac{1 + \sqrt{5}}{2} \Rightarrow \alpha^{-1} = \frac{2}{1 + \sqrt{5}} = -\frac{1 - \sqrt{5}}{2}$$

$$\beta = \frac{1 - \sqrt{5}}{2} \Rightarrow \beta^{-1} = \frac{2}{1 - \sqrt{5}} = -\frac{1 + \sqrt{5}}{2}$$

$\therefore \alpha + \alpha^{-1} = \sqrt{5}$，$\beta + \beta^{-1} = -\sqrt{5}$

(四) $F_n \mid F_{nk}(m \mid n \Rightarrow F_m \mid F_n)$

pf：$F_{nk} = \dfrac{\alpha^{nk} - \beta^{nk}}{\alpha - \beta}$

$\qquad = \dfrac{(\alpha^n - \beta^n)[(\alpha^n)^{k-1} + (\alpha^n)^{k-2}\beta^n + \cdots + (\beta^n)^{k-1}]}{\alpha - \beta}$

$\qquad = F_n[(\alpha^n)^{k-1} + (\alpha^n)^{k-2}\beta^n + \cdots + (\beta^n)^{k-1}]$

$$= F_n \underbrace{[L_{n(k-1)} + (-1)^n L_{n(k-3)} + (-1)^{2n} L_{n(k-5)} + \cdots \pm L_n]}_{\text{整數}}$$

$$(k-1 \text{為奇數})$$

或

$$= F_n \overbrace{[L_{n(k-1)} + (-1)^n L_{n(k-3)} + (-1)^{2n} L_{n(k-5)} + \cdots \pm 1]}^{\text{為整數}}$$

$$(k-1 \text{為偶數})$$

$\therefore \quad F_n \mid F_{nk} \circ$

(五)$m \mid n \Leftrightarrow F_m \mid F_n$

pf：1.($\Rightarrow$)(四)已證

2. ($\Leftarrow$)令$n = mk + r$，$0 \leq r < m$，現欲證$r = 0$

$$\frac{\alpha^n - \beta^n}{\alpha^m - \beta^m} = \frac{\alpha^{mk+r} - \beta^{mk+r}}{\alpha^m - \beta^m} = \frac{(\alpha^m)^k \cdot \alpha^r - (\beta^m)^k \cdot \beta^r}{\alpha^m - \beta^m}$$

$$= \frac{(\alpha^m - \beta^m)[(\alpha^m)^{k-1} \cdot \alpha^r + (\beta^m)^{k-1} \cdot \beta^r]}{\alpha^m - \beta^m}$$

$$+ \frac{(\alpha^m)^{k-1} \cdot \alpha^r \cdot \beta^m - \alpha^m \cdot (\beta^m)^{k-1} \cdot \beta^r}{\alpha^m - \beta^m}$$

$$= (\alpha^{m(k-1)+r} + \beta^{m(k-1)+r}) + \frac{\alpha^m \beta^m (\alpha^{m(k-2)+r} - \beta^{m(k-2)+r})}{\alpha^m - \beta^m}$$

$$= L_{m(k-1)+r} + (-1)^m \frac{\alpha^{m(k-1)+r} - \beta^{m(k-2)+r}}{\alpha^m - \beta^m}$$

繼續以上的步驟，可得

$$\frac{\alpha^n - \beta^n}{\alpha^m - \beta^m}$$

$$= L_{m(k-1)+r} + (-1)^m \left[L_{m(k-1)+r} + (-1)^m \frac{\alpha^{m(k-4)+r} - \beta^{m(k-4)+r}}{\alpha^m - \beta^m} \right]$$

$$= L_{m(k-1)+r} + (-1)^m L_{m(k-3)+r} + (-1)^{2m} L_{m(k-5)+r} + \cdots \pm \frac{\alpha^r - \beta^r}{\alpha^m - \beta^m}$$

$$\left(\text{或} \ \frac{\alpha^{m-r} - \beta^{m-r}}{\alpha^m - \beta^m} \right)$$

$$= 整數 \pm \frac{\alpha^r - \beta^r}{\alpha^m - \beta^m} \left(\text{或} \ \frac{\alpha^{m-r} - \beta^{m-r}}{\alpha^m - \beta^m} \right)$$

若 $r \neq 0$，則上式 $=$ 整數 $\pm \dfrac{F_r}{F_m}$（或 $\dfrac{F_{m-r}}{F_m}$），因 $0 < r < m$，故 $F_r < F_m$ 且 $F_{m-r} < F_m$，因而 $\dfrac{F_r}{F_m}$ 與 $\dfrac{F_{m-r}}{F_m}$ 均為真分數，不為整數，於是 $\dfrac{\alpha^n - \beta^n}{\alpha^m - \beta^m}$ 不為整數，即 $\dfrac{F_n}{F_m}$ 不為整數，此與 $F_m \mid F_n$ 矛盾，故必 $r = 0$，因而本命題得證。

（六）$(F_m, F_n) = F_{(m, n)}$

pf: 令 $c = (m, n)$，$d = (F_m, F_n)$。因 c 為 m 與 n 的因數，故由預備性質（五）知 F_m 與 F_n 都是 F_c 的倍數，得知其最大公因數 d 也是 F_c 的倍數，另一方面，因為 $c = (m, n)$，故存在不全為負的整數 a，b，使得 $am + bn = c$。顯然 a，b 不可能兩者均為正數（否則，$c = am + bn > m$ 矛盾）。不失一般性，可設 $a \leq 0$，則 $b \geq 1$。由基本等式 $F_{n+m} = F_{n-1} \cdot F_m + F_n \cdot F_{m+1}$（讀者自證）得

$$F_{bn} = F_{c+(-am)} = F_{c-1} \cdot F_{-am} + F_c \cdot F_{-am+1}。$$

又由預備性質（五）知 F_{bn} 與 F_{-am} 都是 d 的倍數，可推出 $F_c \cdot F_{-am+1}$ 也是 d 的倍數。但因相鄰的費氏數 F_{-am} 與 F_{-am+1} 互質，且 d 為 F_{-am} 的因數，故 d 與

F_{-am+1}互質。由此可導出d必為F_c的因數，故$d = F_c$。

(七)$(m，n) = 1 \Rightarrow F_m \cdot F_n \mid F_{mn}$

pf：1.$(m，n) = 1 \Rightarrow (F_m，F_n) = F_{(m，n)} = F_1 = 1$（由六）

2. 今$F_m \mid F_{mn}$，$F_n \mid F_{mn}$且知$(F_m，F_n) = 1$

故$F_m \cdot F_n \mid F_{mn}$。

乙、欲求$10000 \mid F_n$，n最少多少？

Sol：$10000 = 5^4 \times 2^4 = 625 \times 16$

$<F_n>$：$1，1，2，3，5，8，13，21，34，55，89，144，233 \cdots\cdots$

$\uparrow$ F_3 $\quad$ $\uparrow$ F_5 $\uparrow$ F_6 $\qquad\qquad$ $\uparrow$ F_{10} $\qquad$ $\uparrow$ F_{12}

由數列觀察得　$5 \mid F_5$，$8 \mid F_6$，$16 \mid F_{12}$。

1° 找16之倍數，到了F_{12}「始」被找到

$\quad$ $\because$ $\quad$ $F_n \mid F_{nk}$ $\therefore$ $\quad$ $F_{12} \mid F_{12k}$ $\Rightarrow$ $16 \mid F_{12k}$。

2° 再找$625 \mid F_n$，n最少多少？

$\quad$ $\because$ $\quad$ $5 \mid F_5$ $\qquad$ $\therefore$ $\quad$ $5 \mid F_{5k}$。

要找625之倍數，則先從25、125之倍數找起。（$\because$625之倍數必定為
5、25、125之倍數。）

$\quad$ 1.25之倍數：從F_{5k}找起

令$\dfrac{F_{5k}}{F_5} = t$，若t為$\overset{5}{<} 25$的倍數，則F_{5k}為$\overset{25}{<} 125$的倍數。

(1) $\dfrac{F_{10}}{F_5} = \alpha^5 + \beta^5 = L_5 \equiv 1 \pmod 5$ （參閱下之註）

$\therefore \quad 25 \nmid F_{10}$。

(2) $\dfrac{F_{15}}{F_5} = \alpha^{10} + \alpha^5\beta^5 + \beta^{10} = L_{10} - 1 \equiv 3 - 1 = 2 \pmod 5$

$\therefore 25 \nmid F_{15}$。

(3) $\dfrac{F_{20}}{F_5} = \alpha^{15} + \alpha^{10}\beta^5 + \alpha^5\beta^{10} + \beta^{15} = L_{15} - L_5 \equiv 4 - 1 = 3 \pmod 5$

$\therefore 25 \nmid F_{20}$。

(4) $\dfrac{F_{25}}{F_5} = \alpha^{20} + \alpha^{15}\beta^5 + \alpha^{10}\beta^{10} + \alpha^5\beta^{15} + \beta^{20} = L_{20} - L_{10} + 1$

$\qquad \equiv 2 - 3 + 1 = 0 \pmod 5$

為5 之倍數，$\therefore 25 \mid F_{25} \Rightarrow 25 \mid F_{25k}$。

$$\dfrac{F_{25}}{F_5} = L_{20} - L_{10} + 1 \equiv 2 - 23 + 1 = -20 \pmod{25}$$

$\therefore \quad$ 非25之倍數 $\Rightarrow 125 \nmid F_{25}$。

　　註：$\because$ 此種檢驗只是觀察餘數是否為「0」，$\therefore$ 利用「同餘的方法」即可檢驗，我們發現$<L_n>$數列(觀察檢驗出)被5除餘數有：1，3，4，2之循環性。

　　被25除餘數有：1，3，4，7，11，188，4，22，1，23，24，22，21，18，14，7，21，3，24，2（共20個）之循環性。

2. 125之倍數：從F_{25k}找起

令$\dfrac{F_{25k}}{F_{25}}=t$，若$t$為$<\dfrac{5}{25}$的倍數，則$F_{25k}$為$<\dfrac{125}{625}$的倍數。

(1) $\dfrac{F_{50}}{F_{25}} = \alpha^{25} + \beta^{25} = L_{25} \equiv 1 \pmod 5$

(2) $\dfrac{F_{75}}{F_{25}} = \alpha^{50} + \alpha^{25}\beta^{25} + \beta^{50} = L_{50} - 1 \equiv 3 - 1 = 2 \pmod 5$

(3) $\dfrac{F_{100}}{F_{25}} = \alpha^{75} + \alpha^{50}\beta^{25} + \alpha^{25}\beta^{50} + \beta^{75} = L_{75} - L_{25} \equiv 4 - 1 = 3 \pmod 5$

(4) $\dfrac{F_{125}}{F_{25}} = \alpha^{100} + \alpha^{75}\beta^{25} + \alpha^{50}\beta^{50} + \alpha^{25}\beta^{75} + \beta^{100} = L_{100} - L_{50} + 1 \equiv 2 - 3 + 1$

$\qquad = 0 \pmod 5$

但 $\dfrac{F_{125}}{F_{25}} = L_{100} - L_{50} + 1$

$\qquad\quad \equiv 2 - 23 + 1 = -20$

$\qquad\quad \equiv 5 \pmod{25}$

故F_{125}是125的倍數，但非625的倍數。

3. 625之倍數：從F_{125k}找起

令$\dfrac{F_{125k}}{F_{125}}=t$，若$t$為5的倍數，則$F_{125k}$為625的倍數。

(1) $\dfrac{F_{250}}{F_{125}} = \alpha^{125} + \beta^{125} = L_{125} \equiv 1 \pmod 5$

(2) $\dfrac{F_{375}}{F_{125}} = \alpha^{250} + \alpha^{125}\beta^{125} + \beta^{250} = L_{250} - 1 \equiv 3 - 1 = 2 \pmod 5$

(3) $\dfrac{F_{500}}{F_{125}} = \alpha^{375} + \alpha^{250}\beta^{125} + \alpha^{125}\beta^{250} + \beta^{375} = L_{375} - L_{125} \equiv 4 - 1$

$\qquad = 3 \pmod 5$

(4) $\dfrac{F_{625}}{F_{125}} = \alpha^{500} + \alpha^{375}\beta^{125} + \alpha^{250}\beta^{250} + \alpha^{125}\beta^{375} + \beta^{500} =$

$L_{500} - L_{250} + 1 \equiv 2 - 3 + 1 = 0 \pmod{5}$

$\therefore 625 \mid F_{625} \Rightarrow 625 \mid F_{625k}$。

故找625之倍數，到了F_{625}「始」被找到。

3° 由1°、2°得

$$16 \mid F_{12}，625 \mid F_{625}，$$

$\because \quad (12，625) = 1 \quad \therefore \quad$ 由性質(七)得

$$F_{12} \cdot F_{625} \mid F_{12 \cdot 625}$$

$\therefore \quad 16 \cdot 625 \mid F_{7500}$ 即 $10000 \mid F_{7500}$。

因使$16 \mid F_n$之最小的n為12，

　　　$625 \mid F_n$之最小的n為625，

故使$10000 \mid F_n$之最小的n為$12 \times 625 = 7500$，

即末四位均為0的第一項為F_{7500}，當然F_{7500k}（$k \in N$）亦均末四位為0。

4° 同樣的方法，由$4 \mid F_{6k}$，$25 \mid F_{25k}$可得$100 \mid F_{150k}$，故末「二」位均為「0」第一個為F_{150}。

　　丙、我們更進一步發現有下列規則性：

　　1. $8 \mid F_6$、$16 \mid F_{12}$、$32 \mid F_{24}$、$64 \mid F_{48}$……

是否必$2^k \mid F_{3 \cdot 2^{k-2}}$（$k \geq 3$，$k \in N$）呢？

　　2. $5 \mid F_5$、$25 \mid F_{25}$、$125 \mid F_{125}$、$625 \mid F_{625}$……

是否必$5^k \mid F_{5^k}$（$k \in N$）呢？

經過一番鍥而不捨反覆的思考研究，終於發現上述的結果都是肯定的，證明如下：

pf： 我們用數學歸納法證明如下：

1. 1° $k=3$，$2^3=8 \mid F_6 = F_{3 \cdot 2^1} = 8$ 成立

    2° 設 $k=m$ 時（$m \geq 3$）成立，即設 $2^m \mid F_{3 \cdot 2^{m-2}}$，則 $k=m+1$ 時，我們要證明 $\dfrac{F_{3 \cdot 2^{m-1}}}{F_{3 \cdot 2^{m-2}}}$ 是2的倍數。

    今

$$\frac{F_{3 \cdot 2^{m-1}}}{F_{3 \cdot 2^{m-2}}} = \frac{\alpha^{3 \cdot 2^{m-1}} - \beta^{3 \cdot 2^{m-1}}}{\alpha^{3 \cdot 2^{m-2}} - \beta^{3 \cdot 2^{m-2}}} = \frac{\alpha^{3 \cdot 2^{m-1} \cdot 2} - \beta^{3 \cdot 2^{m-1} \cdot 2}}{\alpha^{3 \cdot 2^{m-2}} - \beta^{3 \cdot 2^{m-2}}}$$

$$= \frac{(\alpha^{3 \cdot 2^{m-2}})^2 - (\beta^{3 \cdot 2^{m-2}})^2}{\alpha^{3 \cdot 2^{m-2}} - \beta^{3 \cdot 2^{m-2}}}$$

$$= \alpha^{3 \cdot 2^{m-2}} + \beta^{3 \cdot 2^{m-2}}$$

$$= L_{3 \cdot 2^{m-2}} = F_{3 \cdot 2^{m-2}} + 2F_{3 \cdot 2^{m-2}-1} \quad \text{（由性質(二)得）}$$

$$= 2^m d + 2F_{3 \cdot 2^{m-2}-1}$$

$$= 2(2^{m-1} d + F_{3 \cdot 2^{m-2}-1})$$

∴為2的倍數∴ $2^{m+1} \mid F_{3 \cdot 2^{m-1}}$ 故得證。

2. 1° $k=1$，$5 \mid F_5 = 5$ 成立

    2° 設 $k=m$（$m \in N$）時成立，即設 $5^m \mid F_{5^m}$ 則 $k=m+1$ 時，欲證 $\dfrac{F_{5^{m+1}}}{F_{5^m}} = t$，$t$ 是5的倍數。

今

$$t = \frac{\alpha^{5^{m+1}} - \beta^{5^{m+1}}}{\alpha^{5^m} - \beta^{5^m}} = \frac{(\alpha^{5^m})^5 - (\beta^{5^m})^5}{\alpha^{5^m} - \beta^{5^m}}$$

$$= (\alpha^{5^m})^4 + (\alpha^{5^m})^3(\beta^{5^m}) + (\alpha^{5^m})^2(\beta^{5^m})^2 + (\alpha^{5^m})(\beta^{5^m})^3 + (\beta^{5^m})^4$$

$$= L_{5^m \cdot 4} - L_{5^m \cdot 2} + 1$$

已知 $<L_n>$ 數列除以5餘：1，3，4，2循環

$\therefore \quad L_{5^m \cdot 4}$ 除以5餘2（$\because \dfrac{5^m \cdot 4}{4} = 5^m \cdots\cdots$ 餘0）

$\qquad L_{5^m \cdot 2}$ 除以5餘3（$\because \dfrac{5^m \cdot 2}{4} = \dfrac{(4+1)^m \cdot 2}{4} \cdots\cdots$ 餘2）

$\therefore$ 原式 $t \equiv 2 - 3 + 1 = 0 \pmod 5$

$\therefore 5^{m+1} \mid F_{5^{m+1}}$，故得證。

丁、一般化

現已知 $2^k \mid F_{3 \cdot 2^{k-2}}$，但為 2^k 之倍數的項是否必為 $F_{3 \cdot 2^{k-2} \cdot l}$（$l \in N$）呢？又 $5^k \mid F_{5^k}$，但為 5^k 之倍數的項是否必為 $F_{5^k \cdot l}$（$l \in N$）呢？這兩個答案都是肯定的，讓我們逐一來證明它！

1. 先證明：

(1) $2^k \mid F_{3 \cdot 2^{k-2}}$，但 $2^k \nmid F_{3 \cdot 2^{k-3}}$，（$k \geq 3$）

(2) $5^k \mid F_{5^k}$，但 $5^k \nmid F_{5^{k-1}}$，（$k \in N$）

pf:(1)吾人已證 $2^k \mid F_{3 \cdot 2^{k-2}}$，現證 $2^k \nmid F_{3 \cdot 2^{k-3}}$，即可：

1° 顯然 $2^3 \nmid F_3$，$2^4 \nmid F_6$

2° 設 $F_{3 \cdot 2^{k-3}}$ 不是 2^k（$k \geq 4$）之倍數，由丙之1的證明中可知

$$\frac{F_{3\cdot2^{k-2}}}{F_{3\cdot2^{k-3}}} = L_{3\cdot2^{k-3}}$$

$$= F_{3\cdot2^{k-3}} + 2F_{3\cdot2^{k-3}-1}$$

$$= 2^{k-1}d + 2F_{3\cdot2^{k-3}-1}$$

$$= 2(2^{k-2}d + F_{3\cdot2^{k-3}-1})$$

∵ $F_{3\cdot2^{k-3}}$是2^{k-1}的倍數，又根據性質(六)

　　$(F_m，F_n) = F_{(m，n)}$

∴ $(F_{3\cdot2^{k-3}}，F_{3\cdot2^{k-3}-1}) = F_{(3\cdot2^{k-3}，3\cdot2^{k-3}-1)} = F_1 = 1$

∴ $F_{3\cdot2^{k-3}}$與$F_{3\cdot2^{k-3}-1}$互質

∴ $F_{3\cdot2^{k-3}-1}$不是2的倍數，故$\frac{F_{3\cdot2^{k-2}}}{F_{3\cdot2^{k-3}}}$不是4的倍數。

3° 因$F_{3\cdot2^{k-3}}$不是2^k的倍數，而$\frac{F_{3\cdot2^{k-2}}}{F_{3\cdot2^{k-3}}}$不是4的倍數，故$F_{3\cdot2^{k-2}}$不是$2^{k+1}$的倍數，得證。

(2) $5^k \mid F_{5^k}$（已知），現證$5^k \nmid F_{5^{k-1}}$ 即可：

1° 顯然$5 \nmid F_1$，$5^2 \nmid F_5$

2° 設$F_{5^{k-1}}$不是5^k的倍數（$k\geq2$），由丙之2的證明中可知

$$\frac{F_{5^k}}{F_{5^{k-1}}} = L_{5^{k-1}\cdot4} - L_{5^{k-1}\cdot2} + 1$$

$$\equiv 2 - 23 + 1 = -20 \equiv 5 \quad (\bmod 25)$$

故$\frac{F_{5^k}}{F_{5^{k-1}}}$不是25的倍數。

3° 今$F_{5^{k-1}}$不是5^k之倍數，而$\frac{F_{5^k}}{F_{5^{k-1}}}$不是25的倍數，故$F_{5^k}$不是$5^{k+1}$之倍數，得證。

2. 再證明：

(1) $2^k \mid F_n \Rightarrow n = 3 \cdot 2^{k-2} \cdot l$

(2) $5^k \mid F_n \Rightarrow n = 5^k \cdot l$（$l \in N$）

pf:現先以特例引導，如欲證明$2^4 \mid F_n \Rightarrow n = 12 l$（$l \in N$），因$2^4 \mid F_{12}$，$2^5 \mid F_{24}$，故我們只要證明$12 < n < 24$、$2^4 \nmid F_n$即可。

令$n = 12 + r$（$0 < r < 12$），則由性質(六)得

$$(F_{12+r}, F_{12}) = F_{(12+r, 12)},$$

再令$(12 + r, 12) = d$，則$d \mid 12$，且$d < 12$，故d最大為6，

亦即$(F_{12+r}, F_{12}) = F_d$，最大為F_6。

$\because F_6 = 8$，且F_{12}為16之倍數，故F_{12+r}非16倍數，亦即在F_{12}與F_{24}間無16之倍數的項存在，當然$n \geq 24$時，亦只有$n = 12 l$，$l \in N$，F_n才為16倍數囉！

一般而言，因$2^k \mid F_{3 \cdot 2^{k-2}}$，$2^{k+1} \mid F_{3 \cdot 2^{k-1}}$（$k \geq 3$），則令$n = 3 \cdot 2^{k-2} + r$，$0 < r < 3 \cdot 2^{k-2}$，且$(3 \cdot 2^{k-2} + r, 3 \cdot 2^{k-2}) = d$，則

$$(F_{3 \cdot 2^{k-2}+r}, F_{3 \cdot 2^{k-2}}) = F_{(3 \cdot 2^{k-2}+r, 3 \cdot 2^{k-2})} = F_d,$$

此中$d \mid 3 \cdot 2^{k-2}$且$d < 3 \cdot 2^{k-2}$，故d最大為$3 \cdot 2^{k-3}$，亦即F_d最大為$F_{3 \cdot 2^{k-3}}$，因$F_{3 \cdot 2^{k-3}}$為2^{k-1}之倍數，且$F_{3 \cdot 2^{k-2}}$為2^k之倍數（由(丙)之1知），故$F_{3 \cdot 2^{k-2}+r}$非2^k之倍數，此中$0 < r < 3 \cdot 2^{k-2}$，當然$n \geq 3 \cdot 2^{k-1}$時，亦只有$n = 3 \cdot 2^{k-2} \cdot l$，$l \in N$，$F_n$才是$2^k$倍數，$\therefore$得證①。

②同理可證$5^k \mid F_n \Rightarrow n = 5^k \cdot l$（$l \in N$）。

戊、求結論

經過如此一番功夫的探討，我們立即可得

$$10^k \mid (F_{3 \cdot 2^{k-2}} \cdot F_{5^k})，k \geq 3，$$

又因 $(3 \cdot 2^{k-2}, 5^k) = 1$，故由性質(七)知 $10^k \mid F_{3 \cdot 2^{k-2} \cdot 5^k}$，由(丁)知末位「恰」有 k 個「0」之項必為 $F_{3 \cdot 2^{k-2} \cdot 5^k \cdot l}$，$l \neq 10t$，$l$，$t \in N$（$k \geq 3$）。

(四)結論

Fibonacci數列中，末位恰有1個「0」為 $F_{15 \cdot l}$

末位恰有2個「0」為 $F_{150 \cdot m}$

末位恰有 k 個「0」為 $F_{3 \cdot 2^{k-2} \cdot 5^k \cdot l}$

（以上 $k \geq 3$，$l \neq 10t$，$m \neq 5t$，l，m，$t \in N$）

(五)參考資料

奇妙的數列：李恭晴譯，汝旭圖書有限公司。

註：因自 0000，0001，…到 9999 共有 10^4 個整數，用這些整數任意當作相鄰項對 (F_n, F_{n+1}) 中的第一個元與第二個元的末四位，則至多可構成 $10^4 \times 10^4 = 10^8$ 對末四位不同的相鄰項對，故從第一對開始至多到第 10^8 對，這 10^8 對必全部出現完畢，因此至多到第 $10^8 + 1$ 對必與前面某一對末四位相同。

二、$\dfrac{p}{\cos\theta}+\dfrac{q}{\sin\theta}$ 最小值之求法及其推廣

$\left(p，q為正常數 0<\theta<\dfrac{\pi}{2}\right)$

(一)動機

　　底下這個題目：設 $0<\theta<\dfrac{\pi}{2}$ 試求 $\dfrac{3}{\cos\theta}+\dfrac{2}{\sin\theta}$ 之最小值。很多人（包括大學教授）認為這個題目應該用微分來解，但三角函數的微分在當時高中階段並未講授，故用微分解這個問題，實在是超出高中生的能力範圍，因此激起筆者對這個問題的興趣，希望能想出一個較完美的解法，並能推到一般的結論，以作為教學上的參考。

(二)內容概要

　　（以下本文中均設 $0<\theta<\dfrac{\pi}{2}$）

　　1. 首先發現可將 $\dfrac{3}{\cos\theta}+\dfrac{2}{\sin\theta}$ 化成座標面上的線段長，而且對任意之正常數 p、q，$\dfrac{p}{\cos\theta}+\dfrac{q}{\sin\theta}$ 均可線段化（引理1），因而求出該線段長之最小值（引理2）就能得出 $\dfrac{p}{\cos\theta}+\dfrac{q}{\sin\theta}$ 之最小值（定理1）。

2. 將引理2推廣到座標空間：對任意之正常數x_0，y_0，z_0，求過$(x_0$，y_0，$z_0)$之平面在第一卦限與x，y，z軸之三個交點以及原點等四點，所決定之長方體的最小對角線長（引理3）。

3. 進一步發現：

$$\frac{x_0}{\cos\alpha} + \frac{y_0}{\cos\beta} + \frac{z_0}{\cos\gamma}$$

（x_0，y_0，z_0為正常數，$0<\alpha$，β，$\gamma<\frac{\pi}{2}$且$\sum\cos^2\alpha=1$）亦可線段化，它就是2中長方體的對角線長（引理4），從而可求出其最小值（定理2）。

4. 將3.再推至一般情形：求

$$\frac{x_1}{\cos\alpha_1} + \frac{x_2}{\cos\alpha_2} + \cdots + \frac{x_n}{\cos\alpha_n}$$

（x_i均為正常數，$0<a_i<\frac{\pi}{2}$且$\sum\cos^2\alpha_i=1$，$i=1$，2，$\cdots$，n）之最小值（定理3）。

5. 在推理過程中，我們也適時地由引理2推出推論1，由引理3推出推論2（詳見本文內容）。

(三)研究過程與內容

A 從特例說起

在$O-xy$座標面上，過點$P(3，2)$作直線於第一象限與x，y軸分別交於A、B兩點且使$\angle OAB=\theta$，作$\overline{PM}\perp x$軸於M，作$\overline{PN}\perp y$軸於N（圖1），則

在 $Rt\triangle PBN$ 中有 $\dfrac{3}{\cos\theta} = PB$，

在 $Rt\triangle PAM$ 中有 $\dfrac{2}{\sin\theta} = PA$，

$\therefore \quad \dfrac{3}{\cos\theta} + \dfrac{2}{\sin\theta} = PB + PA = AB$，

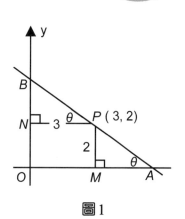

圖1

也就是說，可將 $\dfrac{3}{\cos\theta} + \dfrac{2}{\sin\theta}$ 線段化，因而求出該線段長（AB）的最小值，就等於是求出

$\dfrac{3}{\cos\theta} + \dfrac{2}{\sin\theta}$ 的最小值。

B 推至一般情形

一般情形對任意正常數 p，q，$\dfrac{p}{\cos\theta} + \dfrac{q}{\sin\theta}$ 均可線段化，述為引理1如下：

引理 1

在 $O-xy$ 座標面上，設過點 $(p，q)$ 之直線於第一象限，分別交 x，y 軸於 A、B，且 $\angle OAB = \theta$，則

$$\dfrac{p}{\cos\theta} + \dfrac{q}{\sin\theta} = AB。$$

證明 如圖2所示，

在 $Rt\triangle PBN$ 中，$\dfrac{p}{\cos\theta} = PB$，

在 $Rt\triangle PAM$ 中，$\dfrac{q}{\sin\theta} = PA$，

$\therefore \dfrac{p}{\cos\theta} + \dfrac{q}{\sin\theta} = PB + PA = AB$。

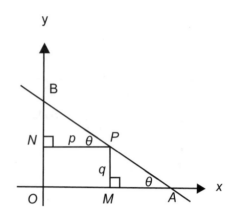

圖2

引理 2

設 $p>0$，$q>0$，在 $O-xy$ 座標面上，過點 $(p，q)$ 之直線於第一象限分別交 $x，y$ 軸於 A、B，則 AB 之最小值為 $(p^{\frac{2}{3}} + q^{\frac{2}{3}})^{\frac{3}{2}}$，此時 $\overleftrightarrow{AB}$ 的方程式為

$$\frac{x}{p^{\frac{1}{3}}(p^{\frac{2}{3}} + q^{\frac{2}{3}})} + \frac{y}{q^{\frac{1}{3}}(p^{\frac{2}{3}} + q^{\frac{2}{3}})} = 1 \text{。}$$

證明 令 $OA = a$，$OB = b$，則 $AB = \sqrt{a^2 + b^2}$，現即欲求 $\sqrt{a^2 + b^2}$ 之最小值，因出現 $a^2 + b^2$，故聯想到利用<u>柯西—史瓦滋</u>不等式（以下簡稱柯西不等式）。

1. 取正常數 l，m，由<u>柯西</u>不等式得

$$(a^2 + b^2)(l^2 + m^2) \geq (la + mb)^2 \quad \cdots\cdots\cdots\cdots\cdots ①$$

又 $(la + mb)\left(\dfrac{p}{a} + \dfrac{q}{b}\right) \geq (\sqrt{lp} + \sqrt{mq})^2$

因　$\dfrac{p}{a} + \dfrac{q}{b} = 1$

故　　　　　　　　　　$la + mb \geq (\sqrt{lp} + \sqrt{mq})^2$ ‧‧‧‧‧‧‧‧‧‧‧‧‧‧‧‧‧‧‧‧‧‧‧‧‧②

由①②得 $(a^2 + b^2)(l^2 + m^2) \geq (\sqrt{lp} + \sqrt{mq})^4$

故　$\sqrt{a^2 + b^2} \geq \dfrac{(\sqrt{lp} + \sqrt{mq})^2}{\sqrt{l^2 + m^2}}$　　(*)

2. (*)式「＝」號成立的充要條件為：

(1) 式「＝」號成立且(2)式「＝」號成立

(1) 式「＝」號成立時：$\dfrac{a}{l} = \dfrac{b}{m}$，即

$$\dfrac{a}{b} = \dfrac{l}{m}$$　‧‧‧‧‧‧‧‧‧‧‧‧‧‧‧‧‧‧‧‧‧‧‧‧‧‧‧③

(2) 式「＝」號成立時：$\dfrac{\sqrt{la}}{\sqrt{\dfrac{p}{a}}} = \dfrac{\sqrt{mb}}{\sqrt{\dfrac{q}{b}}}$，即

$$\dfrac{a}{b} = \dfrac{\sqrt{mp}}{\sqrt{lq}}$$　‧‧‧‧‧‧‧‧‧‧‧‧‧‧‧‧‧‧‧‧‧‧‧④

由③、④得 $\dfrac{l}{m} = \dfrac{\sqrt{mp}}{\sqrt{lq}}$，平方之得 $\dfrac{l^3}{m^3} = \dfrac{p}{q}$

$$\therefore \dfrac{l}{m} = \dfrac{\sqrt[3]{p}}{\sqrt[3]{q}}$$　‧‧‧‧‧‧‧‧‧‧‧‧‧‧‧‧‧‧‧‧‧‧‧‧‧⑤

$\therefore \ \exists\, k > 0 \, , \ \ni l = \sqrt[3]{p}\,k \, , \ m = \sqrt[3]{q}\,k$　代入(*)中得 $AB = \sqrt{a^2 + b^2}$ 之最小

值為

$$\frac{\left(\sqrt{p\sqrt[3]{p}\,k} + \sqrt{q\sqrt[3]{q}\,k}\right)^2}{\sqrt[3]{p^2k^2} + \sqrt[3]{q^2k^2}} = \frac{\left(\sqrt{p^{\frac{4}{3}}} + \sqrt{q^{\frac{4}{3}}}\right)^2}{\sqrt{p^{\frac{2}{3}} + q^{\frac{2}{3}}}}$$

$$= \frac{\left(p^{\frac{2}{3}} + q^{\frac{2}{3}}\right)^2}{\left(p^{\frac{2}{3}} + q^{\frac{2}{3}}\right)^{\frac{1}{2}}} = \left(p^{\frac{2}{3}} + q^{\frac{2}{3}}\right)^{\frac{3}{2}}$$

3. 當 AB 最小時，則 $\dfrac{a}{b} = \dfrac{\sqrt[3]{p}}{\sqrt[3]{q}}$ 。

（由③、⑤知）且

$$a^2 + b^2 = \left(p^{\frac{2}{3}} + q^{\frac{2}{3}}\right)^3 \quad\cdots\cdots\cdots\cdots\cdots\cdots\cdots\cdots\cdots ⑥$$

$\therefore$　$\exists t > 0$，$\ni a = \sqrt[3]{p}\,t$，$b = \sqrt[3]{q}\,t$

代入⑥得

$$\left(p^{\frac{2}{3}} + q^{\frac{2}{3}}\right)t^2 = \left(p^{\frac{2}{3}} + q^{\frac{2}{3}}\right)^3 \text{,}$$

$\therefore$　$t = p^{\frac{2}{3}} + q^{\frac{2}{3}}$

故得

$$a = p^{\frac{1}{3}}\left(p^{\frac{2}{3}} + q^{\frac{2}{3}}\right) \text{,} \quad b = q^{\frac{1}{3}}\left(p^{\frac{2}{3}} + q^{\frac{2}{3}}\right) \text{ 。}$$

由直線的截距式知，此時 $\overleftrightarrow{AB}$ 的方程式為

$$\frac{x}{p^{\frac{1}{3}}\left(p^{\frac{2}{3}} + q^{\frac{2}{3}}\right)} + \frac{y}{q^{\frac{1}{3}}\left(p^{\frac{2}{3}} + q^{\frac{2}{3}}\right)} = 1 \text{ 。}$$

輕鬆學好高中數學

128

推 論 1

設 $p \cdot q \neq 0$，則在點 $(p，q)$ 之象限內，過點 $(p，q)$ 之直線被兩軸所截取之最小線段長為 $(p^{\frac{2}{3}} + q^{\frac{2}{3}})^{\frac{3}{2}}$，又此時該直線的方程式為

$$\frac{x}{p^{\frac{1}{3}}(p^{\frac{2}{3}} + q^{\frac{2}{3}})} + \frac{y}{q^{\frac{1}{3}}(p^{\frac{2}{3}} + q^{\frac{2}{3}})} = 1 \text{ 。}$$

證明 吾人僅討論 $p，q$ 至少有一為負的情形即可：

1. 由對稱的觀念知，過點 $(p，q)$ 之直線在該點之象限內，被兩軸所截取之最小線段長與過點 $(|p|，|q|)$ 之直線在第一象限內被兩軸所截取之最小線段長相同，故由引理2知此最小線段長為

$$(|p|^{\frac{2}{3}} + |q|^{\frac{2}{3}})^{\frac{3}{2}} = (p^{\frac{2}{3}} + q^{\frac{2}{3}})^{\frac{3}{2}}$$

又此時過 $(|p|，|q|)$ 之直線的方程式為

$$\frac{x}{|p|^{\frac{1}{3}}(|p|^{\frac{2}{3}} + |q|^{\frac{2}{3}})} + \frac{y}{|q|^{\frac{1}{3}}(|p|^{\frac{2}{3}} + |q|^{\frac{2}{3}})} = 1 \quad \cdots\cdots\cdots\cdots\cdots ①$$

2. 當截取線段長最小時，過 $(p，q)$ 之直線的方程式可如下求之：若 $p < 0，q > 0$，則由對稱的關係及①知，此時過 $(p，q)$ 之直線的 x 截距為

$$-|p|^{\frac{1}{3}}(|p|^{\frac{2}{3}} + |q|^{\frac{2}{3}}) = p^{\frac{1}{3}}(p^{\frac{2}{3}} + q^{\frac{2}{3}})$$

y 截距仍為

$$|q|^{\frac{1}{3}}(|p|^{\frac{2}{3}}+|q|^{\frac{2}{3}})=q^{\frac{1}{3}}(p^{\frac{2}{3}}+q^{\frac{2}{3}})$$

故其方程式為

$$\frac{x}{p^{\frac{1}{3}}(p^{\frac{2}{3}}+q^{\frac{2}{3}})}+\frac{y}{q^{\frac{1}{3}}(p^{\frac{2}{3}}+q^{\frac{2}{3}})}=1$$

同理，$p<0$，$q<0$及$p>0$，$q<0$之情形仿上亦可得出同樣結果。

利用引理1與引理2，立即可推得下之定理1。

 定理 1

設p，q為正常數，則$\dfrac{p}{\cos\theta}+\dfrac{q}{\sin\theta}$之最小值為$(p^{\frac{2}{3}}+q^{\frac{2}{3}})^{\frac{3}{2}}$。

證明 由引理1知$\dfrac{p}{\cos\theta}+\dfrac{q}{\sin\theta}=AB$，又由引理2知$AB$之最小值為$(p^{\frac{2}{3}}+q^{\frac{2}{3}})^{\frac{3}{2}}$。

∴ $\left(\dfrac{p}{\cos\theta}+\dfrac{q}{\sin\theta}\right)$之最小值為$(p^{\frac{2}{3}}+q^{\frac{2}{3}})^{\frac{3}{2}}$。

C推廣

將引理2推廣到座標空間，可得下列引理3。

引理 1

設$x_0>0$，$y_0>0$，$z_0>0$，則在$O-xyz$座標空間裡，過點$(x_0$，y_0，$z_0)$之平面於第一卦限與x，y，z軸之三個交點及原點等四

點，所決定之長方體的最小對角線長為 $\left(x_0^{\frac{2}{3}} + y_0^{\frac{2}{3}} + z_0^{\frac{2}{3}}\right)^{\frac{3}{2}}$，此時該平面的方程式為

$$\frac{x}{x_0^{\frac{1}{3}}\left(x_0^{\frac{2}{3}} + y_0^{\frac{2}{3}} + z_0^{\frac{2}{3}}\right)} + \frac{y}{y_0^{\frac{1}{3}}\left(x_0^{\frac{2}{3}} + y_0^{\frac{2}{3}} + z_0^{\frac{2}{3}}\right)}$$
$$+ \frac{z}{z_0^{\frac{1}{3}}\left(x_0^{\frac{2}{3}} + y_0^{\frac{2}{3}} + z_0^{\frac{2}{3}}\right)} = 1$$

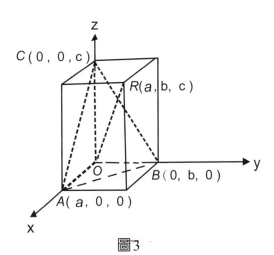

圖3

證明 設過$(x_0，y_0，z_0)$之平面，在第一卦限與$x，y，z$軸的交點分別為$A(a，0，0)$，$B(0，b，0)$，$C(0，0，c)$，則由$O，A，B，C$四點所決定之長方體的對角線長為$\sqrt{a^2+b^2+c^2}$，故現即欲求$\sqrt{a^2+b^2+c^2}$之最小值（圖3中$\overline{OR}$為對角線）。

因出現$a^2+b^2+c^2$，故可考慮利用柯西不等式。

1. 取正常數$l，m，n$，由柯西不等式得

$$(a^2+b^2+c^2)(l^2+m^2+n^2) \geq (la+mb+nc)^2 \cdots\cdots\cdots\cdots ①$$

又 $(la+mb+nc)\left(\dfrac{x_0}{a}+\dfrac{y_0}{b}+\dfrac{z_0}{c}\right) \geq \left(\sqrt{lx_0}+\sqrt{my_0}+\sqrt{nz_0}\right)^2$

因 $\dfrac{x_0}{a} + \dfrac{y_0}{b} + \dfrac{z_0}{c} = 1$

故 $la + mb + nc \geq (\sqrt{lx_0} + \sqrt{my_0} + \sqrt{nz_0})^2$ ……………………②

由①、②得

$$(a^2 + b^2 + c^2)(l^2 + m^2 + n^2) \geq (\sqrt{lx_0} + \sqrt{my_0} + \sqrt{nx_0})^4$$

$\therefore \quad \sqrt{a^2 + b^2 + c^2} \geq \dfrac{(\sqrt{lx_0} + \sqrt{my_0} + \sqrt{nz_0})^2}{\sqrt{l^2 + m^2 + n^2}} \ (**)$

2.(1)式「＝」號成立時：$\dfrac{a}{l} = \dfrac{b}{m} = \dfrac{c}{n}$，即

$$a : b : c = l : m : n \quad \text{……………………}③$$

(2)式「＝」號成立時：$\dfrac{\sqrt{la}}{\sqrt{\dfrac{x_0}{a}}} = \dfrac{\sqrt{mb}}{\sqrt{\dfrac{y_0}{b}}} = \dfrac{\sqrt{nc}}{\sqrt{\dfrac{z_0}{c}}}$，即

$$\dfrac{a}{\sqrt{\dfrac{x_0}{l}}} = \dfrac{b}{\sqrt{\dfrac{y_0}{m}}} = \dfrac{c}{\sqrt{\dfrac{z_0}{n}}}$$

$$\therefore \quad a : b : c = \sqrt{\dfrac{x_0}{l}} : \sqrt{\dfrac{y_0}{m}} : \sqrt{\dfrac{z_0}{n}} \quad \text{………………}④$$

由③、④得

$$l : m : n = \sqrt{\dfrac{x_0}{l}} : \sqrt{\dfrac{y_0}{m}} : \sqrt{\dfrac{z_0}{n}}$$

平方得

$$l^2 : m^2 : n^2 = \frac{x_0}{l} : \frac{y_0}{m} : \frac{z_0}{n}$$

$$\therefore \quad l : m : n = \sqrt{x_0} : \sqrt{y_0} : \sqrt{z_0} \quad \cdots\cdots\cdots\cdots\cdots\cdots \text{⑤}$$

$\therefore \exists k > 0$，$\exists l = \sqrt{x_0}\,k$，$m = \sqrt{y_0}\,k$，$n = \sqrt{z_0}\,k$

以之代入(**)中得 $\sqrt{a^2 + b^2 + c^2}$ 之最小值為

$$\frac{\left(\sqrt{x_0}\,\sqrt[3]{x_0}\,k + \sqrt{y_0}\,\sqrt[3]{y_0}\,k + \sqrt{z_0}\,\sqrt[3]{z_0}\,k\right)^2}{\left(\sqrt[3]{\sqrt{x_0^2}\,k^2} + \sqrt[3]{\sqrt{y_0^2}\,k^2} + \sqrt[3]{\sqrt{z_0^2}\,k^2}\right)}$$

$$= \frac{\left(\sqrt{x_0^{\frac{4}{3}}} + \sqrt{y_0^{\frac{4}{3}}} + \sqrt{z_0^{\frac{4}{3}}}\right)^2}{\sqrt{x_0^{\frac{2}{3}} + y_0^{\frac{2}{3}} + z_0^{\frac{2}{3}}}}$$

$$= \frac{\left(x_0^{\frac{2}{3}} + y_0^{\frac{2}{3}} + z_0^{\frac{2}{3}}\right)^2}{\left(x_0^{\frac{2}{3}} + y_0^{\frac{2}{3}} + z_0^{\frac{2}{3}}\right)^{\frac{1}{2}}}$$

$$= \left(x_0^{\frac{2}{3}} + y_0^{\frac{2}{3}} + z_0^{\frac{2}{3}}\right)^{\frac{3}{2}}$$

3. 當 $\sqrt{a^2 + b^2 + c^2}$ 最小時，$a : b : c = \sqrt[3]{x_0} : \sqrt[3]{y_0} : \sqrt[3]{z_0}$ (由③、⑤得)且

$$a^2 + b^2 + c^2 = \left(x_0^{\frac{2}{3}} + y_0^{\frac{2}{3}} + z_0^{\frac{2}{3}}\right)^3 \quad \cdots\cdots\cdots\cdots\cdots\cdots \text{⑥}$$

$\therefore \exists t > 0$，$\exists a = \sqrt[3]{x_0}\,t$，$b = \sqrt[3]{y_0}\,t$，$c = \sqrt[3]{z_0}\,t$，代入⑥得

$$\left(x_0^{\frac{2}{3}} + y_0^{\frac{2}{3}} + z_0^{\frac{2}{3}}\right)t^2 = \left(x_0^{\frac{2}{3}} + y_0^{\frac{2}{3}} + z_0^{\frac{2}{3}}\right)^3$$

$\therefore \quad t = x_0^{\frac{2}{3}} + y_0^{\frac{2}{3}} + z_0^{\frac{2}{3}}$

故 $\quad a = x_0^{\frac{1}{3}}\left(x_0^{\frac{2}{3}} + y_0^{\frac{2}{3}} + z_0^{\frac{2}{3}}\right)$，

$$b = y_0^{\frac{1}{3}}\left(x_0^{\frac{2}{3}} + y_0^{\frac{2}{3}} + z_0^{\frac{2}{3}}\right) \text{,}$$

$$c = z_0^{\frac{1}{3}}\left(x_0^{\frac{2}{3}} + y_0^{\frac{2}{3}} + z_0^{\frac{2}{3}}\right) \text{,}$$

$\therefore$ 此時平面的方程式為

$$\frac{x}{x_0^{\frac{1}{3}}\left(x_0^{\frac{2}{3}} + y_0^{\frac{2}{3}} + z_0^{\frac{2}{3}}\right)} + \frac{y}{y_0^{\frac{1}{3}}\left(x_0^{\frac{2}{3}} + y_0^{\frac{2}{3}} + z_0^{\frac{2}{3}}\right)} + \frac{z}{z_0^{\frac{1}{3}}\left(x_0^{\frac{2}{3}} + y_0^{\frac{2}{3}} + z_0^{\frac{2}{3}}\right)} = 1$$

依照引理2導出推論1的方法，吾人亦可由引理3，導出下列推論2：

推論 2

設 $x_0 \cdot y_0 \cdot z_0 \neq 0$，則在點 $(x_0 \text{,} y_0 \text{,} z_0)$ 之卦限內，過點 $(x_0 \text{,} y_0 \text{,} z_0)$ 之平面與 x，y，z 軸之三個交點以及原點等四點，所決定之長方體的最小對角線長為 $\left(x_0^{\frac{2}{3}} + y_0^{\frac{2}{3}} + z_0^{\frac{2}{3}}\right)^{\frac{3}{2}}$，此時該平面的方程式為

$$\frac{x}{x_0^{\frac{1}{3}}\left(x_0^{\frac{2}{3}} + y_0^{\frac{2}{3}} + z_0^{\frac{2}{3}}\right)} + \frac{y}{y_0^{\frac{1}{3}}\left(x_0^{\frac{2}{3}} + y_0^{\frac{2}{3}} + z_0^{\frac{2}{3}}\right)} + \frac{z}{z_0^{\frac{1}{3}}\left(x_0^{\frac{2}{3}} + y_0^{\frac{2}{3}} + z_0^{\frac{2}{3}}\right)} = 1$$

進一步，我們發現 $\dfrac{x_0}{\cos\alpha} + \dfrac{y_0}{\cos\beta} + \dfrac{z_0}{\cos\gamma}$ 亦可線段化（因而很容易可求出其最小值），列為引理4如下：

引理 4

對 $\dfrac{x_0}{\cos\alpha}+\dfrac{y_0}{\cos\beta}+\dfrac{z_0}{\cos\gamma}$（$x_0$，$y_0$，$z_0$均為正常數，$0<\alpha$，$\beta$，$\gamma<$

$\dfrac{\pi}{2}$，且$\sum\cos^2\alpha=1$）而言，在$O\text{-}xyz$座標空間裡，設過點（x_0，y_0，

z_0)之平面E於第一卦限與x，y，z軸相交於A、B、C，且O、A、

B、C四點所決定之長方體的對角線$\overline{OR}$之方向角為α，β，γ，則

$$\frac{x_0}{\cos\alpha}+\frac{y_0}{\cos\beta}+\frac{z_0}{\cos\gamma}=OR \text{。}$$

證明 1.令$A(a，0，0)$，$B(0，b，0)$，$C(0，0，c)$，因α，β，γ為$\overline{OR}$之
方向角（圖4），故

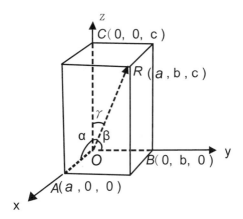

圖4

$$\cos\alpha = \frac{OA}{OR} = \frac{a}{OR} \ , \ \cos\beta = \frac{OB}{OR} = \frac{b}{OR} \ ,$$

$$\cos\gamma = \frac{OC}{OR} = \frac{c}{OR} \quad \cdots\cdots\cdots\cdots\cdots\cdots\cdots\cdots\cdots ①$$

2. 平面 E 之方程式為

$$\frac{x}{a} + \frac{y}{b} + \frac{z}{c} = 1$$

因過點 (x_0 , y_0 , z_0) 故

$$\frac{x_0}{a} + \frac{y_0}{b} + \frac{x_0}{c} = 1 \quad \cdots\cdots\cdots\cdots\cdots\cdots\cdots\cdots ②$$

3. 於是由①、②得

$$\frac{x_0}{\cos\alpha} + \frac{y_0}{\cos\beta} + \frac{z_0}{\cos\gamma} = \frac{x_0}{\dfrac{a}{OR}} + \frac{y_0}{\dfrac{b}{OR}} + \frac{z_0}{\dfrac{c}{OR}}$$

$$= OR\left(\frac{x_0}{a} + \frac{y_0}{b} + \frac{z_0}{c}\right) = OR \ 。$$

利用引理3與引理4立即可得下列定理2。

定理2

設 x_0 , y_0 , z_0 為正常數，$0 < \alpha$, β , $\gamma < \dfrac{\pi}{2}$，且 $\sum \cos^2\alpha = 1$，則

$\dfrac{x_0}{\cos\alpha} + \dfrac{y_0}{\cos\beta} + \dfrac{z_0}{\cos\gamma}$ 之最小值為 $\left(x_0^{\frac{2}{3}} + y_0^{\frac{2}{3}} + z_0^{\frac{2}{3}}\right)^{\frac{3}{2}}$。

證明 由引理4知 $\dfrac{x_0}{\cos\alpha}+\dfrac{y_0}{\cos\beta}+\dfrac{z_0}{\cos\gamma}=OR$，又由引理3知 OR 之最小值為

$\left(x_0^{\frac{2}{3}}+y_0^{\frac{2}{3}}+z_0^{\frac{2}{3}}\right)^{\frac{3}{2}}$，故 $\dfrac{x_0}{\cos\alpha}+\dfrac{y_0}{\cos\beta}+\dfrac{z_0}{\cos\gamma}$ 之最小值為 $\left(x_0^{\frac{2}{3}}+y_0^{\frac{2}{3}}+z_0^{\frac{2}{3}}\right)^{\frac{3}{2}}$。

丁、更一般化的結論：

由引理4知 $\dfrac{x_0}{\cos\alpha}+\dfrac{y_0}{\cos\beta}+\dfrac{z_0}{\cos\gamma}=OR$，故

$$a=OR\cos\alpha=\left(\frac{x_0}{\cos\alpha}+\frac{y_0}{\cos\beta}+\frac{z_0}{\cos\gamma}\right)\cos\alpha$$

$$b=OR\cos\beta=\left(\frac{x_0}{\cos\alpha}+\frac{y_0}{\cos\beta}+\frac{z_0}{\cos\gamma}\right)\cos\beta$$

$$c=OR\cos\gamma=\left(\frac{x_0}{\cos\alpha}+\frac{y_0}{\cos\beta}+\frac{z_0}{\cos\gamma}\right)\cos\gamma$$

由此給筆者一個很大的啟示，對一般情形欲求：

$$\frac{x_1}{\cos\alpha_1}+\frac{x_2}{\cos\alpha_2}+\cdots+\frac{x_n}{\cos\alpha_n}$$

（x_i 均為正常數，$0<\alpha_i<\dfrac{\pi}{2}$，且 $\sum\cos^2\alpha_i=1$，$i=1$，2，$\cdots$，n）之最小值，可如下行之：

（為了簡便計，設 $\dfrac{x_1}{\cos\alpha_1}+\dfrac{x_2}{\cos\alpha_2}+\cdots+\dfrac{x_n}{\cos\alpha_n}=t$）

令 n 個正數 a_1，a_2，$\cdots$，a_n，分別如下：

$a_1=t\cos\alpha_1$，$a_2=t\cos\alpha_2$，$\cdots$，$a_n=t\cos\alpha_n$，

則

$$a_1^2 + a_2^2 + \cdots + a_n^2 = t^2(\cos^2\alpha_1 + \cos^2\alpha_2 + \cdots + \cos^2\alpha_n) = t^2$$

$$\therefore t = \sqrt{a_1^2 + a_2^2 + \cdots + a_n^2} = \sqrt{\sum a_i^2} \text{ , } i = 1 \text{ , } 2 \text{ , } \cdots \text{ , } n$$

現欲求 $\sqrt{\sum a_i^2}$ 之最小值，再推一個式子，以備下面應用：

由 $a_t = t\cos\alpha_i$ （$i = 1$ ， 2 ， $\cdots n$ ） ，得

$$\sum \frac{x_t}{a_i} = \sum \frac{x_i}{t\cos a_i} = \frac{1}{t}\sum \frac{x_i}{\cos a_i} = \frac{1}{t} \times t = 1$$

故

$$\sum \frac{x_i}{a_i} = 1 \quad (i = 1 \text{ , } 2 \text{ , } \cdots n)$$

1. 取正常數 l_1 ， l_2 ， $\cdots$ ， l_n 利用<u>柯西</u>不等式，得

$$(\sum a_i^2)(\sum l_i^2) \geq [\sum (l_i a_i)]^2 \quad \cdots\cdots\cdots\cdots\cdots\cdots\cdots\cdots ①$$

又 $\qquad [\sum (l_i a_i)][\sum \frac{x_i}{a_i}] \geq (\sum \sqrt{l_i x_i})^2$

因 $\qquad \sum \frac{x_i}{a_i} = 1$ ，故

$$\sum (l_i a_i) \geq (\sum \sqrt{l_i x_i})^2 \quad \cdots\cdots\cdots\cdots\cdots\cdots\cdots\cdots ②$$

由①、②得 $(\sum a_i^2)(\sum l_i^2) \geq (\sum \sqrt{l_i x_i})^4$ ，故

$$\sqrt{\sum a_i^2} \geq \frac{(\sum \sqrt{l_i x_i})^2}{\sqrt{\sum l_i^2}} \quad (\ast\ast\ast)$$

2. 當①式「＝」號成立時：

$$\frac{a_1}{l_1} = \frac{a_2}{l_2} = \cdots \frac{a_n}{l_n}$$

即

$$a_1 : a_2 : \cdots : a_n = l_1 : l_2 : \cdots : l_n \ \cdots\cdots\cdots\cdots\cdots\cdots\cdots\cdots ③$$

當②式「＝」號成立時：

$$\frac{\sqrt{l_1 a_1}}{\sqrt{\dfrac{x_1}{a_1}}} = \frac{\sqrt{l_2 a_2}}{\sqrt{\dfrac{x_2}{a_2}}} = \cdots = \frac{\sqrt{l_n a_n}}{\sqrt{\dfrac{x_n}{a_n}}}$$

即

$$\frac{a_1}{\sqrt{\dfrac{x_1}{l_1}}} = \frac{a_2}{\sqrt{\dfrac{x_2}{l_2}}} = \cdots = -\frac{a_n}{\dfrac{\sqrt{x_n}}{l_n}}$$

$$\therefore \quad a_1 : a_2 : \cdots : a_n = \sqrt{\frac{x_1}{l_1}} : \sqrt{\frac{x_2}{l_2}} : \cdots : \sqrt{\frac{x_n}{l_n}} \ \cdots\cdots\cdots\cdots ④$$

由③、④得

$$l_1 : l_2 : \cdots : l_n = \sqrt{\frac{x_1}{l_1}} : \sqrt{\frac{x_2}{l_2}} : \cdots : \sqrt{\frac{x_n}{l_n}}$$

$$\therefore \quad l_1^3 : l_2^3 : \cdots : l_n^3 = x_1 : x_2 : \cdots : x_n$$

$$\therefore \quad l_1 : l_2 : \cdots : l_n = \sqrt[3]{x_1} : \sqrt[3]{x_2} : \cdots : \sqrt[3]{x_n} \ \cdots\cdots\cdots\cdots\cdots\cdots ⑤$$

故

$$\exists k > 0 \text{，} \ni l_1 = \sqrt[3]{x_1}\, k \text{，} \ l_2 = \sqrt[3]{x_2}\, k \text{，} \cdots \text{，} l_n = \sqrt[3]{x_n}\, k$$

以之代入（＊＊＊）中，得 $\sqrt{\sum a_i^2}$ 之最小值為

$$\frac{(\sum \sqrt{x_i \sqrt[3]{x_i}k})^2}{\sqrt{\sum (\sqrt[3]{x_i}k)^2}} = \frac{(\sum \sqrt{x_i^{\frac{4}{3}}})^2}{\sqrt{\sum (\sqrt[3]{x_i})^2}} = \frac{(\sum x_i^{\frac{2}{3}})^2}{(\sum x_i^{\frac{2}{3}})^{\frac{1}{2}}} = (\sum x_i^{\frac{2}{3}})^{\frac{2}{3}}$$

故得下之定理3。

定理3

設 x_i 為正常數，$0 < \alpha_i < \dfrac{\pi}{2}$，且 $\sum cos^2\alpha_i = 1$，$i = 1$，2，$\cdots$，n，則

$\dfrac{x_1}{\cos\alpha_1} + \dfrac{x_2}{\cos\alpha_2} + \cdots + \dfrac{x_n}{\cos\alpha_n}$ 之最小值為 $(x_1^{\frac{2}{3}} + x_2^{\frac{2}{3}} + \cdots + x_n^{\frac{2}{3}})^{\frac{2}{3}}$。

定理3是一個非常一般化的結論，它不但涵蓋了定理2，而且也涵蓋了定理1，因為 $\dfrac{p}{\cos\theta} + \dfrac{q}{\sin\theta}$ 可化為 $\dfrac{p}{\cos\theta} + \dfrac{q}{\cos\left(\frac{\pi}{2} - \theta\right)}$ 而其中 $\cos^2\theta + \cos^2\left(\dfrac{\pi}{2} - \theta\right) = 1$。

(四)結語

本文由探尋 $\dfrac{3}{\cos\theta} + \dfrac{2}{\sin\theta}$ 最小值的求法，發現凡是 $\dfrac{p}{\cos\theta} + \dfrac{q}{\sin\theta}$（$p$，$q$ 為正常數）均可線段化，因而求出對應之線段長的最小值就等於是求出該式的最小值。此種化抽象（三角函數值）為直觀（線段長）的作法是本文的一大特色。

更由此推廣到空間，推出引理4而得定理2（求 $\dfrac{x_0}{\cos\alpha} + \dfrac{y_0}{\cos\beta} + \dfrac{z_0}{\cos\gamma}$ 之最小值）並進而推出更一般化的結論而得定理3。引理4之出現是本文的一項突破，因為它的出現，不但建立了定理2，而且也使定理3能夠順利產生。然而引理4之發現乃是前面「線段化」觀念的拓展。因此本文，整個系列一脈相承，前後輝映，不但構成了一個優美完整的系統，而且也充分發揮了數學上歸納與演繹的精神。

(五)參考資料

高中數學：范傳坡等著，數理出版公司。

三、三角形五心座標的向量解法

(一)動機

已予△ABC三頂點之座標為$A(a_1,a_2)$，$B(b_1,b_2)$，$C(c_1,c_2)$則其重心的座標為$\left(\dfrac{a_1+b_1+c_1}{3},\dfrac{a_2+b_2+c_2}{3}\right)$，此定理的證明可藉分點座標的公式證之，也可藉求出二中線的方程式聯立解交點證出。更可利用向量的方法來證明更方便，其證明為：

設重心為G，則因$\overrightarrow{AG}+\overrightarrow{BG}+\overrightarrow{CG}=\vec{O}$，故得

$$(\vec{G}-\vec{A})+(\vec{G}-\vec{B})+(\vec{G}-\vec{C})=\vec{O}$$

即 $\qquad\qquad 3\vec{G}=\vec{A}+\vec{B}+\vec{C}$。

$$\therefore\ \vec{G}=\frac{\vec{A}+\vec{B}+\vec{C}}{3}=\frac{1}{3}([a_1,a_2]+[b_1,b_2]+[c_1,c_2])$$

$$=\left[\frac{a_1+b_1+c_1}{3},\frac{a_2+b_2+c_2}{3}\right]$$

故G之座標為$\left(\dfrac{a_1+b_1+c_1}{3},\dfrac{a_2+b_2+c_2}{3}\right)$。

（註：以上$\vec{A}$表$\overrightarrow{OA}$，O表原點，以下仿此。）

這給我們很大的信心與啓示：是否其他諸心也可用向量的方法來處理呢？於是展開了下列的研究！

(二)研究過程與內容

首先我們發現假如 G 為 $\triangle ABC$ 的重心,則 $\triangle GBC$、$\triangle GCA$、$\triangle GAB$ 之面積均相等(簡記 $\triangle GBC = \triangle GCA = \triangle GAB$,以下同此記法),也就是 $\triangle GBC : \triangle GCA : \triangle GAB = 1 : 1 : 1$,而有 $1\overrightarrow{AG} + 1\overrightarrow{BG} + 1\overrightarrow{CG} = \vec{0}$ 即 $\overrightarrow{AG} + \overrightarrow{BG} + \overrightarrow{CG} = \vec{0}$ 那麼推廣言之,假如 O 為 $\triangle ABC$ 內部一點,且 $\triangle OBC : \triangle OCA : \triangle OAB = l : m : n$($l$、$m$、$n$ 為正數)是否就應該有 $l\overrightarrow{AO} + m\overrightarrow{BO} + n\overrightarrow{CO} = \vec{0}$ 呢?假如此式能夠成立,那我們豈不是就可以利用它仿重心的方法來求出 $\triangle$ 其他諸心的座標?經過筆者的研討,果然不錯,此式能夠成立,將之列為定理1如下:

設 O 為 $\triangle ABC$ 內部一點,若

$$\triangle OBC : \triangle OCA : \triangle OAB = l : m : n$$

(l、m、n 為正數),則

$$l\overrightarrow{AO} + m\overrightarrow{BO} + n\overrightarrow{CO} = \vec{0}$$

證明 1. 令 $\overrightarrow{A'O} = l\overrightarrow{AO}$,$\overrightarrow{B'O} = m\overrightarrow{BO}$,$\overrightarrow{C'O} = n\overrightarrow{CO}$(如圖1)。

則 $\dfrac{\triangle OA'B'}{\triangle OAB} = \dfrac{\overline{OA'} \cdot \overline{OB'}}{\overline{OA} \cdot \overline{OB}} = \dfrac{l}{1} \cdot \dfrac{m}{1} = lm$

$\Rightarrow \triangle OA'B' = lm \triangle OAB$

$\dfrac{\triangle OB'C'}{\triangle OBC} = \dfrac{\overline{OB'} \cdot \overline{OC'}}{\overline{OB} \cdot \overline{OC}} = \dfrac{m}{1} \cdot \dfrac{n}{1} = mn$

$\Rightarrow \triangle OB'C' = mn \triangle OBC$

$\dfrac{\triangle OC'A'}{\triangle OCA} = \dfrac{\overline{OC'} \cdot \overline{OA'}}{\overline{OC} \cdot \overline{OA}} = \dfrac{n}{1} \cdot \dfrac{l}{1} = nl$

$\Rightarrow \triangle OC'A' = nl \triangle OCA$

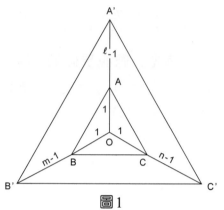

圖1

2. 已知 $\triangle OBC : \triangle OCA : \triangle OAB = l :$ $m : n$，故 $\exists k > 0 \ni \triangle OBC = lk$，$\triangle OCA = mk$，$\triangle OAB = nk$。

3. $\therefore$ $\triangle OB'C' = mnlk$，$\triangle OC'A' = nlmk$，$\triangle OA'B' = lmnk$，即 $\triangle OB'C' = \triangle OC'A' = \triangle OA'B' = mnlk$。

$\therefore$ O 為 $\triangle A'B'C'$ 之重心，故 $\overrightarrow{A'O} + \overrightarrow{B'O} + \overrightarrow{C'O} = \vec{O}$，即 $l\overrightarrow{AG} + m\overrightarrow{BG} + n\overrightarrow{CG} = \vec{O}$ 證畢。

以上假如 O 不在 $\triangle ABC$ 內部，那結果該如何呢？又有底下的結論：

定理2

設 O 為 $\triangle ABC$ 外部一點，若 $\triangle OBC : \triangle OCA : \triangle OAB = l : m : n$（$l$、$m$、$n$ 為正數）

若 O 在 $\angle CAB$ 或其對頂角之內部，則

$$-l\overrightarrow{AO} + m\overrightarrow{BO} + n\overrightarrow{CO} = \vec{O}$$

若O在$\angle ABC$或其對頂角之內部，則

$$l\overrightarrow{AO} - m\overrightarrow{BO} + n\overrightarrow{CO} = \overrightarrow{O}$$

若O在$\angle BCA$或其對頂角之內部，則

$$l\overrightarrow{AO} + m\overrightarrow{BO} - n\overrightarrow{CO} = \overrightarrow{O}$$

證明 我們證明O在$\angle CAB$或其對頂角內部的情形即可（即欲證 $l\overrightarrow{AO} + m\overrightarrow{BO} + n\overrightarrow{CO} = \overrightarrow{O}$），其他兩種情形同理可證：

1. 令$\overrightarrow{OA'} = l\overrightarrow{OA}$，$\overrightarrow{OB'} = m\overrightarrow{OB}$，$\overrightarrow{OC'} = n\overrightarrow{OC}$

（如圖2與圖2′，圖2表O在$\angle BAC$之內部，圖2′表O在$\angle BAC$對頂角之內部）

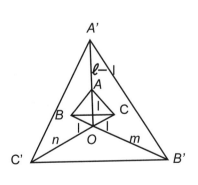

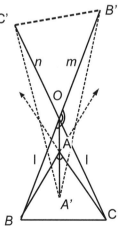

圖2   圖2′

則　　$\dfrac{\triangle OA'B'}{\triangle OAB} = \dfrac{\overline{OA'} \cdot \overline{OB'}}{\overline{OA} \cdot \overline{OB}} = \dfrac{l}{1} \cdot \dfrac{m}{1} = lm$

$\Rightarrow \triangle OA'B' = lm \triangle OAB$

同理可得

$$\triangle OB'C' = mn\triangle OBC \text{，} \triangle OC'A' = nl\triangle OCA \text{。}$$

2. 已知 $\triangle OBC : \triangle OCA : \triangle OAB = l : m : n$，故 $\exists k > 0 \ni \triangle OBC = lk$，$\triangle OCA = mk$，$\triangle OAB = nk$。

3. $\therefore \triangle OB'C' = \triangle OC'A' = \triangle OA'B' = lmnk$。

$\therefore O$ 為 $\triangle A'B'C'$ 之重心，故 $\overrightarrow{OA'} + \overrightarrow{OB'} + \overrightarrow{OC'} = \vec{O}$ 即 $l\overrightarrow{OA} + m\overrightarrow{BO} + n\overrightarrow{CO} = \vec{O}$，亦即 $-l\overrightarrow{AO} + m\overrightarrow{BO} + n\overrightarrow{CO} = \vec{O}$ 證畢。

利用以上定理1、2，我們可推得內心、外心、垂心、傍心的性質如下（首先約定幾個符號：$\triangle ABC$ 中，令 A、B、C 表三個角，a，b，c 分別表其對邊的長）：

定理3

設 I 為 $\triangle ABC$ 的內心，則

$$a\overrightarrow{AI} + b\overrightarrow{BI} + c\overrightarrow{CI} = \vec{O}$$

證明　I 為 $\triangle ABC$ 的內心，即為內切圓的圓心（如圖3），設半徑為 r，則

$$\triangle IBC : \triangle ICA : \triangle IAB$$

$$= \frac{1}{2}ar : \frac{1}{2}br : \frac{1}{2}cr = a : b : c$$

由定理1得 $a\overrightarrow{AI} + b\overrightarrow{BI} + c\overrightarrow{CI} = \vec{O}$ 證畢。

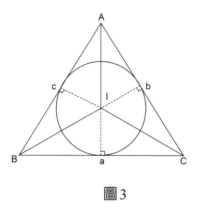

圖3

 4

設 P 為 $\triangle ABC$ 的外心，則

$$\sin 2A \, \overrightarrow{AP} + \sin 2B \, \overrightarrow{BP} + \sin 2C \, \overrightarrow{CP} = \vec{O}$$

證明　分二種情形討論：

(1) 若 P 在 $\triangle ABC$ 之內部（如圖4），則

$$\angle APB = 2C \, , \quad \angle BPC = 2A \, , \quad \angle CPA = 2B$$

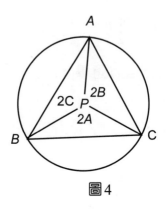

圖4

P為外心，就是外接圓的圓心，令半徑為 R，則

$$\overline{PA} = \overline{PB} = \overline{PC} = R$$

$$\therefore \quad \triangle PBC : \triangle PCA : \triangle PAB$$

$$= \frac{1}{2}R^2 \sin 2A : \frac{1}{2}R^2 \sin 2B : \frac{1}{2}R^2 \sin 2C$$

$$= \sin 2A : \sin 2B : \sin 2C$$

故由定理1得

$$\sin 2A \, \overrightarrow{AP} + \sin 2B \, \overrightarrow{BP} + \sin 2C \, \overrightarrow{CP} = \overrightarrow{O}$$

(2) 若P在 $\triangle ABC$ 之外部，但在 $\angle CAB$ 之內部（如圖5），則

$$\angle APB = 2C，\angle APC = 2B$$

而

$$\angle BPC = 2B + 2C = 2(B + C)$$

$$= 2(\pi - A) = 2\pi - 2A$$

仍令 $\overline{PA} = \overline{PB} = \overline{PC} = R$，則

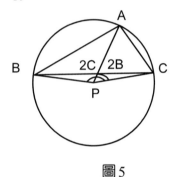

圖5

$\therefore$ $\triangle PBC : \triangle PCA : \triangle PAB$

$$= \frac{1}{2}R^2 \sin(2\pi - 2A) : \frac{1}{2}R^2 \sin 2B : \frac{1}{2}R^2 \sin 2C$$

$$= -\sin 2A : \sin 2B : \sin 2C$$

故由定理2知：

$$-(-\sin 2A)\overrightarrow{AP} + \sin 2B\,\overrightarrow{BP} + \sin 2C\,\overrightarrow{CP} = \vec{O}$$

即

$$\sin 2A\,\overrightarrow{AP} + \sin 2B\,\overrightarrow{BP} + \sin 2C\,\overrightarrow{CP} = \vec{O} \text{。}$$

同理，若P在$\triangle ABC$之外部，但在$\angle ABC$或$\angle BCA$之內部，亦可證明成立，證畢。

設 H 為 $\triangle ABC$ 之垂心且 $\triangle ABC$ 不為直角三角形,則

$$\tan A \overrightarrow{AH} + \tan B \overrightarrow{BH} + \tan C \overrightarrow{CH} = \overrightarrow{O}$$

證明 (1)當 H 在 $\triangle ABC$ 內部時(如圖6),視 $\overline{HC}$ 為 $\triangle HCB$ 與 $\triangle HCA$ 之公共底,則其對應高分別為 $\overline{BF}$ 與 $\overline{AF}$,於是

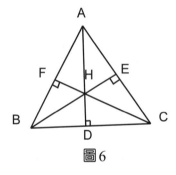

圖6

$$\triangle HCB : \triangle HCA = \overline{BF} : \overline{AF} = \overline{CF} \cot B : \overline{CF} \cot A$$

$$= \cot B : \cot A = \tan A : \tan B$$

同理 $\triangle HAC : \triangle HAB = \tan B : \tan C$

故 $\triangle HBC : \triangle HCA : \triangle HAB = \tan A : \tan B : \tan C$

$\therefore \quad \tan A \overrightarrow{AH} + \tan B \overrightarrow{BH} + \tan C \overrightarrow{CH} = \overrightarrow{O}$

(2) 當 H 在 $\triangle ABC$ 之外部時($\angle BAC$ 為鈍角)(如圖7),

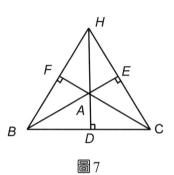

圖7

則因 A、E、H、F 四點共圓，故

$$\angle BHC = \pi - \angle EAF = \pi - \angle BAC = \pi - A$$

在 Rt$\triangle BCF$ 中，

$$\angle FBC = \frac{\pi}{2} - \angle FCB = \frac{\pi}{2} - C$$

$$即 \angle HBC = \frac{\pi}{2} - C。$$

在 Rt$\triangle BCE$ 中，

$$\angle BCE = \frac{\pi}{2} - \angle EBC = \frac{\pi}{2} - B$$

$$即 \angle BCH = \frac{\pi}{2} - B。$$

因 A 為 $\triangle BCH$ 之垂心，故由(1)之結論知

$$\tan(\pi - A)\overrightarrow{HA} + \tan\left(\frac{\pi}{2} - C\right)\overrightarrow{BA} + \tan\left(\frac{\pi}{2} - B\right)\overrightarrow{CA} = \vec{O}$$

$$\therefore \quad -\tan A\overrightarrow{HA} + \cot C(\overrightarrow{HA} - \overrightarrow{HB}) + \cot B(\overrightarrow{HA} - \overrightarrow{HC}) = \vec{O}$$

即

$$\tan A \overrightarrow{AH} + (\cot C + \cot B) \overrightarrow{HA} - \cot C \overrightarrow{HB} - \cot B \overrightarrow{HC} = \vec{O}$$
$$(\tan A - \cot C - \cot B) \overrightarrow{AH} + \cot C \overrightarrow{BH} + \cot B \overrightarrow{CH} = \vec{O}$$

兩端同乘以$\tan B \tan C$得

$$(\tan A \tan B \tan C - \tan B - \tan C) \overrightarrow{AH} + \tan B \overrightarrow{BH} + \tan C \overrightarrow{CH} = \vec{O}$$

因 $\tan A \tan B \tan C = \tan A + \tan B + \tan C$

$$(\because A + B + C = \pi)$$

故得

$$\tan A \overrightarrow{AH} + \tan B \overrightarrow{BH} + \tan C \overrightarrow{CH} = \vec{0} \quad 。$$

同理若$\angle B$或$\angle C$為鈍角時亦可證得，證畢。

設I_A，I_B，I_C分別為$\triangle ABC$在$\angle CAB$，$\angle ABC$， $\angle BCA$內部之傍心，則

(1) $(-a)\overrightarrow{AI_A} + b\overrightarrow{BI_A} + c\overrightarrow{CI_A} = \vec{0}$

(2) $a\overrightarrow{AI_B} + (-b)\overrightarrow{BI_B} + c\overrightarrow{CI_B} = \vec{0}$

(3) $a\overrightarrow{AI_C} + b\overrightarrow{BI_C} + (-c)\overrightarrow{CI_C} = \vec{0}$

證明 我們證明(1)式即可，其餘同理，I_A為$\angle CAB$內部之傍心，即為 $\angle CAB$傍切圓的圓心（如圖8），令半徑為r_a，則$\overline{I_AD} = \overline{I_AE} = \overline{I_AF} = r_a$。

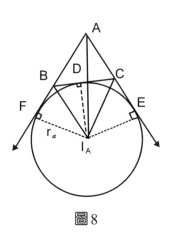

圖8

$$\therefore \quad \triangle I_A BC \ : \ \triangle I_A CA \ : \ \triangle I_A AB$$

$$= \frac{1}{2}\overline{BC}r_a \ : \ \frac{1}{2}\overline{CA}r_a \ : \ \frac{1}{2}\overline{AB}r_a$$

$$= \overline{BC} \ : \ \overline{CA} \ : \ \overline{AB} = a \ : \ b \ : \ c$$

故由定理2知$(-a)\overrightarrow{AI_A} + b\overrightarrow{BI_A} + c\overrightarrow{CI_A} = \vec{0}$證畢。

　　為了求△五心的座標，我們再敘述一個定理及推論以便應用：

定理 7

設Q為$\triangle ABC$同平面上任一點，若$x\overrightarrow{AQ} + y\overrightarrow{BQ} + z\overrightarrow{CQ} = \vec{0}$，則

$$\vec{Q} = \frac{x\vec{A} + y\vec{B} + z\vec{C}}{x + y + z} \qquad (x，y，z為實數)$$

證明 由 $x\overrightarrow{AQ} + y\overrightarrow{BQ} + z\overrightarrow{CQ} = \vec{0}$ 得

$$x(\vec{Q} - \vec{A}) + y(\vec{Q} - \vec{B}) + z(\vec{Q} - \vec{C}) = \vec{0}$$

即

$$(x + y + z)\vec{Q} = x\vec{A} + y\vec{B} + z\vec{C}$$

因 A，B，C 三點不共線，故 $x + y + z \neq 0$，

$$\therefore \quad \vec{Q} = \frac{x\vec{A} + y\vec{B} + z\vec{C}}{x + y + z} \text{，證畢。}$$

 推 論

設 $\triangle ABC$ 三頂點座標為

$$A(a_1 \text{，} a_2) \text{，} B(b_1 \text{，} b_2) \text{，} C(c_1 \text{，} c_2)$$

Q 為同平面上任一點，若

$$x\overrightarrow{AQ} + y\overrightarrow{BQ} + z\overrightarrow{CQ} = \vec{0} \text{，}$$

則 Q 之座標為

$$\left(\frac{a_1 x + b_1 y + c_1 z}{x + y + z} \text{，} \frac{a_2 x + b_2 y + c_2 z}{x + y + z} \right)$$

證明 由定理7立即可得

$$\vec{Q} = \frac{x[a_1 \text{，} a_2] + y[b_1 \text{，} b_2] + z[c_1 \text{，} c_2]}{x + y + z}$$

$$= \left[\frac{a_1 x + b_1 y + c_1 z}{x + y + z} \text{，} \frac{a_2 x + b_2 y + c_2 z}{x + y + z} \right]$$

$$\therefore Q 之座標為 \left(\frac{a_1 x + b_1 y + c_1 z}{x + y + z}, \frac{a_2 x + b_2 y + c_2 z}{x + y + z} \right)。$$

由上述定理3、4、5、6及定理7之推論,我們立即可求得內心、外心、垂心、傍心之座標列為定理如下:

設△ABC三頂點之座標分別為

$$A(a_1, a_2),B(b_1, b_2),C(c_1, c_2)$$

A,B,C表三個角,其對邊的長分別為a,b,c,則

(1) 重心G的座標為

$$\left(\frac{a_1 + b_1 + c_1}{3}, \frac{a_2 + b_2 + c_2}{3} \right)$$

(2) 內心I的座標為

$$\left(\frac{a_1 a + b_1 b + c_1 c}{a + b + c}, \frac{a_2 a + b_2 b + c_2 c}{a + b + c} \right)$$

(3) 外心P的座標為

$$\left(\frac{a_1 \sin 2A + b_1 \sin 2B + c_1 \sin 2C}{\sin 2A + \sin 2B + \sin 2C}, \frac{a_2 \sin 2A + b_2 \sin 2B + c_2 \sin 2C}{\sin 2A + \sin 2B + \sin 2C} \right)$$

其中

$$\sin 2A : \sin 2B : \sin 2C$$
$$= a^2(b^2 + c^2 - a^2) : b^2(c^2 + a^2 - b^2) : c^2(a^2 + b^2 - c^2)$$

(4) 垂心H的座標為

$$\left(\frac{a_1\tan A + b_1\tan B + c_1\tan C}{\tan A + \tan B + \tan C}, \frac{a_2\tan A + b_2\tan B + c_2\tan C}{\tan A + \tan B + \tan C}\right)$$

其中

$$\tan A : \tan B : \tan C$$

$$= \frac{1}{b^2 + c^2 - a^2} : \frac{1}{c^2 + a^2 - b^2} : \frac{1}{a^2 + b^2 - c^2}$$

(5) $\angle A$內部之傍心I_A的座標為

$$\left(\frac{-a_1a + b_1b + c_1c}{-a + b + c}, \frac{-a_2a + b_2b + c_2c}{-a + b + c}\right)$$

$\angle B$內部之傍心I_B的座標為

$$\left(\frac{a_1a - b_1b + c_1c}{a - b + c}, \frac{a_2a - b_2b + c_2c}{a - b + c}\right)$$

$\angle C$內部之傍心I_C的座標為

$$\left(\frac{a_1a + b_1b - c_1c}{a + b - c}, \frac{a_2a + b_2b - c_2c}{a + b - c}\right)$$

證明　我們只要證明(2)、(3)、(4)、(5)諸式就好了：

(2) 由定理3知 $a\overrightarrow{AI} + b\overrightarrow{BI} + c\overrightarrow{CI} = \vec{0}$，故由定理7之推論知$I$之座標為

$$\left(\frac{a_1a + b_1b + c_1c}{a + b + c}, \frac{a_2a + b_2b + c_2c}{a + b + c}\right)$$

（3）由定理4知 $\sin 2A\overrightarrow{AP} + \sin 2B\overrightarrow{BP} + \sin 2C\overrightarrow{CP} = \vec{0}$，故由定理7之推論知 P 座標為

$$\left(\frac{a_1\sin 2A + b_1\sin 2B + c_1\sin 2C}{\sin 2A + \sin 2B + \sin 2C} , \frac{a_2\sin 2A + b_2\sin 2B + c_2\sin 2C}{\sin 2A + \sin 2B + \sin 2C} \right)$$

其中

$$\sin 2A : \sin 2B : \sin C$$
$$= \sin A\cos A : \sin B\cos B : \sin C\cos C$$
$$= \frac{a}{2R}\cdot\frac{b^2+c^2-a^2}{2bc} : \frac{b}{2R}\cdot\frac{c^2+a^2-b^2}{2ac} : \frac{c}{2R}\cdot\frac{a^2+b^2-c^2}{2ab}$$
$$= \frac{a}{bc}(b^2+c^2-a^2) : \frac{b}{ac}(c^2+a^2-b^2) : \frac{c}{ab}(a^2+b^2-c^2)$$
$$= a^2(b^2+c^2-a^2) : b^2(c^2+a^2-b^2) : c^2(a^2+b^2-c^2)$$

（4）由定理5知 $\tan A\overrightarrow{AH} + \tan B\overrightarrow{BH} + \tan C\overrightarrow{CH} = \vec{0}$，故由定理7之推論知 H 之座標為

$$\left(\frac{a_1\tan A + b_1\tan B + c_1\tan C}{\tan A + \tan B + \tan C} , \frac{a_2\tan A + b_2\tan B + c_2\tan C}{\tan A + \tan B + \tan C} \right)$$

其中

$$\tan A : \tan B : \tan C$$
$$= \frac{\sin A}{\cos A} : \frac{\sin B}{\cos B} : \frac{\sin C}{\cos C}$$
$$= \frac{a}{\dfrac{b^2+c^2-a^2}{2bc}} : \frac{b}{\dfrac{c^2+a^2-b^2}{2ca}} : \frac{c}{\dfrac{a^2+b^2-c^2}{2ab}}$$
$$= \frac{1}{b^2+c^2-a^2} : \frac{1}{c^2+a^2-b^2} : \frac{1}{a^2+b^2-c^2}$$

(5) 我們只要證明∠A內部之傍心就好了，其餘同理，由定理6(1)知 $(-a)\overrightarrow{AI_A} + b\overrightarrow{BI_A} + c\overrightarrow{CI_A} = \vec{0}$，故由定理7之推論，知$I$座標為

$$\left(\frac{-a_1a + b_1b + c_1c}{-a+b+c} , \frac{-a_2a + b_2b + c_2c}{-a+b+c} \right)，證畢。$$

例 △ABC中若$A(3，2)$，$B(0，-1)$，$C(6，-3)$，試求重心G，內心I，外心P，垂心H，∠A內部傍心I_A的座標。

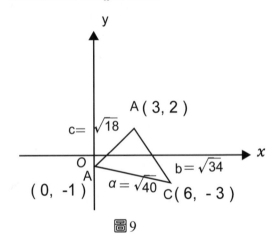

圖9

【解】

1. 重心G之座標為

$$\left(\frac{3+0+6}{3} , \frac{2-1-3}{3} \right) = \left(3 , -\frac{2}{3} \right)$$

2. 因$a = \overline{BC} = \sqrt{40}$，$b = \overline{CA} = \sqrt{34}$，$c = \overline{AB} = \sqrt{18}$，故內心$I$之座標為

$$\left(\frac{3\sqrt{40} + 0 \cdot \sqrt{34} + 6\sqrt{18}}{\sqrt{40} + \sqrt{34} + \sqrt{18}} \quad \frac{2\sqrt{40} - \sqrt{34} - 3\sqrt{18}}{\sqrt{40} + \sqrt{34} + \sqrt{18}} \right)$$

$$= \left(\frac{6\sqrt{10} + 18\sqrt{2}}{2\sqrt{10} + \sqrt{34} + 3\sqrt{2}} \quad \frac{4\sqrt{40} - \sqrt{34} - 9\sqrt{2}}{2\sqrt{10} + \sqrt{34} + 3\sqrt{2}} \right)$$

3. 因

$$\sin 2A : \sin 2B : \sin 2C$$

$$= a^2(b^2 + c^2 - a^2) : b^2(c^2 + a^2 - b^2) : c^2(a^2 + b^2 - c^2)$$

$$= 40(34 + 18 - 40) : 34(18 + 40 - 34) : 18(40 + 34 - 18)$$

$$= 40 \times 12 : 34 \times 24 : 18 \times 56$$

$$= 10 : 17 : 21$$

故外心P之座標為

$$\left(\frac{3 \times 10 + 0 \times 17 + 6 \times 21}{10 + 17 + 21} \quad \frac{2 \times 10 - 1 \times 17 - 3 \times 21}{10 + 17 + 21} \right)$$

$$= \left(\frac{13}{4} , -\frac{5}{4} \right)$$

4. 因

$$\tan A : \tan B : \tan C$$

$$= \frac{1}{b^2 + c^2 - a^2} : \frac{1}{c^2 + a^2 - b^2} : \frac{1}{a^2 + b^2 - c^2}$$

$$= \frac{1}{34 + 18 - 40} : \frac{1}{18 + 40 - 34} : \frac{1}{40 + 34 - 18}$$

$$= \frac{1}{12} : \frac{1}{24} : \frac{1}{56} = \frac{1}{3} : \frac{1}{6} : \frac{1}{14} = 14 : 7 : 3$$

故垂心H之座標為

$$\left(\frac{3 \times 14 + 0 \times 7 + 6 \times 3}{14 + 7 + 3} , \frac{2 \times 14 - 1 \times 7 - 3 \times 3}{14 + 7 + 3} \right)$$

$$= \left(\frac{60}{24} , \frac{12}{24} \right) = \left(\frac{5}{2} , \frac{1}{2} \right)$$

5. $\angle A$內部之傍心I_A為

$$\left(\frac{-3\sqrt{40} + 0 \times \sqrt{34} + 6 \times \sqrt{18}}{-\sqrt{40} + \sqrt{34} + \sqrt{18}}, \frac{-2\sqrt{40} - \sqrt{34} - 3\sqrt{18}}{-\sqrt{40} + \sqrt{34} + \sqrt{18}} \right)$$

$$= \left(\frac{-6\sqrt{10} + 18\sqrt{2}}{-2\sqrt{10} + \sqrt{34} + 3\sqrt{2}}, \frac{-4\sqrt{10} - \sqrt{34} - 9\sqrt{2}}{-2\sqrt{10} + \sqrt{34} + 3\sqrt{2}} \right)$$

(三)結論

由以上的定理8知：若已知三角形三頂點的座標，則很容易可求得五心的座標。更推而廣之，由定理7之推論知：只要曉得△ABC三頂點的座標以及$x\overrightarrow{AQ} + y\overrightarrow{BQ} + z\overrightarrow{CQ} = \vec{0}$中之$x$，$y$，$z$，則吾人即能解得$Q$之座標，而要求出$x$，$y$，$z$之值只要曉得△$QBC$，　△$QCA$，　△$QAB$面積之比與$Q$點在形內或形外就好了（參閱定理1，2），這個$Q$點不限定是五心，可以是△$ABC$同平面上的任一點（當$Q$在$\overleftrightarrow{BC}$上時，視△$QBC$之面積為0，$Q$在$\overleftrightarrow{CA}$，$\overleftrightarrow{AB}$上時仿此），故定理7之推論有其一般性，這是筆者研究本文一個很大的收穫。

(四)參考資料

范博坡等著高中數學，數理出版公司。

四、對稱、平移與旋轉在幾何上的妙用(上)

先講「對稱」的妙用，講一個大家熟悉的問題：

例1 某人在河流L的北邊有兩家工廠A與B（如右圖1－(a)），今某人擬在河流北岸建立一座碼頭P，使由A、B到P運輸貨物時的路徑和最小（即使$\overline{PA}+\overline{PB}$為最小），問$P$應在$L$的何處？

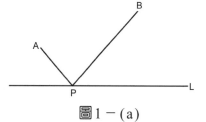

圖1－(a)

這個問題的解法用到了「對稱」與「兩點之間直線最短」的觀念，因A、B在L之同側，而P在L上，為使$\overline{PA}+\overline{PB}$最小，應將$A$鏡射到$L$的另一側$A'$，然後連接$\overline{A'B}$與$L$交於$P$點，則此時$A'$、$P$、$B$三點共線，且$\overline{PA}=\overline{PA'}$，$\therefore\overline{PA}+\overline{PB}=\overline{PA'}+\overline{PB}=\overline{A'B}$為最小（圖1－(b)）。

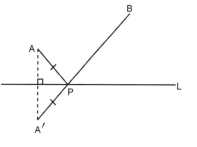

圖1－(b)

改變一下此問題，假如A與B在L的反側，且到L距離不相等，現在要在L上求一點P，使$\overline{PA}$與$\overline{PB}$之差的絕對值最大，則應先將A鏡射到L的另一側A'，使A'與B同側，然後作直線$A'B$，令$A'B$與L交於P則P點為所求（圖1－(c)）。這是因為$\overline{PA}=\overline{PA'}$，

$\therefore |\overline{PA} - \overline{PB}| = |\overline{PA'} - \overline{PB}| = \overline{A'B} > |\overline{P'A'} - \overline{P'B}| = |\overline{P'A} - \overline{P'B}|$（$P'$為$L$上異於$P$的任一點），故$P$是$L$上使$|\overline{PA} - \overline{PB}|$為最大的點，其最大值為$\overline{A'B}$。

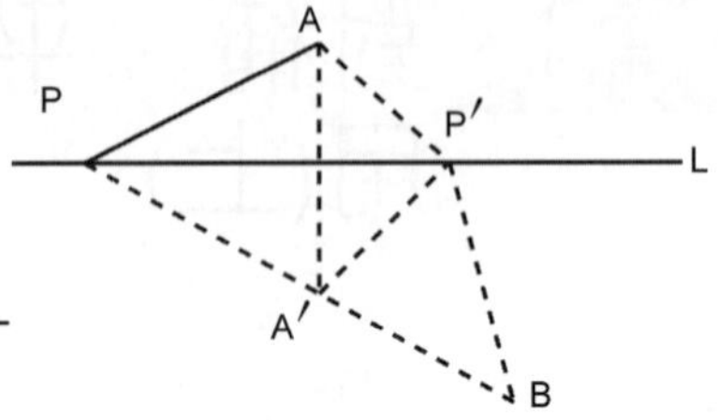

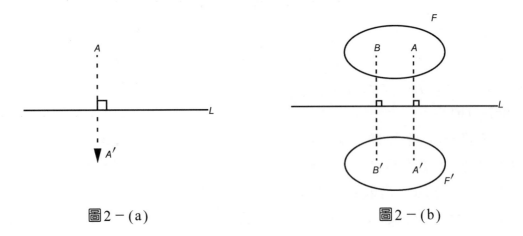

以上例1是「軸對稱」的妙用，「軸對稱」是「對稱」（又稱鏡射）的一種，另外還有一種叫「心對稱」，其意義分別說明如下：

所謂「軸對稱」是：

在平面上取定一直線L，如果$\overline{AA'}$<u>垂直</u>L且<u>被L平分</u>（即L是$\overline{AA'}$的垂直平分線），那麼就說A與A'<u>對稱於</u>L，A與A'互稱為關於L的<u>對稱點</u>（或鏡像點），L稱為<u>對稱軸</u>（如圖2－(a)）。

給定一個圖形F，令F上的一切點P關於L的對稱點P'所構成的新圖形為F'，則F與F'互稱為關於L的對稱圖形（或鏡射圖像），L稱為F與F'的對稱軸（如圖2－(b)）。

圖1－(c)

輕鬆學好高中數學

圖2－(a)

圖2－(b)

所謂「心對稱」是：

在平面上取定一點O，如果線段$\overline{AA'}$的中點就是O，那麼就說A與A'對稱於O，A'與A互稱為關於O的對稱點(或鏡像點)，O稱為對稱中心（如圖$3-(a)$）。

給定一個圖形F，令F上一切點P關於O的對稱點P'所構成的新圖形為F'，則F'與F互稱為關於O的對稱圖形（或鏡射圖像），O稱為F與F'的對稱中心（如圖$3-(b)$）。

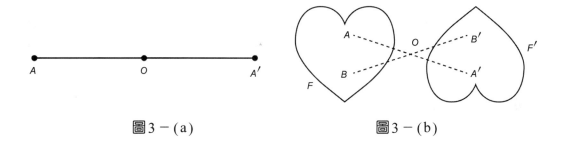

圖$3-(a)$ 　　　　　　　　　　　圖$3-(b)$

有一點必須要指出的是：無論是「軸對稱」或「心對稱」，當兩圖形F與F'成對稱時，則F與F'必全等，也就是兩圖形經移動後可以完全疊合。

底下繼續看「軸對稱」的妙用：

例2　在坐標平面上有P、Q兩定點，試在X，Y軸上分別求點A、B，使$\overline{PA}+\overline{AB}+\overline{BQ}$為最小。

【解法】

　　這個問題可延續上面例1的解法：

　　考慮 P、Q 分別關於 X、Y 軸之對稱點 P' 與 Q'，連接 $\overline{P'Q'}$ 與 X、Y 軸分別交於 A'、B'（圖4），則 $\overline{PA} = \overline{P'A}$，$\overline{BQ} = \overline{BQ'}$，於是 $\overline{PA} + \overline{AB} + \overline{BQ} = \overline{P'A} + \overline{AB} + \overline{BQ'} \geqq \overline{P'Q'} = \overline{P'A'} + \overline{A'B'} + \overline{B'Q'}$

　　$\therefore$ 當 A、B 落在直線 $P'Q'$ 上時（也就是 $A = A'$，$B = B'$），則 $\overline{PA} + \overline{AB} + \overline{BQ}$ 最小。

　　再看底下類似的問題：

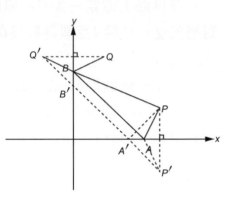

圖4

例3　如圖5－(a)有三個城市 P、Q、R，兩兩之間有筆直的公路 L_1、L_2、L_3 可通，今在 P 與 Q 之間有一城市 C，欲從 C 開闢三條支線 $\overline{CA}$、$\overline{AB}$、$\overline{BC}$ 連繫這三條公路，試問：如何選擇 A、B 使這三條支線 $\overline{CA}$、$\overline{AB}$、$\overline{BC}$ 之總長最小？（設 $\triangle PQR$ 為銳角三角形）

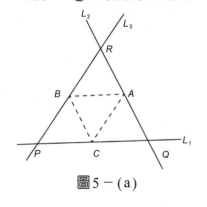

圖5－(a)

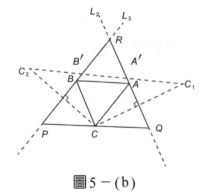

圖5－(b)

【解法】

考慮C點關於L_2、L_3之對稱點C_1、C_2，連接$\overline{C_1C_2}$與$\overline{QR}$、$\overline{PR}$分別交於點A'、B'（圖5-(b)）

則$\overline{CA} = \overline{C_1A}$、$\overline{BC} = \overline{BC_2}$

$\therefore \overline{CA} + \overline{AB} + \overline{BC} = \overline{C_1A} + \overline{AB} + \overline{BC_2} \geqq \overline{C_1C_2} = \overline{C_1A'} + \overline{A'B'} + \overline{B'C_2}$。

$\therefore$ 當A、B落在直線C_1C_2上時（也就是$A = A'$，$B = B'$），則三條支線$\overline{CA}$、$\overline{AB}$、$\overline{BC}$之總長最小，其最小總長為$\overline{C_1C_2}$。

上面例3這個問題可重述為：設C是銳角$\triangle PQR$中$\overline{PQ}$邊上的定點，試在$\overline{QR}$與$\overline{PR}$上分別取點A、B使$\triangle ABC$周長最小。假如取消C是$\overline{PQ}$邊上的「定點」兩字，而換成C在$\overline{PQ}$上，A、B分別在$\overline{QR}$與$\overline{PR}$上則有下列問題（此問題稱為華格內諾（$Fagnano$）問題，是華格內諾在1775年提出的，底下的證法是匈牙利年輕數學家$L.\ Fejer$在1900年提出來的）。

問題：給定一個銳角$\triangle PQR$，試求一個內接$\triangle ABC$，使其周長最小。

【解法】

(1) 承上面例3的解法，設C、A、B分別在$\overline{PQ}$、$\overline{QR}$、$\overline{PR}$上。設C點關於直線QR、PR之對稱點分別為C_1、C_2，連接$\overline{C_1C_2}$與$\overline{QR}$、$\overline{PR}$分別交於A、B，則$\triangle ABC$的周長 $= \overline{C_1C_2}$（圖6）

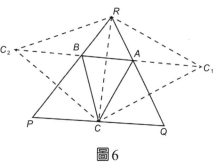

圖6

(2) 由對稱的性質知：$\overline{RC_1} = \overline{RC_2} = \overline{RC}$且$\angle C_1RC_2 = 2\angle PRQ$，也就是

$\triangle RC_1C_2$為等腰$\triangle$且頂角恆為定角，因此$\overline{RC}$越小則$\overline{C_1C_2}$越小，也就是$\triangle ABC$周長越小。而當$\overline{RC} \perp \overline{PQ}$時（也就是$\overline{RC}$是$\overline{PQ}$上的高），$\overline{RC}$最小，即$\triangle ABC$周長最小。

(3) 仿上面(1)、(2)的步驟可得$\overline{PA} \perp \overline{QR}$，$\overline{QB} \perp \overline{PR}$，$\therefore$在$\triangle PQR$的內接三角形中，以三高的垂足為頂點所成的三角形周長最小。

將「軸對稱」配合「光學原理」，有底下的問題：

例4　有一個正方形$ABCD$的撞球臺，球在$\overline{AB}$邊的中點P_0處（7－(a)），將球擊向$\overline{BC}$邊上的點P_1，再彈向$\overline{CD}$邊上的點P_2，最後彈回進入洞A，試問：如何選擇P_1點使球沿路徑$P_0P_1P_2A$進洞A？

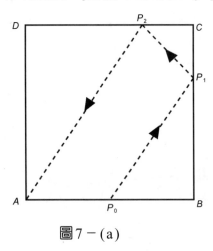

圖7－(a)

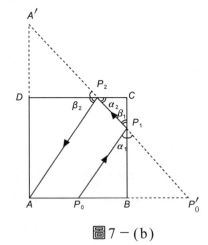

圖7－(b)

【分析】

如同光線在平直鏡面上的反射法則一樣，球在球臺上的碰彈遵循如下

的反射法則：「入射角等於反射角」。假設P_1、P_2已經找出（實際上P_1取定，則P_2隨之而定）（如圖$7-(b)$），則依反射法則有：

$\angle\alpha_1 = \angle\beta_1$，$\angle\alpha_2 = \angle\beta_2$，將$\overline{P_0B}$、$\overline{AD}$延長分別與直線$P_1P_2$交於$P_0'$與$A'$，則$P_0'$，$A'$分別為$P_0$、$A$關於直線$BC$、$CD$之對稱點，連$\overline{P_0'A'}$即可得$P_1$、$P_2$，因此得到底下的解法：

【解法一】

作P_0關於直線BC之對稱點P_0'，A關於直線CD之對稱點A'，連接$\overline{P_0'A'}$分別與$\overline{BC}$、$\overline{CD}$交於P_1、P_2，則$\angle\alpha_1 = \angle P_0'P_1B = \angle\beta_1$，且$\angle\alpha_2 = \angle A'P_2D = \angle\beta_2$，$\therefore$球會遵循$P_0P_1P_2A$之路徑進洞$A$。

下面之<解法二>更具一般性：

【解法二】

如圖$7-(c)$把正方形球臺看成座標平面上的正方形$ABCD$，其中$A=(0，0)$，$B=(1，0)$，$C=(1，1)$，$D=(0，1)$，現在將正方形$ABCD$先對直線BC鏡射到A_1BCD_1，其次再對直線CD_1鏡射到$A_2B_2CD_1$，即

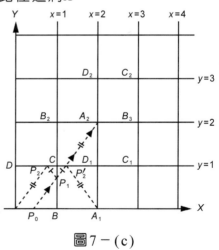

圖$7-(c)$

$$\square ABCD \xrightarrow{\text{對}BC\text{鏡射}} \square A_1BCD_1 \xrightarrow{\text{對}CD_1\text{鏡射}} \square A_2B_2CD_1$$

則路徑$P_0P_1P_2A$的長＝路徑$P_0P_1P_2'A_2$的長＝$\overline{P_0A_2}$，也就是：
直線$\overline{P_0A_2}$與$\overline{BC}$邊之交點P_1即為所求。

例5　承例4，將球從P_0擊向$\overline{BC}$邊某一點P_1，然後按序碰彈$\overline{BC}$、$\overline{CD}$、$\overline{DA}$最後彈回$\overline{AB}$邊P'點，設$\theta = \angle BP_0P_1$，試求θ取值的範圍。

【分析】
　　如圖8，仿例4之<解法二>，將

$$\square ABCD \xrightarrow{\text{對}BC\text{鏡射}} \square A_1BCD_1 \xrightarrow{\text{對}CD_1\text{鏡射}} \square A_2B_2CD_1 \xrightarrow{\text{對}D_1A_2\text{鏡射}}$$

$\square A_2B_3C_1D_1$，則路徑$P_0P_1P_2P_3P'$的長＝路徑$P_0P_1P_2'P_3'P''$的長＝$\overline{P_0P''}$，其中
P''位於$\overline{A_2B_3}$線段上，此處$A_2 = (2，2)$、
$B_3 = (3，2)$、$P_0 = (\dfrac{1}{2}，0)$。
　　也就是：
　　對於線段$\overline{A_2B_3}$上任一點P''（異於
A_2、B_3），連接P_0與P''，則$\theta = \angle BP_0P''$
就合乎所求。

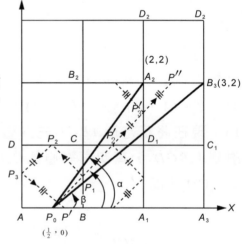

圖8

【解法】：承【分析】

設 $\alpha = \angle BP_0A_2$，則 $\tan \alpha = \dfrac{\overline{A_2A_1}}{\overline{P_0A_1}} = \dfrac{2}{\frac{3}{2}} = \dfrac{4}{3} \Rightarrow \alpha = \tan^{-1}\dfrac{4}{3}$

$\beta = \angle BP_0B_3$，則 $\tan \beta = \dfrac{\overline{B_3A_3}}{\overline{P_0A_3}} = \dfrac{2}{\frac{5}{2}} = \dfrac{4}{5} \Rightarrow \beta = \tan^{-1}\dfrac{4}{5}$

$\theta = \angle BP_0P''$，故 θ 取值範圍為 $\tan^{-1}\dfrac{4}{5} < \theta < \tan^{-1}\dfrac{4}{3}$

底下再舉兩個應用「軸對稱」來解題的例子：

例6　在 $\triangle ABC$ 中 $\overline{AB} = \overline{AC}$，$\angle A = 80^\circ$，設 O 為形內一點，且 $\angle OBC = 10^\circ$，$\angle OCB = 20^\circ$（圖 9－(a)），求 $\angle OAC$ 的大小。

【分析】

　　這個問題不容易入手（因 $\angle OAC$ 與已知角之間的關係不明顯）。如果用三角來解，可利用正弦定理，把原題轉化為求解三角方程式（讀者可自行解解看），但過程繁複，不如採用幾何方法：

　　考慮到 $\angle OCB = 20^\circ$ 而 $\angle ACB = 50^\circ$（$\because \angle A = 80^\circ$ 且此三角形等腰），故 $\angle ACO = 30^\circ$，作點 O 關於直線 AC 的對稱點 P，則 $\angle OAC$ 轉移到 $\angle CAP$ 的位置（圖 9－(b)），於是求出 $\angle CAP$ 的大小，即得 $\angle OAC$ 的大小，因而得出下面的解法。

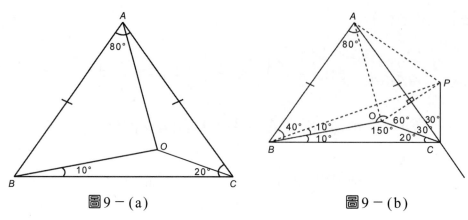

圖9－(a)　　　　　　　圖9－(b)

【解法】

(1) 由分析知$\angle OCA = 30°$，且由題設$\angle OBC = 10°$、$\angle OCB = 20°$知
$\angle BOC = 150°$

(2) 作O關於AC的對稱點P，連接$\overline{PA}$、$\overline{PB}$、$\overline{PC}$則$\overline{CO} = \overline{CP}$且$\angle OCP$
$= 2\angle OCA = 60°$（圖9－(b)）

∴△OCP為正△，而有$\overline{OP} = \overline{OC}$，$\angle COP = 60°$

∴$\angle BOP = 360° - \angle BOC - \angle COP$

$\qquad = 360° - 150° - 60°$

$\qquad = 150° = \angle BOC$

(3) 於是△$BOP \cong$△BOC，故$\angle OBP = \angle OBC$

∴$\angle CBP = 2\angle OBC = 20°$　∴$\angle ABP = 30° = \angle ACP$

(4) 因此A、B、C、P四點共圓，∴$\angle OAC = \angle CAP = \angle CBP = 20°$

例7 設 $\overline{PT_1}$、$\overline{PT_2}$ 是以 F_1、F_2 為兩焦點之橢圓的兩切線，T_1、T_2 為兩切點，求證：$\overline{PF_1}$ 平分 $\angle T_1 F_1 T_2$，且 $\overline{PF_2}$ 平分 $\angle T_1 F_2 T_2$

【分析】

　　本題若用「解析法」證明，需先建立一些輔助題材，證明過程繁雜，因此我們仍然採用「綜合法」證明。考慮到應用光學性質：橢圓之切線與過切點的兩焦半徑所夾銳角相等。分別作 F_1、F_2 關於切線 PT_1、PT_2 的對稱點 F_1'、F_2'，則易證：F_2、T_1、F_1' 與 F_1、T_2、F_2' 均三點共線（圖10），因此原命題轉換成證明：$\triangle PF_2F_1' \cong \triangle PF_2'F_1$（證明留給讀者自己完成）。

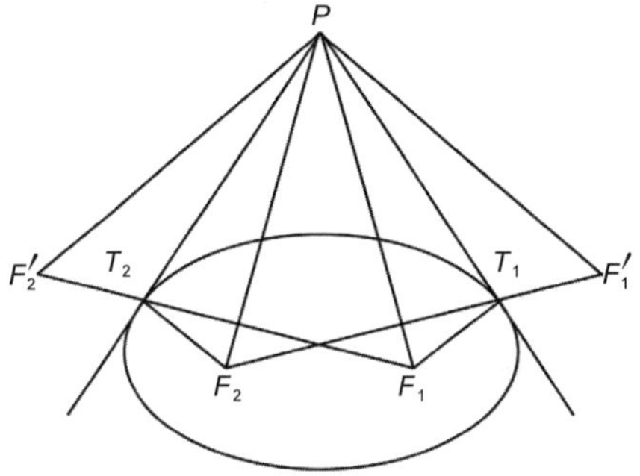

　　其次我們再看「心對稱」的應用：

圖10

例8 　$\triangle ABC$ 中，$\overline{AB} = \overline{AC}$，一直線過 $\overline{BC}$ 的中點 M，交 $\overline{AB}$ 於 D，交 $\overline{AC}$ 的延長線於 E，試證：$\overline{AD} + \overline{AE} > 2\overline{AB}$。

【分析】

　　（1）$\overline{AD} + \overline{AE} > 2\overline{AB}$

　　　　$\Leftrightarrow \overline{AD} + \overline{AC} + \overline{CE} > \overline{AB} + \overline{AC} = \overline{AD} + \overline{BD} + \overline{AC}$

　　　　$\Leftrightarrow \overline{CE} > \overline{BD}$，故本題即欲證：$\overline{CE} > \overline{BD}$

　　（2）欲證：$\overline{CE} > \overline{BD}$，考慮到 $\overline{BD}$ 與 $\overline{CE}$ 是分散的，故以 M 為對稱中心，將 $\overline{BD}$ 鏡射到 $\overline{CF}$，使 $\overline{BD} = \overline{CF}$ 與 $\overline{CE}$ 在一起，然後證明 $\overline{CE} > \overline{CF}$（圖

11）。

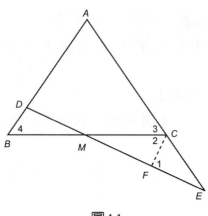

圖11

證明 承【分析】，以 M 為對稱中心，將 $\overline{BD}$ 鏡射到 $\overline{CF}$，則 $\triangle BDM \cong \triangle CFM$。

∵∠1＞∠2＝∠4＝∠3＞∠E，

∴ $\overline{CE} > \overline{CF}$ 即 $\overline{CE} > \overline{BD}$，兩邊同加 $\overline{AD}$ 與 $\overline{AC}$ 得

$$\overline{AD} + \overline{AC} + \overline{CE} > \overline{AD} + \overline{AC} + \overline{BD} \text{，}$$
$$\text{即 } \overline{AD} + \overline{AE} > \overline{AB} + \overline{AC} = 2\overline{AB} \text{。}$$

例9 已知 D 是 $\triangle ABC$ 中 $\overline{AB}$ 邊上的中點，點 E、F 分別在 $\overline{AC}$、$\overline{BC}$ 邊上（圖12－(a)）。

求證：$a\triangle DEF \leqq a\triangle ADE + a\triangle BDF$ （$a\triangle DEF$ 表 $\triangle DEF$ 的面積）。

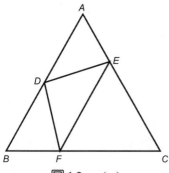

圖12－(a)

【分析】

$\triangle ADE$ 與 $\triangle BDF$ 是分散的，藉 D 為 $\overline{AB}$ 中點的條件，以 D 為對稱中心將 $\triangle ADE$ 鏡射到 $\triangle BDE'$（如圖12－(b)），則因 $\triangle ADE \cong \triangle BDE'$，故 $a\triangle ADE + a\triangle BDF = a\square BFDE'$，剩下的問題就是要證明：$a\triangle DEF \leqq a\square BFDE'$。

輕鬆學好高中數學

證明 （1）承【分析】，以 D 為對稱中心將 $\triangle ADE$ 的鏡射到 $\triangle BDE'$，則有 $a\triangle ADE + a\triangle BDF = a\,\square BFDE'$。

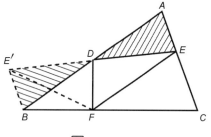

（2）又 D 為 $\overline{EE'}$ 的中點，$\therefore a\triangle DEF = a\triangle DE'F$，於是 $a\triangle DEF = a\triangle DE'F \leqq a\square BFDE' = a\triangle ADE + a\triangle BDF$

圖 12－(b)

上式等號成立的充要條件為 $E = A$（此時 $E' = B$，$a\triangle ADE = 0$）或 $F = B$（此時 $a\triangle BDF = 0$）。

例10 地面上有不共線之三點 A、B、C，有一隻青蛙位於點 P_0（P_0 異於 A、B、C 中任一點）如圖13，有一隻青蛙按下列規則跳躍：

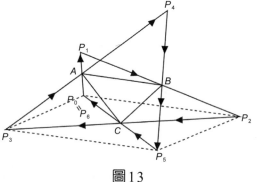

圖13

第一步青蛙從 P_0 跳到 P_0 關於 A 的對稱點 P_1，

第二步跳到 P_1 關於 B 的對稱點 P_2，

第三步跳到 P_2 關於 C 的對稱點 P_3，

第四步跳到 P_3 關於 A 的對稱點 P_4，

……以下跳法類推，求 P_{1999} 的位置。

【解法】

青蛙每跳一次就是完成一個「心對稱」的鏡射，令 r_A、r_B、r_C 分別表以 A、B、C 為對稱中心的鏡射，則本題變成：

$$P_0 \xrightarrow{\ r_A\ } P_1 \xrightarrow{\ r_B\ } P_2 \xrightarrow{\ r_C\ } P_3 \xrightarrow{\ r_A\ } P_4 \xrightarrow{\ r_B\ } P_5 \xrightarrow{\ r_C\ } P_6 \cdots$$

$\because A$是$\overline{P_0P_1}$的中點，B是$\overline{P_1P_2}$的中點，$\therefore \overline{P_0P_2} = 2\overline{AB}$ 且 $\overline{P_0P_2} \mathbin{/\mkern-5mu/} \overline{AB}$，同理 $\overline{P_3P_5} = 2\overline{AB}$ 且 $\overline{P_3P_5} \mathbin{/\mkern-5mu/} \overline{AB}$

故 $\overline{P_0P_2} \mathbin{/\mkern-5mu/} \overline{P_3P_5}$　$\therefore \square P_0P_2P_5P_3$為平行四邊形。

另一方面：C分別是$\overline{P_5P_6}$與$\overline{P_2P_3}$之中點，

$\therefore \square P_6P_2P_5P_3$也是平行四邊形，因此有$P_6 = P_0$，

於是$P_7 = P_1$、$P_8 = P_2$……這說明：青蛙每跳六步形成一個循環。

也就是$P_{6K+r} = P_r$,由於$1999 = 6 \times (333) + 1$，　$\therefore P_{1999} = P_1$。

結　語

　　在初等幾何問題中，常利用平行線、延長線、垂線或三角形全等……的特性來處理問題，假如我們引入「心對稱」或「軸對稱」使分散的條件「相對集中」，使圖形中諸元間的關係變得更為明顯，則易於找到解題的線索，從而達成解題的目標。「平移」與「旋轉」亦有上述類似功能，本文只講「對稱」，「平移」與「旋轉」留待後述。

　　最後為了提高同學們研究的興趣，並提供練習的機會，底下特別列出幾個練習題供大家練習，這些題目多多少少跟本文所述之內容有關，故建議您務必詳閱本文後再來作答，這樣你解起題來可能較為得心應手。

輕鬆學好高中數學

習 題 （一）

1. 在本文例3的圖5－(b)中，連接 $\overline{RC}$ 與 $\overline{RC_1}$、$\overline{RC_2}$，令 $\overline{RC} = \ell$，$\angle PRQ = \theta$，試求 $\overline{C_1C_2}$ 的長（以 ℓ 與 θ 表示）。

2. 利用三角的方法解例6。

3. 試完成本文例7之詳細證明。

4. 在圖14四邊形 $ABCD$ 中，$\overline{AD} \,/\!/\, \overline{BC}$ 且 $\overline{AB} = \overline{AC} = \overline{AD} = a$ 而 $\overline{CD} = b$ 試求 $\overline{BD}$ 的長度（以 a、b 表示）。

   （提示：作 $\overline{BC}$ 上的高 $\overline{AH}$，以直線 AH 為對稱軸，作 $\triangle ACD$ 的對稱圖形。）

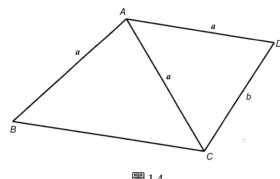

圖14

5. 下圖15中，正方形 $ABDE$ 與 $ACFG$ 在 $\triangle ABC$ 之外側，M 是 $\overline{BC}$ 的中點，求證：$\overline{EG} = 2\overline{AM}$。（提示：以 M 為對稱中心，將 $\triangle MCA \xrightarrow{\text{鏡射}} \triangle MBH$。）

6. 已知梯形 $ABCD$（$\overline{AD} \,/\!/\, \overline{BC}$），$E$ 是 $\overline{DC}$ 中點，求證：$a \triangle ABE = \dfrac{1}{2} a \,\square ABCD$（提示：以 E 為對稱中心，將 $\triangle AED \xrightarrow{\text{鏡射}} \triangle FEC$。）

7. 設 P 為 $\triangle ABC$ 內的任一點，$\overline{BP}$、$\overline{CP}$ 延長分別交 $\overline{AC}$、$\overline{AB}$ 於 D、E，求證：$\overline{AD} + \overline{AE} > \overline{PD} + \overline{PE}$（提示：以 DE 為對稱軸，將 $\triangle PED \xrightarrow{\text{鏡射}}$

$\triangle P'ED$）。

8. 下圖16中，$\angle XOY = 60^\circ$，P是$\angle XOY$內部一點且$\overline{OP} = 2$，假如A、B分別在$\overline{OX}$與$\overline{OY}$上，試求$\triangle APB$的最小周長為多少？

9. 某日阿宏的朋友問阿宏一個問題：設$x \in R$則$\sqrt{x^2 + 2x + 5} + \sqrt{x^2 - 4x + 13}$的最小值為多少？阿宏想了想說：將$\sqrt{x^2 + 2x + 5} + \sqrt{x^2 - 4x + 13}$改成$\sqrt{(x+1)^2 + 4} + \sqrt{(x-2)^2 + 9}$，再令$A(-1，2)$、$B(2，3)$、$P(x，0)$，則原題變成：$P$在$X$軸上，求$\overline{AP} + \overline{BP}$的最小值為多少？阿宏的朋友終於解出了該問題。

今天阿瑩碰到了以下的問題，請各位幫阿瑩解解看，寫出您的解法：設x、$y \in R$，求$\sqrt{x^2 - 4x + 5} + \sqrt{x^2 + y^2} + \sqrt{y^2 - 6y + 13}$的最小值。

10. 證明蝴蝶定理：

如下圖17，在圓O中，一弦$\overline{PQ}$的中點M，過M任作兩弦$\overline{AB}$、$\overline{CD}$，連$\overline{AD}$與$\overline{BC}$分別交$\overline{PQ}$於X、Y，則M為$\overline{XY}$之中點，試證之。

（提示：設D關於直線OM的對稱點為D'，證明：$\triangle DMX \cong D'MY$。）

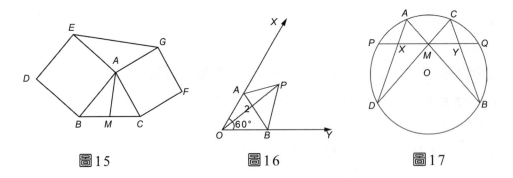

圖15　　　　圖16　　　　圖17

五、對稱、平移與旋轉在幾何上的妙用（下）

上文中我們講了對稱，本文將講平移與旋轉。

(一)平移的意義

平移是將一個圖形沿著某方向平行移動的意思。講得具體一點是：

設 P 是平面上任一點，將 P 點沿著定向量 $\vec{a}$ 的方向平行移動 $|\vec{a}|$ 的距離到達 P' 點，則稱 P' 是 P 沿 $\vec{a}$ 平移的像點（圖1－(a)）。

設 F 是一個圖形，F 上所有點沿 $\vec{a}$ 平移所得的像點構成一個新圖形 F'，則稱 F' 是 F 沿 $\vec{a}$ 平移所得的**圖像**（圖1－(b)）。

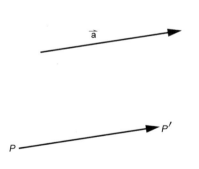

點 P 平移成點 P'（圖1－(a)）

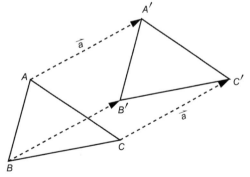

$\triangle ABC$ 平移成 $\triangle A'B'C'$（圖1－(b)）

(二)平移應用在幾何上的例子

例1 某人有 P、Q 兩工廠,分別建立在河流的兩邊,為運輸材料使 P、Q 兩工廠資源互相支援,欲建造一座橋樑 $\overline{MN}$ 與河流的兩岸互相垂直(河流兩岸為平行兩直線,如圖2-(a))作為兩岸的通道,試問:應選擇何處架橋可以使由 P 到 Q 的路徑最短?

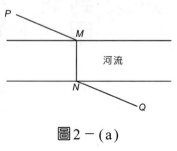

圖2-(a)

【分析】

在路徑 $PMNQ$ 中,橋長 $\overline{MN}$ 等於河寬是固定的,問題變成如何選擇 M(或 N)使 $\overline{PM}+\overline{NQ}$ 最短?利用平移將橋 MN 平移到 PN'(圖2-(b)),則 $\overline{PM}=\overline{N'N}$,因此 $\overline{PM}+\overline{NQ}=\overline{N'N}+\overline{NQ}$,由上式可知路徑 $PMNQ$ 最短 $\Leftrightarrow \overline{PM}+\overline{NQ}$ 最短 $\Leftrightarrow N'$、N、Q 三點共線,於是得到下面的解法:

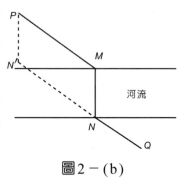

圖2-(b)

【解法】

1. 由 P 作線段 $\overline{PN'}$,使 $\overline{PN'}=$ 河寬且直線 PN' 與河岸垂直。
2. 作線段 $\overline{N'Q}$ 與河岸線(靠近 Q 者)相交於 N,就在 N 處架設橋樑 MN,則路徑 $PMNQ$ 為最短。

例2 設 P、Q 各為梯形 $ABCD$ 兩底 $\overline{AD}$、$\overline{BC}$ 上的內分點，$\dfrac{\overline{AP}}{\overline{PD}} = \dfrac{\overline{BQ}}{\overline{QC}} = \dfrac{1}{2}$

且直線 PQ 與直線 AB、DC 夾成等角（圖3(a)），求證：$\overline{AB} = \dfrac{1}{2}\overline{DC}$

【分析】

　　$\overline{AB}$ 與 $\overline{DC}$ 是分散的，不易找出它們的關係，鑒於 $\overline{AD}\,/\!/\,\overline{BC}$，故可將 $\overline{AB}$、$\overline{DC}$ 分別平移到 $\overline{PM}$、$\overline{PN}$（圖3－(b)），這樣條件和結論中的有關元素便集中在 $\triangle PMN$ 中，從而易於找出它們的關係而使結論得到證明。

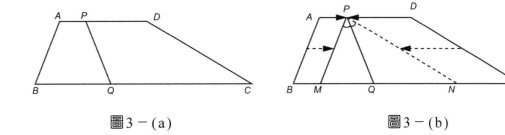

圖3－(a)　　　　　　　　　　圖3－(b)

證明

1. 將 $\overline{AB}$、$\overline{DC}$ 分別沿向量 $\overrightarrow{AP}$、$\overrightarrow{DP}$ 平移到 $\overline{PM}$、$\overline{PN}$（也可以說過 P 點分別作 $\overline{PM}\,/\!/\,\overline{AB}$，$\overline{PN}\,/\!/\,\overline{DC}$），則由已知得 $\angle MPQ = \angle NPQ$。
2. 又因 $\overline{AD}\,/\!/\,\overline{BC}$，故 $ABMP$ 與 $DCNP$ 均為平行四邊形。

$\therefore \overline{PM} = \overline{AB}$，$\overline{BM} = \overline{AP}$；$\overline{PN} = \overline{DC}$，$\overline{NC} = \overline{PD}$

$$\therefore \frac{\overline{MQ}}{\overline{QN}} = \frac{\overline{BQ} - \overline{BM}}{\overline{QC} - \overline{NC}} = \frac{\overline{BQ} - \overline{AP}}{\overline{QC} - \overline{PD}} = \frac{\overline{BQ} - \overline{AP}}{2\overline{BQ} - 2\overline{AP}} = \frac{1}{2}$$

3. 在 $\triangle PMN$ 中，依三角形內角分角線定理有

$\dfrac{\overline{PM}}{\overline{PN}} = \dfrac{\overline{MQ}}{\overline{QN}} = \dfrac{1}{2}$，也就是 $\overline{AB} = \dfrac{1}{2}\overline{DC}$。

從上面的例子可以看出，當我們要證明：兩線段的長度或兩個角的角度有某種關係時，可以利用**平移**將某一線段（或某一角）平行移動，達到「條件相對集中」，使圖形中之諸元素間的關係變得更為明顯，從而找到解題的線索。再看下面的例子：

例3 試證：等腰梯形兩底角相等

重述 在梯形 $ABCD$ 中，$\overline{AD} \parallel \overline{BC}$ 且 $\overline{AB} = \overline{DC}$，求證：$\angle B = \angle C$

證明 1. 因為 $\overline{AD} \parallel \overline{BC}$，故可將 $\overline{AB}$ 沿 $\overline{AD}$ 平移到 $\overline{DE}$（圖4），則 $ABED$ 為平行四邊形 $\therefore \overline{DE} \parallel \overline{AB}$，故 $\angle DEC = \angle B$，且 $\overline{DE} = \overline{AB} = \overline{DC}$

2. $\therefore \triangle DCE$ 為等腰三角形，因而 $\angle DEC = \angle C$，即 $\angle B = \angle C$。

例4 已知六邊形 $ABCDEF$ 之三組對邊互相平行（圖5－(a)）且三組對邊長的差相等，即 $\overline{AB} - \overline{ED} = \overline{CD} - \overline{AF} = \overline{EF} - \overline{CB}$，那麼這個六邊形的六個角均為120°，試證之。

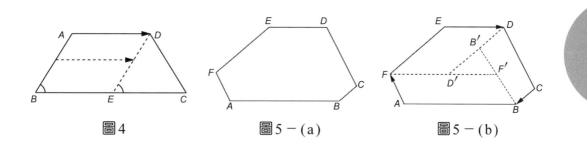

圖4　　　　　　　　圖5-(a)　　　　　　　圖5-(b)

【分析】

　　如何「將三組平行對邊長之差相等的條件凝聚在一個三角形上」是解決本問題的關鍵所在，鑒於三組對邊互相平行，因此 $\overline{AB}$、$\overline{CD}$、$\overline{EF}$ 分別平移到 $\overline{FF'}$、$\overline{BB'}$、$\overline{DD'}$，則 $\triangle B'D'F'$ 是一個正三角形（圖5-(b)），由此本問題可迎刃而解。

【解法】

　　1. 將 $\overline{AB}$ 沿 $\overline{AF}$ 平移到 $\overline{FF'}$，

　　　$\overline{CD}$ 沿 $\overline{CB}$ 平移到 $\overline{BB'}$，

　　　$\overline{EF}$ 沿 $\overline{ED}$ 平移到 $\overline{DD'}$，

　　　則 $\overline{FF'} = \overline{AB}$，$\overline{FD'} = \overline{ED}$，$\therefore \overline{D'F'} = \overline{FF'} - \overline{FD'} = \overline{AB} - \overline{ED}$，

　　　同理 $\overline{F'B'} = \overline{CD} - \overline{AF}$，$\overline{B'D'} = \overline{EF} - \overline{CB}$，

　　　$\therefore \overline{D'F'} = \overline{F'B'} = \overline{B'D'}$，即 $\triangle D'F'B'$ 為正三角形。

　　2. $\therefore \angle A = \angle FF'B = 120°$，同理 $\angle C = \angle E = 120°$，

　　　又 $\angle B = \angle ABF' + \angle CBF' = \angle D'F'B' + \angle D'B'F' = 60°+60° = $

120°，同理 $\angle D = \angle F = 120°$。

例5 線段 $\overline{AB}$ 與 $\overline{CD}$ 相交於 O，且 $\overline{AB} = \overline{CD} = 1$，如果它們的夾角為 $60°$（圖 $6-(a)$），證明：$\overline{AC} + \overline{BD} \geq 1$。

【分析】

　　如何證明這個問題，首先我們考慮到 $\overline{AC}$ 與 $\overline{BD}$ 是分開的，想想能否將它們移動連在一起。基於這個思考方向，我們嘗試將 $\overline{AC}$ 沿著 $\overline{AB}$ 平移到 $\overline{BC'}$，則 $ABC'C$ 形成一個平行四邊形，再連接 $\overline{DC'}$，然後在 $\triangle BC'D$ 上面下功夫。

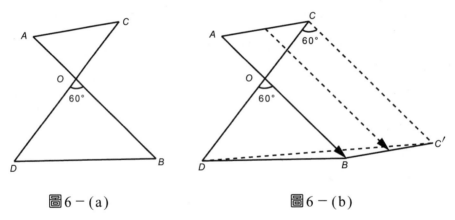

圖 $6-(a)$　　　　　　圖 $6-(b)$

證明

1. 將 $\overline{AC}$ 沿 $\overline{AB}$ 平移到 $\overline{BC'}$，連接 $\overline{DC'}$（圖 $6-(b)$），$\because \angle BOD = 60°$，$\therefore \angle DCC' = 60°$，且 $\overline{CC'} = \overline{AB} = \overline{CD}$，$\therefore \triangle CC'D$ 是一個正三角形，因此 $\overline{C'D} = \overline{CD} = 1$

2. 在 $\triangle BC'D$ 中，由三角形兩邊和大於第三邊，可得

$$\overline{BC'} + \overline{BD} > \overline{C'D} = 1 \quad\text{——}(1)$$

另一方面，當D、B、C'三點共線時，則$\overline{BC'} + \overline{BD} = 1$ —— (2)

合併(1)、(2)可得$\overline{BC'} + \overline{BD} \geq 1$，即$\overline{AC} + \overline{BD} \geq 1$。（請想想看：何時$D$、$B$、$C'$三點共線？）

其次再證明一個大家熟悉的問題：三角形中，垂心到一頂點的距離等於外心到對邊距離的兩倍。此問題的證明方法很多，現在我們也採用平移的方法來證明，看看是否精彩？

例6 設$\triangle ABC$之垂心為H，外心為O，M是$\overline{BC}$的中點，證明：$\overline{AH} = 2\overline{OM}$。

證明

1. 作向量$\overrightarrow{HC}$，將$\overline{AH}$沿$\overrightarrow{HC}$平移到$\overline{EC}$，則$\overline{EC} \perp \overline{BC}$

∴$\overline{BE}$是$\triangle ABC$外接圓的直徑（圖7）。

2. ∵O、M分別為$\overline{BE}$、$\overline{BC}$之中點，∴$\overline{OM} = \frac{1}{2}\overline{EC} = \frac{1}{2}\overline{AH}$，即$\overline{AH} = 2\overline{OM}$。

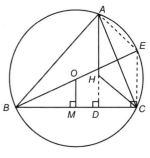

圖7

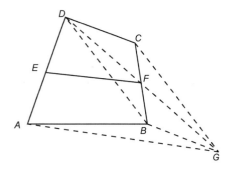

圖8

例7 假設凸四邊形 $ABCD$ 中，$\overline{AD}$ 與 $\overline{BC}$ 之中點分別為 E 與 F，且 $\overline{EF} = \frac{1}{2}(\overline{AB} + \overline{CD})$ 則此四邊形必為梯形或平行四邊形，試證之。

證明

　　1.作向量 $\overline{DB}$，將 $\overline{DC}$ 沿 $\overline{DB}$ 平移至 $\overline{BG}$（圖8），則 $DCGB$ 為平行四邊形，因此對角線 $\overline{BC}$ 與 $\overline{DG}$ 互相平分，所以 D、F、G 必三點共線且 F 為 $\overline{DG}$ 之中點。

　　2.連 $\overline{AG}$，則 $\overline{EF}$ 為 $\triangle DAG$ 兩腰中點的連線。

　　$\therefore \overline{EF} = \frac{1}{2}\overline{AG}$，但 $\overline{CD} = \overline{BG}$，所以 $\overline{EF} = \frac{1}{2}(\overline{AB} + \overline{CD}) = \frac{1}{2}(\overline{AB} + \overline{BG})$。

　　$\therefore \frac{1}{2}\overline{AG} = \frac{1}{2}(\overline{AB} + \overline{BG})$，即 $\overline{AG} = \overline{AB} + \overline{BG}$，故 A、B、G 三點共線，因此 $\overline{AB} /\!/ \overline{CD}$。若 $\overline{AB} \neq \overline{CD}$ 則 $ABCD$ 為梯形，若 $\overline{AB} = \overline{CD}$，則 $ABCD$ 為平行四邊形，因而本題得證。

(三)旋轉的意義

　　當我們翻開書本或開關房間的門，都是常見的「旋轉」，在幾何上我們給旋轉下這樣的定義。

　　平面上，已予一定點 O 及一固定的有向角 α，設 P 是同一平面上異於 O 的任一點，將 P 繞 O 轉動角 α（$\alpha > 0$ 時，逆時針方向轉動，$\alpha < 0$ 時，順時針方向轉動）到達 P' 點，則稱 P' 是 P 繞 O 轉角 α 的像點。當 $\alpha > 0$ 時，稱

為**正向旋轉**（逆時針旋轉），當 $\alpha < 0$ 時，稱為**負向旋轉**（順時針旋轉）（如圖9－(a)及(b)）。

設 F 是一個圖形，F 上所有點 P 繞 O 轉角 α 所得的像點 P' 所成的新圖形為 F'，則稱 F' 為 F 繞 O 轉角 α 的**圖像**（圖10－(a)及(b)）。

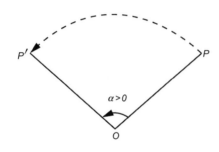

圖9－(a)（正向旋轉）

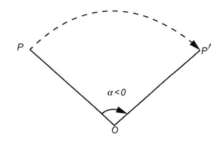

圖9－(b)（負向旋轉）

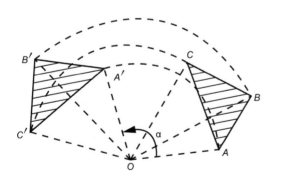

圖10－(a)（正向旋轉）

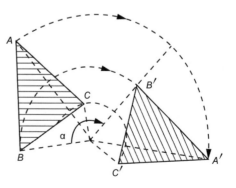

圖10－(b)（負向旋轉）

(四)旋轉應用在幾何上的例子

例8　如圖11－(a)，$\overline{AB}=\overline{AC}$，$P$為$\triangle ABC$內部一點且$\angle 1>\angle 2$。
求證：$\angle 3<\angle 4$。

【分析】

　　實際上本題只要能證明出$\overline{PB}<\overline{PC}$，則立即得證$\angle 3<\angle 4$。

　　但鑒於$\angle 1>\angle 2$的已知條件苦無著力之處，因此想法將$\triangle APC$繞A點順時針方向轉$\angle A$的角度到$\triangle AP'B$，則$\overline{P'B}=\overline{PC}$，再證明$\overline{PB}<\overline{P'B}$（圖11－(b)）。

【證明】

　　1.將$\triangle APC$繞A點順時針方向轉$\angle A$的角度到$\triangle AP'B$，則$\angle AP'B=\angle 2$，$\angle P'AB=\angle 4$。

　　2.連接$\overline{P'P}$，令$\angle APP'=\angle 5$，$\angle AP'P=\angle 6$，$\angle BPP'=\angle 7$，$\angle BP'P=\angle 8$，則因$\overline{AP'}=\overline{AP}$，故$\angle 5=\angle 6$，而$\angle 2=\angle 6+\angle 8<\angle 5+\angle 7=\angle 1$ $\therefore \angle 8<\angle 7$。

　　$\therefore \overline{PB}<\overline{P'B}=\overline{PC}$，因而$\angle 3<\angle 4$。

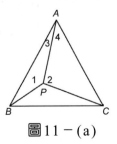

圖11－(a)

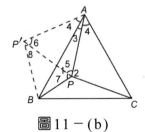

圖11－(b)

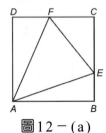

圖12－(a)

例9　正方形$ABCD$之每邊長為a，在$\overline{BC}$，$\overline{CD}$上各取一點E、F，如果$\triangle CEF$的周長等於$2a$，求$\angle EAF$的度數（圖$12-$(a)）。

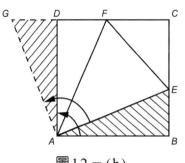

圖$12-$(b)

【分析】

因$\triangle CEF$的周長$=2a=\overline{BC}+\overline{CD}$，故$\overline{BE}+\overline{DF}=\overline{EF}$；但$\overline{BE}$與$\overline{DF}$是分開的，故可將$\triangle ABE$繞$A$點逆時針方向旋轉$90°$到$\triangle ADG$的位置（如圖$12-$(b)），則$\overline{GF}=\overline{GD}+\overline{DF}=\overline{BE}+\overline{DF}=\overline{EF}$，且$\angle GAE=90°$，再考慮$\angle EAF$與$\angle GAF$的關係。

【解法】

將$\triangle ABE$繞A點逆時針方向旋轉$90°$到$\triangle ADG$的位置，則如分析中所言，$\overline{GF}=\overline{EF}$且$\overline{AE}=\overline{AG}$，$\overline{AF}=\overline{AF}$ $\therefore \triangle EAF \cong \triangle GAF$，因而$\angle EAF=\angle GAF=\frac{1}{2}\angle GAE$。

$\therefore \angle GAE=90°$，$\therefore \angle EAF=\frac{1}{2}\times 90°=45°$ 。

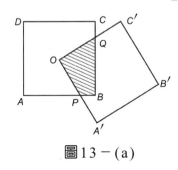

圖$13-$(a)

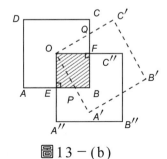

圖$13-$(b)

例10　已知正方形$ABCD$和正方形$A'B'C'O$之邊長相等，其中O是正方形$ABCD$的對稱中心（圖$13-$(a)）。

求證　四邊形$OPBQ$的面積恆為定值。

證明　將$\square A'B'C'O$繞O順時針方向旋轉到$\square A''B''C''O$的位置，使$\overline{OC''}$$\perp \overline{BC}$（如圖$13-$(b)），則四邊形$OEBF$也是正方形，顯然$\triangle OEP \cong \triangle OFQ$，

　　　∴四邊形$OPBQ$的面積$=\square OEBF$之面積$=\dfrac{1}{4}(\square ABCD$之面積$)$，故得證其面積恆為定值。

　　　再舉一個鼎鼎有名的例子—費瑪（Fermat，$1601-1665$，法國人）問題，來說明旋轉的妙用。

例11　（費瑪問題）試在已予之銳角$\triangle ABC$內求一點P，使P到三頂點之距離和最小（P點稱為費瑪點）。

【分析】

1.設P是$\triangle ABC$內一點，將$\triangle ACP$繞A點逆時針方向旋轉$60°$到$\triangle AC'P'$的位置（圖$14-$(a)），則有$\overline{PC}=\overline{P'C'}$，$\overline{AP}=\overline{AP'}=\overline{PP'}$（∵$\triangle APP'$為正三角形），於是$P$到三頂點之距離和為$\overline{PC}+\overline{PA}+\overline{PB}=\overline{C'P'}+\overline{P'P}+\overline{PB}=$路徑$C'P'PB$之長，因$C'$是$C$點繞$A$點逆時針旋轉$60°$的像點，故與$P$之選取無關。

$\therefore \overline{PC} + \overline{PA} + \overline{PB}$ 最小 $\iff$ 路徑 $C'P'PB$ 最短 $\iff P$ 落在 $\overline{BC'}$ 上。

2.又將 $\triangle BCP$ 繞 B 點順時針方向旋轉 $60°$ 到 $\triangle BP''C''$ 的位置（圖14－(b)），同理可得

$\overline{PC} + \overline{PA} + \overline{PB} = \overline{C''P''} + \overline{P''P} + \overline{PA} =$ 路徑 $C''P''PA$ 之長，而 C'' 也是 C 點繞 B 點順時針方向旋轉 $60°$ 的像點，與 P 點之選取無關，故知

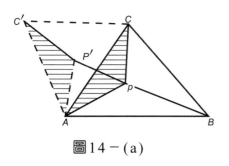

圖14－(a)

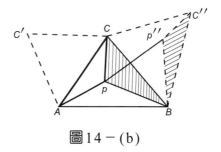

圖14－(b)

$\overline{PC} + \overline{PA} + \overline{PB}$ 最小 $\iff$ 路徑 $C''P''PA$ 最短 $\iff P$ 落在 $\overline{AC''}$ 上，於是 P 點即為 $\overline{AC''}$ 與 $\overline{BC'}$ 之交點了，故得解法如下。

【解法】

將 C 點分別繞 A 點與 B 點逆時針方向及順時針方向各旋轉 $60°$ 到 C' 與 C''，連接 $\overline{BC'}$ 與 $\overline{AC''}$，則兩者的交點就是所欲求之 P 點了。也就是說：以 $\overline{AC}$、$\overline{BC}$ 為邊長分別向外作兩個正三角形 ACC' 與 BCC''，連接 $\overline{BC'}$ 與 $\overline{AC''}$ 相交於 P，則 P 點為所求。

由本例題可引申出下列問題，列為例12，請讀者自行證明，

例12 已予銳角△ABC，以三邊分別向外作三個正三角形ABC'、BCA'、CAB'，連接$\overline{AA'}$、$\overline{BB'}$、$\overline{CC'}$（圖15）則：

(1) AA'、BB'、CC'三線共點（此點即為費瑪點P）。

(2) $\overline{AA'} = \overline{BB'} = \overline{CC'}$。

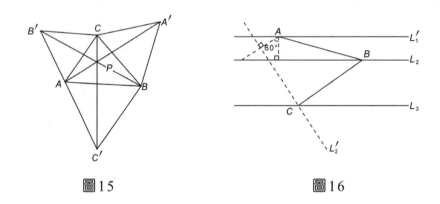

圖15　　　　　　　圖16

(3) $\angle APB = \angle BPC = \angle CPA = 120°$（即費瑪點向三邊之張角皆為120°）。

事實上當△ABC之三個內角都小於120°時，費瑪點P可以仿例12作出。

例13 試作一個正三角形，使它的三個頂點分別在三條給定的平行線上。

【分析】

如圖16假設△ABC為所作出的正三角形，A、B、C分別在三條平行線

輕鬆學好高中數學

L_1、L_2、L_3上，現將L_2繞A點順時針方向旋轉$60°$到L_2'的位置，則B點轉到C點，也就是C點就是L_2'與L_3的交點，C點確定後，B點就易於作出。

【作法】

1. 在L_1上取一點A，將L_2繞A點順時針方向旋轉$60°$到L_2'，令L_2'與L_3的交點為C。

2. 以A為圓心，$\overline{AC}$為半徑作圓弧，此弧與L_2交於B點，則$\triangle ABC$就是所求的正三角形。

結　語

　　在處理幾何問題中「線段與角度的問題」時，假如我們利用對稱、平移或旋轉等變換，將某一線段或某一角移動，從而達到「條件相對集中」，使圖形中諸元之間的關係變得更為明顯，則易於找到解題線索，進而解出該問題。

習　題（二）

1. 承例1若隔開P和Q是兩條河流（如圖17）在每條河上各架一橋，應選

擇何處架橋可以使由P到Q的路徑最短？

2. 在正方形$ABCD$中，E、F、G、H分別是$\overline{AB}$、$\overline{BC}$、$\overline{CD}$、$\overline{DA}$邊上的點（如圖18），如果$\overline{EG} \perp \overline{HF}$則$\overline{EG} = \overline{HF}$，試證之。（提示：將$\overline{HF}$、$\overline{EG}$分別平移到$\overline{AN}$、$\overline{BM}$，其中$N$、$M$分別在$\overline{BC}$、$\overline{CD}$上.）

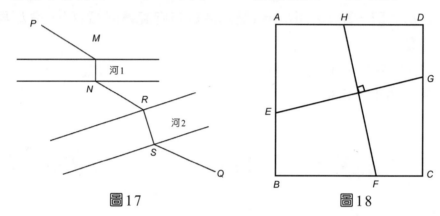

圖17　　　　　　　圖18

3. 如圖19，已知四邊形$ABCD$中，$\overline{AB} = \overline{DC}$，$E$、$F$分別是$\overline{BC}$、$\overline{AD}$的中點，$\overline{EF}$之延長線分別與$\overline{BA}$、$\overline{CD}$之延長線交於$G$、$H$，求證：$\angle BGE = \angle CHE$。

4. 如圖20，直角$\triangle ABC$，$\angle A$為直角，以三邊為邊長，分別向外做正方形$ACDE$、$ABGF$、$BCKH$，證明：

(1) $\triangle ABH \cong \triangle GBC$。

(2) $\overline{BC}^2 = \overline{AB}^2 + \overline{AC}^2$（畢氏定理）。

5. 如圖21，設$ABCD$為平行四邊形，P點在平行四邊形$ABCD$內部，且$\angle PAB = \angle PCB$。

(1) 將 $\triangle ABP$ 平移至 $\triangle DCR$，試證 D，P，C，R 四點共圓。

(2) 試證：$\angle PBA = \angle PDA$。

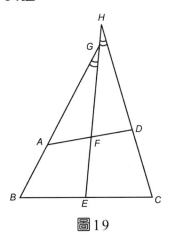

圖19

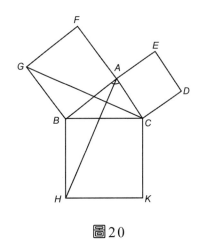

圖20

6. 請任意寫出例6之另一種證法。

7. 如圖22，設 E、F 分別在正方形 $ABCD$ 之兩邊 $\overline{BC}$、$\overline{CD}$ 上，且 $\angle EAF = 45°$
試證：$\overline{BE} + \overline{DF} = \overline{EF}$ （提示：參閱例9之解法）。

8. 證明例12。

9. （費瑪問題的應用）在直角 $\triangle ABC$ 中，斜邊 $\overline{AB}$ 的長為2，$\triangle ABC$ 內一
點 P 到三頂點距離之和的最小值為 $\sqrt{7}$，求 $\angle A$ 與 $\angle B$ 的度數。

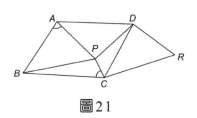

圖21

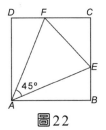

圖22

參考資料

1. 趙振威著：怎樣學好數學。新竹市，凡異出版社。
2. 國立臺灣師大科教中心主編：高中數學單元教材。臺北市，國立臺灣師大科教中心。
3. 趙文敏著：幾何學概論。臺北市，九章出版社。

習 題 解 答

習題（一）解答

1. Ans: $\overline{C_2C_2} = 2\ell\sin\theta$

∵ C_1，C_2 為 C 關於直線 PR，QR 的對稱點

∴ $\angle C_1RP = \angle CRP$，$\angle C_2RQ = \angle CRQ$

$\Rightarrow \angle C_1RC_2 = 2\angle PRQ = 2\theta$

$\Rightarrow \overline{C_1C_2} = 2\left(l\cdot\cos\left(\dfrac{180°-2\theta}{2}\right)\right)$

$\qquad\quad = 2l\sin\theta$

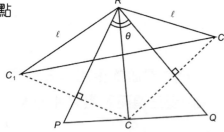

2. _Ans : 20°_

令 $\overline{AB} = a = \overline{AC}$，$\overline{AO} = b$，$\overline{OC} = C$，$\angle OAC = \alpha$

則 $\angle OAB = 80° - \alpha$，$\angle AOB = 60° + \alpha$，$\overline{BC} = 2a\cos50°$

$\triangle AOC$由正弦定理知

$\triangle AOB$由正弦定理知

$\triangle BOC$由正弦定理知

$$\begin{cases} \dfrac{b}{\sin 30°} = \dfrac{c}{\sin \alpha} & \cdots\cdots\cdots\cdots ① \\[2mm] \dfrac{b}{\sin 40°} = \dfrac{a}{\sin(60° + \alpha)} & \cdots\cdots\cdots\cdots ② \\[2mm] \dfrac{2a\cos 50°}{\sin 150°} = \dfrac{c}{\sin 10°} & \cdots\cdots\cdots\cdots ③ \end{cases}$$

由③得 $C = \dfrac{2a\cos 50°\sin 10°}{\sin 150°}$ 代入①

$\Rightarrow \dfrac{b}{\sin 30°} = \dfrac{2a\cos 50°\sin 10°}{(\sin 150°)(\sin \alpha)} \Rightarrow b = \dfrac{2\,a\cos 50°\sin 10°}{\sin \alpha}$ 代入②

$\Rightarrow \dfrac{2a\cos 50°\sin 10°}{\sin \alpha \sin 40°} = \dfrac{a}{\sin(60° + \alpha)} \Rightarrow \dfrac{2\sin 10°}{\sin \alpha} = \dfrac{1}{\sin(60° + \alpha)}$

$\therefore$ 解得 $\alpha = 20°$

3. 證明 $\triangle PF_2F_1' \cong \triangle PF_2'F_1$：由橢圓的定義得知：$\overline{T_2F_2} + \overline{T_2F_1} = \overline{T_1F_1} + \overline{T_1F_2} =$ 長軸長，又因為 F_1'，F_2' 分別為 F_1，F_2，關於兩切線之對稱點

所以 $\overline{T_2F_2} = \overline{T_2F_2'}$，$\overline{T_1F_1} = \overline{T_1F_1'}$，$\overline{PF_2} = \overline{PF_2'}$，$\overline{PF_1} = \overline{PF_1'}$

$\Rightarrow \overline{T_2F_2} + \overline{T_2F_1} = \overline{T_2F_2'} + \overline{T_2F_1} = \overline{F_1F_2'}$，$\overline{T_1F_1} + \overline{T_1F_2} = \overline{T_1F_1'} + \overline{T_1F_2} = \overline{F_1'F_2}$

$\Rightarrow \overline{F_1F_2'} = \overline{F_1'F_2}$

由 $\overline{F_1F_2'} = \overline{F_1'F_2}$，$\overline{PF_2} = \overline{PF_2'}$，$\overline{PF_1} = \overline{PF_1'}$ 可知 $\triangle PF_2F_1' \cong \triangle PF_2'F_1$（$SSS$全等）

$\therefore \angle PF_2F_1' = \angle PF_2'F_1 = \angle PF_2T_2 \Rightarrow \overline{PF_2}$ 平分 $\angle T_1F_2T_2$

同理 $\overline{PF_1}$ 平分 $\angle T_1F_1T_2$

4. $\text{Ans} : \sqrt{4a^2 - b^2}$

設 $\angle ADC = \theta$

作 $\overline{BC}$ 上的高 $\overline{AH}$，以 $\overline{AH}$ 為對稱軸，

作 $\triangle ACD$ 的對稱圖形 $\triangle ABD'$

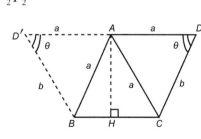

$\because \angle D'AB = \angle DAC = \angle ACB \therefore \overline{D'A} \;/\!/\; \overline{BC} \Rightarrow D'$，$A$，$D$三點共線

$\cos\theta = \dfrac{b}{2a} = \cos\angle AD'B$

$\Rightarrow \triangle BDD'$中：$\overline{BD} = \sqrt{(2a)^2 + b^2 - 2(2a)b \cdot \cos\theta} = \sqrt{4a^2 - b^2}$

5. 以M為對稱中心將$\triangle MCA \underrightarrow{\;\;\text{鏡射}\;\;} \triangle MBH$（如圖）

　　$\because \angle EAG = 360° - 90° - 90° - \angle BAC = 180° - \angle BAC$

　　又 $\angle ABH = \angle ABM + \angle MBH = \angle ABM + \angle ACB = 180° - \angle BAC$

　　$\therefore \angle EAG = \angle ABH$

　　$\because \overline{AE} = \overline{AB}$，$\overline{AG} = \overline{AC} = \overline{BH}$，$\angle EAG = \angle ABH$

　　$\therefore \triangle EAG \cong \triangle ABH$（SAS全等）$\Rightarrow \overline{EG} = \overline{AH} = \overline{AM} + \overline{MH} = 2\overline{AM}$

6. 以E為對稱中心，將$\triangle AED \underrightarrow{\;\;\text{鏡射}\;\;} \triangle FEC$

　　$\therefore E$為$\overline{AF}$之中點

　　$\triangle ABF$中：$a\triangle ABE = \dfrac{1}{2} a\triangle ABF$，又 $a\triangle AED = a\triangle FEC$

　　　　$\Rightarrow a\triangle ABE = \dfrac{1}{2} a\triangle ABF = \dfrac{1}{2} a\square ABCD$

7. 以$\overline{DE}$為對稱軸，將$\triangle PED \underrightarrow{\;\;\text{鏡射}\;\;} \triangle P'ED$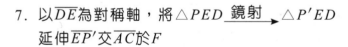

　　延伸$\overline{EP'}$交$\overline{AC}$於F

　　$\Rightarrow \overline{AE} + \overline{AF} > \overline{EF}$

　　$\underline{+)\ \overline{FD} + \overline{FP'} > \overline{P'D}}$

　　$\overline{AE} + \overline{AF} + \overline{FD} + \overline{FP'} > \overline{EF} + \overline{P'D}$

　　$\Rightarrow \overline{AE} + \overline{AD} > \overline{EF} - \overline{FP'} + \overline{P'D}$

　　$\Rightarrow \overline{AE} + \overline{AD} > \overline{P'E} + \overline{P'D} = \overline{PE} + \overline{PD}$

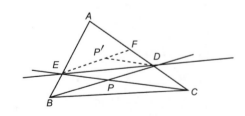

8.   Ans : $2\sqrt{3}$

分別以 $\overline{OX}$，$\overline{OY}$ 為對稱軸作 P 的對稱點 P'，P''

則 $\overline{P'P''}$ 與 $\overrightarrow{OX}$，$\overrightarrow{OY}$ 交於 A，B 此時 $\triangle APB$ 周長 $= \overline{P'P''}$

為最小

$\because \overline{OP'} = \overline{OP} = \overline{OP''} = 2$，且 $\angle P'OA = \angle POA$，

$\angle P''OB = \angle POB$

$\Rightarrow \angle P'OP'' = 2\angle AOB = 120°$

$\therefore$ 所求 $\overline{P'P''} = \sqrt{2^2 + 2^2 - 2 \cdot 2 \cdot 2 \cos 120°} = 2\sqrt{3}$

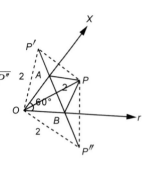

9.   Ans : $4\sqrt{2}$

原式 $= \sqrt{(x-2)^2 + 1^2} + \sqrt{x^2 + y^2} + \sqrt{(y-3)^2 + 2^2}$

設座標平面上四點 $A(x，0)$，$B(0，y)$，$C(2，3)$，$D(2，1)$

則題目改為在 x 軸上取一點 A，y 軸上取一點 B，求 $\overline{AD} + \overline{AB} + \overline{BC}$ 之最小值

解：分別以 x 軸，y 軸為對稱軸，作 D，C 之對稱點 $D'(2，-1)$，

$C'(-2，3)$ 連接 $\overline{C'D'}$ 交 x 軸，y 軸於 A，B 則 A，B 即

為所求之兩點

$\because \overline{BC} = \overline{BC'}$，$\overline{AD} = \overline{AD'}$

$\therefore \overline{AD} + \overline{AB} + \overline{BC} = \overline{AD'} + \overline{AB} + \overline{BC'} = \overline{C'D'}$

$\qquad\qquad = \sqrt{[2-(-2)]^2 + (-1-3)^2} = 4\sqrt{2}$

10. 作 D 關於直線 OM 的對稱點 D'

  (1) $\therefore \overline{MD} = \overline{MD'}$

  (2) $\because \overline{PQ} \perp \overline{OM}$，$\overline{DD'} \perp \overline{OM}$

  $\therefore \overline{PQ} \parallel \overline{DD'} \Rightarrow \angle PMD = \angle MDD' = \angle MD'D = \angle QMD'$

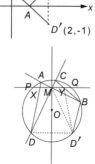

(3) $\because D \cdot C \cdot B \cdot D'$ 四點共圓

$\therefore \angle D'BC + \angle D'DC = 180°$

$\Rightarrow \angle D'BC + \angle D'MY = 180° (\because \angle D'DC = \angle D'MY)$

$\Rightarrow D' \cdot B \cdot Y \cdot M$ 四點共圓

$\Rightarrow \angle MD'Y = \angle MBY = \angle XDM$

由（1）（2）（3） $\overline{MD} = \overline{MD'}$

$\angle PMD = \angle QMD'$

$\angle XDM = \angle YD'M$

可知 $\triangle DMX \cong \triangle D'MY$

$\Rightarrow \overline{MX} = \overline{MY} \Rightarrow M$ 為 $\overline{XY}$ 之中點

習題（二）解答

1. 1° 由 p 作 $\overline{PN'}$ = 河1寬且與河1的河岸垂直

2° 由 Q 作 $\overline{QR'}$ = 河2寬且與河2的河岸垂直

3° 將 N'，R' 連線交河1於 N，河2於 R

4° 作 $\overline{MN} \perp$ 河1，$\overline{RS} \perp$ 河2則 $\overline{MN}$，$\overline{RS}$ 即為所求

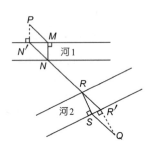

2. 將 $\overline{HF}$，$\overline{EG}$ 分別平移到 $\overline{AN}$，$\overline{BM}$，其中 N，M 分別在 $\overline{BC}$，$\overline{CD}$ 上設 $\overline{AN}$，$\overline{BM}$ 交於 H'，則

$\because \angle H'BN + \angle H'NB = 90°$，$\angle H'BN + \angle BMC = 90°$

$\therefore \angle H'NB = \angle BMC$

$\because \angle HN'B = \angle BMC$，$\angle ABN = \angle BCM = 90°$，

$\overline{AB} = \overline{BC}$ = 正方形邊長

$\therefore \triangle ABN \cong \triangle BCM$（AAS全等）$\Rightarrow \overline{AN} = \overline{BM}$ 即 $\overline{EG} = \overline{HF}$

3. 以F為中心將$\square ABEF$旋轉$180°$至
$\square DB'E'F \Rightarrow \overline{B'E'} \parallel \overline{BE}$

$\because \overline{B'E'} \parallel \overline{BE}$ 且 $\overline{B'E'} = \overline{BE} = \overline{CE}$

$\therefore \square B'CEE'$為平行四邊形

延伸$\overline{B'D}$交$\overleftrightarrow{GE}$於G'，

$\because \overline{DB'} = \overline{AB} = \overline{CD} \therefore \angle DB'C = \angle DCB'$

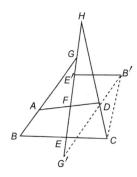

又$\angle DB'C = \angle B'G'E$且$\triangle BGE \cong \triangle B'G'E'$（$\because \overline{BE} = \overline{B'E'}$，$\angle GBE = \angle G'B'E'$，
$$\angle BEG = \angle B'E'G'）$$

$\Rightarrow \angle B'G'E = \angle DB'C = \angle DCB' = \angle CHE \Rightarrow \angle BGE = \angle B'G'E = \angle CHE$

4. (1) $\because \overline{AB} = \overline{BG}$，$\overline{BH} = \overline{BC}$，$\angle ABH = \angle ABC + 90° = \angle GBC$

$\therefore \triangle ABH \cong \triangle GBC$（SAS全等）（相當於$\triangle GBC$順時

針旋轉$90°$與$\triangle ABH$重合）

(2) 過A作一直線分別交$\overline{BC}$，$\overline{HK}$ 於M，N使直線同

時垂直$\overline{BC}$，$\overline{HK} \Rightarrow \overline{AN} \parallel \overline{BH}$

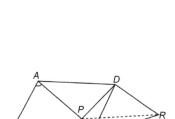

$\Rightarrow a\square ABGF = 2\triangle GBC = 2\triangle ABH = a\square BHNM$，同理

$a\square ACDE = a\square CKNM$

$\Rightarrow a\square ABGF + a\square ACDE = a\square BCKH$

即 $\overline{BC}^2 = \overline{AB}^2 + \overline{AC}^2$

5. (1) 連接$\overline{PR}$，$\because \triangle ABP$沿$\overline{AD}$平移至$\triangle DCR$

$\therefore \overline{PR} \parallel \overline{BC} \parallel \overline{AD}$

$\Rightarrow \angle CDR = \angle PAB = \angle PCB = \angle CPR \Rightarrow D$，$P$，
C，R四點共圓（$\because$圓周角$\angle CDR = \angle CPR$）

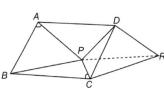

(2) $\because D$，P，C，R 四點共圓 $\therefore \angle PBA = \angle DCR = \angle DPR$

又 $\overline{PR} /\!/ \overline{AD} \Rightarrow \angle DPR = \angle PDA \Rightarrow \angle PBA = \angle PDA$

6. (1) 如右圖設 $\triangle ABC$ 之垂心為 H，外心為 O，M

為 $\overline{BC}$ 的中點，連接 $\overline{AM}$ 與 $\overline{OH}$，設兩者相交於

G，則 G 為 $\triangle ABC$ 的重心

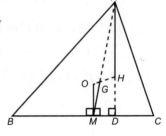

(2) $\because \triangle AGH \sim \triangle MGO \therefore \dfrac{\overline{AH}}{\overline{OM}} = \dfrac{\overline{AG}}{\overline{MG}} = \dfrac{2}{1} = 2$

故得證 $\overline{AH} = 2\overline{OM}$

7. 將 $\triangle ADF$ 以 A 為中心順時針旋轉 $90°$ 到 $\triangle ABF'$ 則

$\overline{AF} = \overline{AF'}$，$\overline{AE} = \overline{AE}$，$\angle FAE = \angle EAF' = 45°$

$\therefore \triangle AEF \cong \triangle AEF' \Rightarrow \overline{EF} = \overline{EF'} = \overline{EB} + \overline{BF'} = \overline{BE} + \overline{DF}$

8. (1)　設 $\overline{AA'}$ 與 $\overline{BB'}$ 交於一點 P

則可知 $\triangle BCB' \cong \triangle A'CA \Rightarrow$ 相當於以 C 為中心將

$\triangle BCB'$ 逆時針旋轉 $60°$ 至 $\triangle A'CA$ $\therefore \angle A'PB = 60°$

$\Rightarrow \angle APB = 180° - \angle A'PB = 120°$

$\because \triangle APB + \triangle AC'B = 180° \therefore A$，$C'$，$B$，$P$ 四點共圓

$\Rightarrow \angle APC' = 60°$

又，A'，B，P，C 四點共圓（$\because \angle A'PB = \angle A'$

$CB = 60°$）

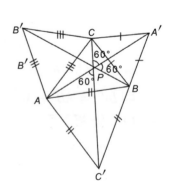

$\Rightarrow \angle A'PC = \angle A'BC = 60°$

$\therefore \angle A'PC = 60° = \angle APC' \therefore C$，$P$，$C'$ 三點共線

即　$\overline{AA'}$，$\overline{BB'}$，$\overline{CC'}$ 三線共點

(2) 由 $\triangle BCB' \cong \triangle ACA'$ 知 $\overline{BB'} = \overline{AA'}$，同理 $\overline{BB'} = \overline{CC'}$，$\therefore \overline{AA'} = \overline{BB'} = \overline{CC'}$

(3) 由 A、C'、B、P 四點共圓知 $\angle APB = 120°$，同理 $\angle BPC = 120°$，

$\angle CPA = 120°$

$\Rightarrow \angle APB = \angle BPC = \angle CPA = 120°$

9.　<u>Ans：$60°$ $30°$</u>

由上題可知取 P 為費瑪點則到三頂點距離有

最小值，並由例題11知 $\overline{AA'} = \overline{BB'} = \overline{CC'}$ = 最小

值 $= \sqrt{7}$

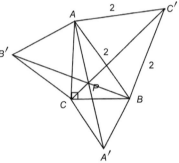

$\Rightarrow \overline{AA'}^2 = \overline{AC}^2 + \overline{BC}^2 - 2\overline{AC} \times \overline{BC} \cos(\angle ACA')$

$\Rightarrow \sqrt{7}^2 = \overline{AB}^2 - 2\overline{AC} \times \overline{BC} \times \cos(90° + 60°)$

$\qquad = 4 - 2\overline{AC} \times \overline{BC} \times \left(\dfrac{-\sqrt{3}}{2}\right) \Rightarrow \overline{AC} \times \overline{BC} = \sqrt{3}$

由 $\begin{cases} \overline{AC} \times \overline{BC} = \sqrt{3} \\ \overline{AC}^2 + \overline{BC}^2 = \overline{AB}^2 = 4 \end{cases}$　解得 $\triangle ABC$ 三邊長為 1，$\sqrt{3}$，2

$\Rightarrow \angle A$ 和 $\angle B$ 的度數為 $60°$，$30°$

六、單位圓內接正多邊形的長度性質

(一)研究動機

　　複數可用座標平面上的點表示，而兩複數之差的絕對值就等於此兩複數之對應點的距離，此性質配合複數的代數運算用來處理兩點的距離往往甚為方便，因此希望藉它來求單位圓同平面上任一點到圓內接正 n 邊形之頂點距離的種種性質。

(二)研究目的

　　利用複數的幾何性質求單位圓同平面上任一點到圓內接正 n 邊形之頂點距離的平方和、距離的和、距離的乘積等種種性質並作推展。

(三)研究方法

　　主要利用下列性質進行推演：

1. $|z_1 - z_2|$ =點 z_1 與點 z_2 的距離。

2. $|z|^2 = z\bar{z}$ 。

3. $1 + \omega + \omega^2 + \cdots\cdots + \omega^{n-1} = 0 \ (\omega = e^{i\frac{2x}{n}})$ 。

4. $|z_1 \cdot z_2| = |z_1| \cdot |z_2|$ 。

5. $|z_1 + z_2| \geq \| z_1 | - | z_2 \|$ 且「＝」成立$\Leftrightarrow \overrightarrow{oz_1}$ 與 $\overrightarrow{oz_2}$ 反向。

$|z_1+z_2| \leq |z_1| - |z_2|$ 且「 = 」成立$\Leftrightarrow \overrightarrow{oz_1}$ 與 $\overrightarrow{oz_2}$ 同向

6. z 乘以 $e^{i\theta}$ 表示複數 z 繞自己的起點旋轉 θ 角。（$\theta>0$ 時，逆時針方向旋轉；$\theta<0$ 時，逆時針方向旋轉）。

7. 排列、組合的性質。

(四)研究過程與結果

A.重要結論

首先我們發現，假如在單位圓及其內接正 n 邊形，兩者所在之平面上任取一點，則此點為正 n 邊形之所有頂點距離的平方和為一定值，將其敘述為定理1如下：

設單位圓之內接正 n 邊形為 A_0　A_1　A_2　A_{n-1}，P 是同平面上任一點且令 P 與單位圓圓心的距離為 t，則

$$\sum_{k=0}^{n-1} \overline{PA_k}^2 = n(t^2 + 1)$$

證明　在該平面上以圓心 O 為原點建立一個複數平面，令頂點 A_k 對應之複數為 ω^k(k= 0，1，2，……，$n-1$)，$\omega = e^{i\frac{2x}{n}}$，$P$ 對應之複數為 Z，則

$$\sum_{k=0}^{n-1} \overline{PA_k}^2 = \sum_{k=0}^{n-1} |Z - \omega^k|^2$$
$$= \sum_{k=0}^{n-1} (Z - \omega^k)(\bar{Z} - \overline{\omega}^k)$$
$$= \sum_{k=0}^{n-1} (|Z|^2 - \omega^k \bar{Z} - \overline{\omega}^k Z + 1)$$

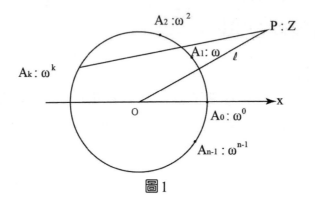

圖1

$(\because \quad Z\bar{Z} = |Z|^2 , \quad \omega^k \overline{\omega}^k = (\omega \cdot \overline{\omega}^k) = 1)$

$$= \sum_{k=0}^{n-1} (|Z|^2 + 1) - \sum_{k=0}^{n-1} \omega^k \bar{Z} - \sum_{k=0}^{n-1} \overline{\omega}^k Z$$
$$= n(|Z|^2 + 1)$$
$$= n(\iota^2 + 1)$$

$(\because \quad \sum_{k=0}^{n-1} \omega^k \bar{Z} = \bar{Z} \sum_{k=0}^{n-1} \overline{\omega}^k = Z(1 + \omega + \omega^2 + \cdots\cdots + \omega^{n-1})$

$\qquad = \bar{Z} \cdot 0 = 0$,同理$\sum_{k=0}^{n-1} \overline{\omega}^k Z = 0)$

特款：(1)當P落在單位圓上時，則因$\iota=1$，故$\sum_{k=0}^{n-1} PA_k^2 = 2n$。

　　　　(2)當P落在單位圓之圓心時，則因$\iota=0$，故$\sum_{k=0}^{n-1} \overline{PA_k}^2 = n$為最小值。

推廣：在定理1中，當P不在正n邊形所在之平面上，而為空間中任一點時，則結論不成立。

證明 令P在正n邊形所在之平面上的正射影為Q，則由畢氏定理知

$$\sum_{k=0}^{n-1} \overline{PA_k}^2 = \sum_{k=0}^{n-1} \left(\overline{PQ}^2 + \overline{QA_K}^2 \right) = n\overline{PQ}^2 + \sum_{k=0}^{n-1} \overline{QA_k}^2$$

$$= n\overline{PQ}^2 + n(\overline{QQ}^2 + 1) \text{（由定理1知）}$$

$$= n(\overline{PQ}^2 + \overline{QQ}^2 + 1)$$

$$= n(\overline{OP}^2 + 1) \text{（畢氏定理）}$$

$$= n(\iota^2 + 1)$$

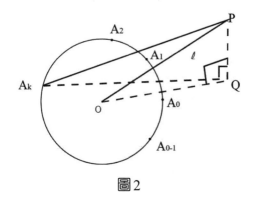

圖2

　　其次我們來看看單位圓所在平面上任一點P到圓內接正n邊形所有頂點距離乘積有何性質，先看P為正n邊形之某一頂點時（實際上可取$P = A_0$）有底下性質：

單位圓之內接正 n 邊形為 $A_0 A_1 A_2 \cdots\cdots A_{n-1}$ 中 $\prod_{k=1}^{n-1} \overline{A_0 A_k} = n$。

證明 仍令 A_k 對應的複數為 ω^k $(k = 0 , 1 , 2 \cdots\cdots , n-1)$，$\omega = e^{i\frac{2x}{n}}$ 則

$$\prod_{k=1}^{n-1} \overline{A_0 A_k} = \prod_{k=1}^{n-1} |1 - \omega^k|$$

$$= |1 - \omega||1 - \omega^2| \cdots\cdots |1 - \omega^{n-1}|$$

$$= |(1 - \omega)(1 - \omega^2) \cdots\cdots (1 - \omega^{n-1})|^6$$

$\because 1 , \omega , \omega^2 , \cdots\cdots , \omega^{n-1}$ 為 $Z^n - 1 = 0$ 之 n 個根

$\therefore Z^n - 1 = (Z - 1)(Z - \omega)(Z - \omega^2) \cdots\cdots (Z - \omega^{n-1})$

兩邊約去 $Z - 1$ 得

$Z^{n-1} + Z^{n-2} + \cdots\cdots + Z + 1$

$= (Z - \omega)(Z - \omega^2) \cdots\cdots (Z - \omega^{n-1})$

令 $Z = 1$ 則得

$(1 - \omega)(1 - \omega^2) \cdots\cdots (1 - \omega^{n-1}) = n$

$\therefore |(1 - \omega)(1 - \omega^2) \cdots\cdots (1 - \omega^{n-1})| = n$

即 $\prod_{k=1}^{n-1} \overline{A_0 A_k} = n$

以上若 P 不為為正 n 邊形之頂點但為同平面上的點，令 P 對應的複數為

Z且$|Z| = \iota$，則

$$\prod_{k=0}^{n-1} \overline{PA_k} = |Z - 1||Z - \omega||Z - \omega^2| \cdots\cdots |Z - \omega^{n-1}|$$

$$= |(Z - 1)(Z - \omega)(Z - \omega^2) \cdots\cdots (Z - \omega^{n-1})|$$

$$= |Z^n - 1| \text{ 不為定值}$$

但

$$|Z^n - 1| \leq |Z^n| + 1 = |Z|^n + 1 = \iota^n + 1$$

∴可知$\prod_{k=0}^{n-1} \overline{PA_k}$最大值為$\iota^n + 1$，且「＝」成立的充要條件為$Z^n = -\iota^n$。

又

$$|Z^n - 1| \geq ||Z^n| - 1| = ||Z|^n - 1| = |\iota^n - 1|$$

∴可知$\prod_{k=0}^{n-1} \overline{PA_k}$之最小值為$|\iota^n - 1|$，且「＝」成立的充要條件為$Z^n = \iota^n$。

於是可得下列定理3

定理3

設單位圓之內接正n邊形為$A_0 A_1 A_2 \cdots\cdots A_{n-1}$，$P$為同平面上任一點，且令$P$與單位圓圓心的距離為$\iota$，則$\prod_{k=0}^{n-1} \overline{PA_k}$之最大值為$\iota^n + 1$，最小值為$|\iota^n - 1|$。

特款：當P在單位圓上時，則$\prod_{k=0}^{n-1} \overline{PA_k}$最大值為2，最小值為0。仿上，可求$\prod_{k=0}^{n-1} \overline{PA_k}$最大值、最小值，列定理4如下：

> **定理 4**
>
> 設單位圓之內接正 n 邊形為 $A_0A_1A_2\cdots\cdots A_{n-1}$，$P$ 為單位圓上任一點，則 $\prod_{k=0}^{n-1}\overline{PA_k}$ 之最大值為 $2\csc\dfrac{\pi}{2n}$，最小值為 $2\cot\dfrac{\pi}{2n}$；若 P 不限定在單位圓上而為同平面上任一點時，則 $\sum_{k=0}^{n-1}\overline{PA_k}$ 之最小值為 n，無最大值。

證明 仍令 A_k 對應的複數為 ω^k，$\omega=e^{i\frac{2x}{n}}$

(1)當 P 在單位圓上時，令 $P:Z=e^{i\theta}$，$-\dfrac{2\pi}{n}\le\theta\le 0$ 如圖3所示。

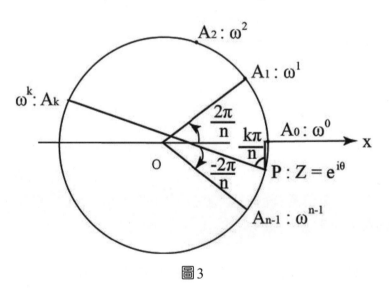

圖3

因

$$\angle A_0 P A_k = \frac{k\pi}{n} \; , \; k = 0 \; , \; 1 \; , \; 2 \; , \; \cdots \; , \; n-1$$

故

$$
\begin{aligned}
\sum_{k=0}^{n-1} \overline{PA_k} &= \sum_{k=0}^{n-1} |\omega^k - Z| \\
&= \sum_{k=0}^{n-1} |e^{i\frac{-kx}{n}}(e^{i\frac{2kx}{n}} - Z)| \quad (\because \; |e^{i\frac{-kx}{n}}| = 1) \\
&= |\sum_{k=0}^{n-1} e^{i\frac{-kx}{n}}(e^{i\frac{2kx}{n}} - Z)|
\end{aligned}
$$

（$\because (e^{i\frac{2kx}{n}} - Z)$ 乘以 $e^{i\frac{-kx}{n}}$ 後，$\overrightarrow{PA_K}$ 要繞 P 點順時針方向旋轉角 $\frac{k\pi}{n}$，故所有的 $\overrightarrow{PA_K}$ 方向均相同，$\therefore$ 絕對值的和等於和的絕對值）

$$
\begin{aligned}
&= |\sum_{k=0}^{n-1} e^{i\frac{kx}{n}} - Z \sum_{k=0}^{n-1} e^{i\frac{-kx}{n}}| \\
&= \left| \frac{1 - \left(e^{i\frac{kx}{n}}\right)^n}{1 - e^{i\frac{x}{n}}} - Z \cdot \frac{1 - \left(e^{i\frac{-x}{n}}\right)^n}{1 - e^{i\frac{-x}{n}}} \right| \\
&= \left| \frac{1 - e^{ix}}{1 - e^{i\frac{x}{n}}} - Z \cdot \frac{1 - e^{i(-x)}}{1 - e^{i\frac{-x}{n}}} \right| \\
&= \left| \frac{2}{1 - e^{i\frac{x}{n}}} - Z \cdot \frac{2}{1 - e^{i\frac{-x}{n}}} \right| \\
&= \left| \frac{2}{1 - e^{i\frac{x}{n}}} + \frac{2Z \cdot e^{i\frac{x}{n}}}{1 - e^{i\frac{x}{n}}} \right| \\
&= \frac{2|Z \cdot e^{i\frac{x}{n}} + 1|}{|1 - e^{i\frac{x}{n}}|}
\end{aligned}
$$

$$= \frac{2|\cos(\theta+\frac{\pi}{n}) + i\sin(\theta+\frac{\pi}{n})+1|}{\left|1-(\cos\frac{\pi}{n}+i\sin\frac{\pi}{n})\right|}$$

$$= \sqrt[2]{\frac{\left[1+\cos(\theta+\frac{\pi}{n})\right]^2 + \sin^2(\theta+\frac{\pi}{n})}{(1-\cos\frac{\pi}{n})^2 + \sin^2\frac{\pi}{n}}}$$

$$= \sqrt[2]{\frac{2+2\cos(\theta+\frac{\pi}{n})}{2-2\cos\frac{\pi}{n}}}$$

$$= \sqrt[2]{\frac{1+\cos(\theta+\frac{\pi}{n})}{1-\cos\frac{\pi}{n}}}$$

$$= \frac{2\cos(\frac{\theta}{2}+\frac{\pi}{2n})}{\sin\frac{\pi}{2n}}$$

於是當 $\theta = \frac{-\pi}{n}$ （即 P 為 $\overset{\frown}{A_0 A_{n-1}}$ 之中點）時刻

$$\sum_{k=0}^{n-1} \overline{PA_k} = \frac{2}{\sin\frac{\pi}{2n}} = 2\csc\frac{\pi}{2n}$$ 為最大值。

當 $\theta = 0 \vee -\frac{2\pi}{n}$ （即 $P = A_0 \vee A_{n-1}$）時則

$$\sum_{k=0}^{n-1} \overline{PA_k} = \frac{2\cos\frac{\pi}{2n}}{\sin\frac{\pi}{2n}} = 2\cot\frac{\pi}{2n}$$ 為最小值。

1. 當 P 不限定在單位圓上時則

$$\sum_{k=0}^{n-1} \overline{PA_k} = \sum_{k=0}^{n-1} |\omega^k - Z|$$

$$= \sum_{k=0}^{n-1} |\omega^{-k}(\omega^k - Z)| \quad (\because |\omega^{-k}| = 1)$$

$$= \sum_{k=0}^{n-1} |1 - (\omega^{-k}Z)| \geq \sum_{k=0}^{n-1} |(1 - \omega^{-k}Z)|$$

$$= \left| n - Z \sum_{k=0}^{n-1} \omega^{-k} \right| = n$$

$$\left(\because \sum_{k=0}^{n-1} \omega^{-k} = \sum_{k=0}^{n-1} \omega^{n-k} = \omega^n + \omega^{n-1} + \cdots + \omega = 0 \right)$$

$\therefore \sum_{k=0}^{n-1} \overline{PA_k}$ 最小值為 n 且 $\sum_{k=0}^{n-1} \overline{PA_k} = n \Leftrightarrow P = 0$，又當 $\overline{PO} \to \infty$ 時則 $\sum_{k=0}^{n-1} \overline{PA_k}$

$\to \infty$，故無最大值。

B. 應用

利用上面定理可得下列推論：

推論：

1. 當 n 則單位圓上任一點與其內接正 n 邊形奇數頂點之距離的平方和等於與偶數頂點之距離的平方和。

2. 單位圓內接正 n 邊形之所有邊長與對角線的平方和等於 n^2。

3. 單位圓內接正 n 邊形之所有邊長與對角線長的和等於 $n \cot \frac{\pi}{2n}$。

4. 單位圓內接正 n 邊形之所有邊長與對角線長的乘積等於 $n^{\frac{n}{2}}$。

5. 單位圓內接正 n 邊形 $A_0 A_1 A_2 \cdots\cdots A_{n-1}$ 中，若 n 為奇數，則 $\prod \overline{A_0 A_k} = \sqrt{n}$；若 n 為偶數，則 $\prod \overline{A_0 A_k} = \sqrt{\frac{n}{2}}$（式中 $[\bullet] k \leq \left[\frac{n-1}{2} \right] \uparrow \quad k \leq \left[\frac{n-1}{2} \right] \uparrow$ 表高斯記號，以下同)。

證明

1. 因 n 為偶數，故正 n 邊形之奇數頂點及偶數頂點均構成一個正 $\frac{n}{2}$ 邊形，利用上面定理 1 之特款 (1) 立即可得單位圓上任一點到此正 n 邊

形之奇數頂點及偶數頂點之距離的平方和均為n，故相等。

2. 在定理1之特款(1)中令P與A_0重合，則此點與其他每一頂點之距離平方和等於$2n$，將此和乘以n則所得為所有對角線與邊長之平方和的2倍（∵每一邊以及每一條對角線皆有兩端點，故每一條均計算兩次），因此所求之和$= \dfrac{n \cdot 2n}{2} = n^2$。

3. 由定理4第一部分之證明知：當$P = A_0$時則$\sum_{k=0}^{n-1} \overline{PA_k} = 2\cot\dfrac{\pi}{2n}$，即自$A_0$至其餘各頂點之連線和等於$2\cot\dfrac{\pi}{2n}$，乘以$n$再除以2即得。

4. 由定理2知自A_0至其餘各頂點之連線的乘積為n，n次方，再開平方根（以及每一條對角線均乘兩次）即得。

5. 正n邊形$A_0A_1A_2\cdots\cdots A_{n-1}$在單位圓$x$軸上方之半圓上的點$A_1$，$A_2$，……分別與$x$軸下方之半圓上的點$A_{n-1}$，$A_{n-2}$，……對稱於$x$軸，故當$n$為奇數時，則有

$$\overline{A_0A_1} = \overline{A_0A_{n-1}} \text{ , } \overline{A_0A_2} = \overline{A_0A_{n-2}} \text{ , } \cdots\cdots \text{ , } \overline{A_0A_{\frac{n-1}{2}}} = \overline{A_0A_{\frac{n+1}{2}}}$$

如圖4-1所示，因此由定理2可得

$$\left(\overline{A_0A_1} \cdot \overline{A_0A_2} \cdot \cdots\cdots \cdot \overline{A_0A_{\frac{n-1}{2}}} \right)^2 = n$$

$$\therefore \overline{A_0A_1} \cdot \overline{A_0A_2} \cdot \cdots\cdots \cdot \overline{A_0A_{\frac{n-1}{2}}} = \sqrt{n}$$

即

$$\prod_{k=1}^{\frac{n-1}{2}} \overline{A_0A_k} = \sqrt{n} \tag{1}$$

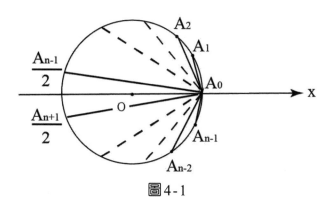

圖 4-1

當 n 為偶數十，則有

$$\overline{A_0A_1} = \overline{A_0A_{n-1}} \ ,\ \overline{A_0A_2} = \overline{A_0A_{n-2}} \ ,\ \cdots\cdots \ ,\ \overline{A_0A_{\frac{n}{2}-1}} = \overline{A_0A_{\frac{n}{2}+1}}$$

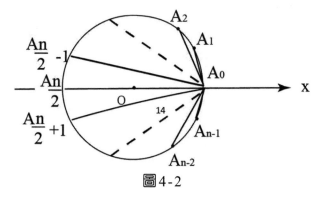

圖 4-2

且 $\overline{A_0 A_{\frac{n}{2}-1}} = 2$ 如圖4-2所示，因此由定理可得

$$\left(\overline{A_0 A_1} \cdot \overline{A_0 A_2} \cdot \cdots \cdot \overline{A_0 A_{\frac{n}{2}-1}}\right)^2 \cdot \overline{A_0 A_{\frac{n}{2}}} = n$$

約去 $\overline{A_0 A_{\frac{n}{2}}} = 2$ 後，再開平方根，得

$$\overline{A_0 A_1} \cdot \overline{A_0 A_2} \cdot \cdots \cdot \overline{A_0 A_{\frac{n}{2}-1}} = \sqrt{\frac{n}{2}}$$

即

$$\prod_{k=1}^{\frac{n}{2}-1} \overline{A_0 A_k} = \sqrt{\frac{n}{2}} \tag{2}$$

以上(1)(2)的結果，可合起來寫為 $\prod_{k=1}^{\left[\frac{n-1}{2}\right]} \overline{A_0 A_k} = \sqrt{n}$ （ n 為奇數）或 $\sqrt{\frac{n}{2}}$ （ n 為偶數），其中[·]表高斯記號，因而本推論得證。

C.進一步的定理

現在我們想利用前面的定理2和推論5，再來推演一些定理。不過我祇考慮選取一部分 $\overline{A_0 A_k}$ 的來相乘：規定這些 $\overline{A_0 A_k}$ 中的 k 要滿足「 $k \le \left[\frac{n-1}{2}\right]$ 且 k 與 n 互質」的條件，所以要滿足「 k 與 n 互質」這些條件的用意是有其幾何上的考慮：目的是可以用這些 $\overline{A_0 A_k}$ 的長度來跑，由 A_0 出發，按逆時針方向由一個頂點跑到另一個頂點（而這兩個頂點的距離為 $\overline{A_0 A_k}$ ），必能跑過所有的頂點後又回到出發點 A_0 (*)，（其中除了 $\overline{A_0 A_1}$ 外，其他之 $\overline{A_0 A_k}$ 均可以由一頂點跑到另一頂點（距離為

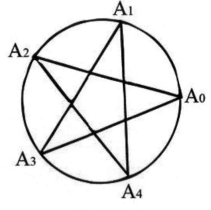

圖5

輕鬆學好高中數學

$\overline{A_0A_k}$）而構成一個n角星形如右圖為用$\overline{A_0A_2}$來跑出來的五角星形），由於對稱的關係之達成(*)這個目的的$\overline{A_0A_k}$均各有兩個，為了「取足碼k較小」的緣故，我們規定$k \le \left[\frac{n-1}{2}\right]$ [·]表高斯記號。

　　因為以上的規定具有幾何上美的效果，我們底下推出的定理5～7也非常美！又因為p是大於2的質數時則滿足$k \le \frac{p-1}{2}$之所有的必均與互質，故在底下定理5中「與互質」的條件省略，我們祇敘述$k \le \frac{p-1}{2}$。

定理 5

　　單位圓內接正p邊形（p大於2的質數）$A_0A_1A_2\cdots\cdots A_{p-1}$中滿足 $k \le \frac{p-1}{2}$之$\overline{A_0A_k}$的乘積等於$\sqrt{p}$，即$\prod_{k=1}^{\frac{p-1}{2}} \overline{A_0A_k} = \sqrt{p}$。

證明　　因p大於2的質數，故p必為奇數，因此由推論5知$\overline{A_0A_1} \cdot \overline{A_0A_2} \cdots\cdots$
$\overline{A_0A_{\frac{p-1}{2}}} = \sqrt{p}$，因而得證。

　　近一步我們發現凡是$n = p^\iota$（P為質數，$\iota \in N$，$\iota \ge 2$）的正n邊形也均有類似的結果，列為定理6如下：

單位圓之內接正 n 邊形（ $n=p^\iota$ ， P 為質數， $\iota\in N$ ， $\iota\geq2$ ） $A_0A_1A_2\cdots\cdots A_{n-1}$ 中，滿足 $k\leq\left[\frac{n-1}{2}\right]$ 且 k 與 P 互質之 $\overline{A_0A_k}$ 的乘機等於 $\sqrt{p}$ ，即 $\prod\overline{A_0A_k}=\sqrt{p}$ （其中 k 與 n 互質）。

$$\uparrow k\leq\left[\frac{n-1}{2}\right]$$

證明 分 $P=2$ 與 $P\neq2$ 兩種情形進行：

(一)當 $P=2$ 時則 n 為偶數若 $l>2$ 則由推論 5 知 $\overline{A_0A_1}\cdot\overline{A_0A_2}\cdot\cdots\cdots\overline{A_0A_4}\cdot$

$$\cdots\cdots\overline{A_0A_{\frac{n}{2}-2}}\cdot\overline{A_0A_{\frac{n}{2}-1}}=\sqrt{\frac{n}{2}}=\sqrt{2^{\iota-1}} \tag{1}$$

其中的 $\overline{A_0A_2}\cdot\overline{A_0A_4}\cdot\cdots\cdots\overline{A_0A_{\frac{n}{2}-2}}$ 相當於正 $\frac{n}{2}=2^{\iota-1}$ 邊形的 $\overline{A_0A_1}\cdot\overline{A_0A_2}\cdot\cdots\cdots$

$\overline{A_0A_{\frac{n}{4}-1}}=\sqrt{2^{\iota-2}}$ ，故

$$\overline{A_0A_2}\cdot\overline{A_0A_4}\cdot\cdots\cdots\overline{A_0A_{\frac{n}{2}-2}}=\sqrt{2^{\iota-2}} \tag{2}$$

$(1)\div(2)$ ：

$$\overline{A_0A_1}\cdot\overline{A_0A_3}\cdot\cdots\cdots\overline{A_0A_{\frac{n}{2}-1}}=\sqrt{2}$$

即 $\prod\overline{A_0A_k}=\sqrt{p}$ （ k 與 n 互質）。若 $l=2$ 則 $n=4$ 為正方形，顯然 $\uparrow k\leq\left[\frac{n-1}{2}\right]$ 也成立。

(二)當 $P\neq2$ 時則 n 為奇數，故由推論 5 知

$$\overline{A_0A_1}\cdot\overline{A_0A_2}\cdot\cdots\cdots\overline{A_0A_{\frac{n-1}{2}}}=\sqrt{n}=\sqrt{p^\iota}$$

即

$$\overline{A_0A_1} \cdot \overline{A_0A_2} \cdot \cdots\cdots \overline{A_0A_p} \cdot \cdots\cdots \overline{A_0A_{2p}} \cdot \cdots\cdots \overline{A_0A_{\frac{p^t-p}{2}}} \cdot \cdots\cdots \overline{A_0A_{\frac{p^t-1}{2}}} = \sqrt{p^t} \quad (1)$$

其中的 $\overline{A_0A_p} \cdot \overline{A_0A_{2p}} \cdot \cdots\cdots \overline{A_0A_{\frac{p^t-p}{2}}}$ 相當於正 $p^t - p$ 邊形的 $\overline{A_0A_1} \cdot \overline{A_0A_2} \cdot \cdots\cdots$

$\overline{A_0A_{\frac{p^{t-1}-1}{2}}} = \sqrt{p^{t-1}}$。

即

$$\overline{A_0A_p} \cdot \overline{A_0A_{2p}} \cdot \cdots\cdots \overline{A_0A_{\frac{p^t-p}{2}}} = \sqrt{p^{t-1}} \quad (2)$$

$(1) \div (2)$：

$$\overline{A_0A_p} \cdot \overline{A_0A_{2p}} \cdot \cdots\cdots \overline{A_0A_{\frac{p^t-1}{2}}} = \sqrt{p}$$

即

$$\overline{A_0A_p} \cdot \overline{A_0A_{2p}} \cdot \cdots\cdots \overline{A_0A_{\frac{n-1}{2}}} = \sqrt{p} \quad ,$$

也就是 $\prod \overline{A_0A_k} = \sqrt{p}$（$k$ 與 n 互質），得證。

$$\uparrow k \leq \left[\frac{n-1}{2}\right]$$

其次當 n 為異於 p^t 之合成數時，情況又如何呢？先觀察正六邊形的 $A_0A_1A_2A_3A_4A_5$ 的情形中，我們發現 $\overline{A_0A_1} = 1$，進一步正十邊形的 $A_0A_1 \cdots\cdots A_9$ 中合乎 $k \leq \left[\frac{10-1}{2}\right]$ 且 k 與 n 互質之 $\overline{A_0A_k}$ 有 $\overline{A_0A_1}$ 與 $\overline{A_0A_3}$，而 $\overline{A_0A_1} \cdot \overline{A_0A_3}$ 為 1，因為首先由前面的推論5知：

$$\overline{A_0A_1} \cdot \overline{A_0A_2} \cdot \overline{A_0A_3} \cdot \overline{A_0A_4} = \sqrt{\frac{10}{2}} = \sqrt{5} \text{。}$$

上式中，$\overline{A_0A_2} \cdot \overline{A_0A_4}$ 相當於正五邊形之 $\overline{A_0A_1} \cdot \overline{A_0A_2} = \sqrt{5}$ 消去後，得

$\overline{A_0A_1} \cdot \overline{A_0A_3} = 1$。

　　這給我們很大的鼓舞！是否對於一且異於p^l之合成數n，均有相同的性質呢？幾經研討，幾經挫折，最後我們終於發現這個答案是肯定的，到為定理7如下：

單位圓之內接正n邊形（n為合成數，$n \neq p^l$，p為質數，$l \in N$）$A_0A_1A_2\cdots\cdots A_{n-1}$中，滿足$k \leq \left[\dfrac{n-1}{2}\right]$且$k$與$n$互質之$\overline{A_0A_k}$的乘積等於$1$，即$\prod \overline{A_0A_k} = 1$（其中$k$與$n$互質）

$$\uparrow k \leq \left[\dfrac{n-1}{2}\right]$$

證明　設$n = p_1^{r1} \cdot p_2^{r2} \cdot p_m^{rm}$（$p_1$為相異質數，$r_i \in N$，$i = 1, 2, \cdots\cdots, m$，$m \geq 2$且$p_1 < p_2 < \cdots p_m$）。分下列兩種情況討論：

(一)若m為偶數，則

$$\prod \overline{A_0A_k}$$

$$\uparrow$$

$$k \leq \left[\dfrac{n-1}{2}\right]$$
$$(k, n) = 1$$

$$= \sqrt{\dfrac{\left(\substack{\prod \overline{A_0 A_k} \\ k \le (n-1)}\right) \cdot \prod_{1 \le j_1 < j_2 \le m}\left(\substack{\prod \overline{A_0 A_k} \\ k為p_{j1}p_{j2}之倍數}\right)}{\left(\substack{\prod \\ 1 \le j \le m}\right)\left(\substack{\prod \overline{A_0 A_k} \\ k為p_j之倍數}\right)}}$$

$$\dfrac{\prod\limits_{1 \le j_1 < j_2 < j_3 < j_4 \le m}\left(\substack{\prod \overline{A_0 A_k} \\ k為p_{j1} \cdot p_{j2} \cdot p_{j3} \cdot p_{j4}之倍數}\right)}{\prod\limits_{1 \le j_1 < j_2 < j_3 \le m}\left(\substack{\prod \overline{A_0 A_k} \\ k為p_{j1} \cdot p_{j2} \cdot p_{j3}之倍數}\right)}$$

$$\dfrac{\cdots \cdot \prod\limits_{1 \le j_1 < j_2 < \cdots < j_{m-2} \le m}\left(\substack{\prod \overline{A_0 A_k} \\ k為p_{j1} \cdot p_{j2}\cdots p_{jm-2}之倍數}\right)}{\prod\limits_{1 \le j_1 < j_2 < \cdots\cdots < j_{m-1} \le m}}$$

$$\dfrac{\cdots\cdots \cdot \left(\dfrac{n}{p_1 \cdot p_2 \cdot \cdots\cdots \cdot p_m}\right)}{\left(\substack{\prod \overline{A_0 A_k} \\ k為p_{j1} \cdot p_{j2}\cdots p_{jm-1}之倍數}\right)}$$

（以上之 k 均 $\le (n-1)$）

A. 以上分子中之第 1 個括號內之 $\substack{\prod \overline{A_0 A_k} \\ k \le (n-1)} = n$（由定理 2 知），第 2 個

括號內之 $\substack{\prod \overline{A_0 A_k} \\ k為p_{j1} \cdot p_{j2}之倍數}$ 相當於正 $\dfrac{n}{p_{j1} \cdot p_{j2}}$ 邊形之

$$\substack{\prod \overline{A_0 A_k} \\ k \le (\dfrac{n}{p_{j1} \cdot p_{j2}} - 1)} = \dfrac{n}{p_{j1} \cdot p_{j2}}$$

因 $1 \le j_1 \le j_2 \le m$，故 $\prod\limits_{k為p_{j1} \cdot p_{j2}之倍數}\left(\prod \overline{A_0 A_k}\right)$ 共有 C_2^m 個 $\dfrac{n}{p_{j1} \cdot p_{j2}}$ 相乘。

第3個括號內之 $\underset{k\text{為}p_{j1}\cdot p_{j2}\cdot p_{j3}\cdot p_{j4}\text{之倍數}}{\prod \overline{A_0A_k}}$ 相當於正 $\dfrac{n}{\overline{p_{j1}\cdot p_{j2}\cdot p_{j3}\cdot p_{j4}}}$ 邊形之 $\prod \overline{A_0A_k}$

$$k \le \left(\frac{n}{p_{j1}\cdot p_{j2}\cdot p_{j3}\cdot p_{j4}} - 1 \right) = \frac{n}{p_{j1}\cdot p_{j2}\cdot p_{j3}\cdot p_{j4}}$$

因 $1\le j_1 \le j_2 \le j_3 \le j_4 \le m$ ，故 $\underset{k\text{為}p_{j1}\cdot p_{j2}\cdot p_{j3}\cdot p_{j4}\text{之倍數}}{\prod \left(\prod \overline{A_0A_k} \right)}$ 共有 C_4^m 個

$\dfrac{n}{p_{j1}\cdot p_{j2}\cdot p_{j3}\cdot p_{j4}}$ 相乘。

$$\vdots$$

$$\vdots$$

第 $\dfrac{m}{2}$ 括號內之 $\underset{k\text{為}p_{j1}\cdot p_{j2}\cdot \cdots \cdot p_{j_{m-2}}\text{之倍數}}{\prod \overline{A_0A_k}}$ 之倍數 相當於正 $\dfrac{n}{p_{j1}\cdot p_{j2}\cdot \cdots \cdot p_{j_{m-2}}}$ 邊形之

$$k \le \left(\frac{\prod \overline{A_0A_k}}{\dfrac{n}{p_{j1}\cdot p_{j2}\cdot \cdots \cdot p_{j_{m-2}}}} - 1 \right) = \frac{n}{p_{j1}\cdot p_{j2}\cdot \cdots \cdot p_{j_{m-2}}}$$

因 $1\le j_1 \le j_2 \le \cdots \le j_{m-2} \le m$ 故共有 C_{m-2}^m 個 $\dfrac{n}{p_{j1}\cdot p_{j2}\cdots p_{j_{m-2}}}$ 相乘。

而第 $\dfrac{m}{2}+1$ 個括號內之數等於 $\dfrac{n}{p_1\cdot p_2\cdots p_m}$ ，為何？

其理由分下列三種情形說明：

1. 若 $r_1 = r_2 = \cdots = r_m = 1$ ，由此括號內之數對應為 1 ，故為 $\dfrac{n}{p_1\cdot p_2\cdot p_3\cdots p_m}$ 。

2. 若 $\dfrac{r_1,\ r_2,\ \cdots\cdots,\ r_m}{\prod \overline{A_0A_k}}$ 不全為 1，則此括號內之對應為 k 為 $p_1 \cdot p_2 \cdots p_m$ 之倍數。

(1) 若 $\dfrac{p_1=2,\ r_1=2,\ r_2=r_3=\cdots\cdots=r_m=1}{\prod \overline{A_0A_k}}$，則 k 為 $p_1 \cdot p_2 \cdots p_m$ 之倍數為直

徑 $\overline{A_0A_{\frac{n}{2}}}=2$，亦即等於 $\dfrac{n}{p_1 \cdot p_2 \cdots p_m}$。

(2) (1) 以外的情形，$\underset{k 為 p_{j1} \cdot p_{j2} \cdot p_{j3} \cdots p_m}{\prod \overline{A_0A_k}}$ 相當於正 $\dfrac{n}{p_1 \cdot p_2 \cdots p_m}$ 邊形之

$$\underset{k \le \left(\dfrac{n}{p_1 \cdot p_2 \cdots p_m}-1\right)}{\prod \overline{A_0A_k}}=\dfrac{n}{p_1 \cdot p_2 \cdots p_m}$$

B. 分母中第 1 個括號內之 $\underset{k 為 p_j 之倍數}{\prod \overline{A_0A_k}}$ 相當於正 $\dfrac{n}{p_j}$ 邊形之 $\underset{k \le \left(\dfrac{n}{p_j}-1\right)}{\prod \overline{A_0A_k}}=\dfrac{n}{p_j}$

共有 C_m^1 個相乘。

第 2 個括號內之 $\underset{k 為 p_{j1} \cdot p_{j2} \cdot p_{j3} 之倍數}{\prod \overline{A_0A_k}}$ 相當於正 $\dfrac{n}{p_{j1} \cdot p_{j2} \cdot p_{j3}}$ 邊形之

$$\underset{k \le \left(\dfrac{n}{p_{j1} \cdot p_{j2} \cdot p_{j3}}-1\right)}{\prod \overline{A_0A_k}}=\dfrac{n}{p_{j1} \cdot p_{j2} \cdot p_{j3}}$$

共有 C_3^m 個相乘。

⋮

⋮

第 $\frac{m}{2}$ 個括號內之 k為$p_{j1}\cdot p_{j2}\cdots\cdots p_{j_{m-1}}$之倍數 $\prod \overline{A_0A_k} = \dfrac{n}{p_{j1}\cdot p_{j2}\cdots\cdots p_{jm-1}}$，其理分下

列情形說明：

1. 若 $r_1 = r_2 = \cdots\cdots = r_m = 1$，$p_1 = 2$則

(1)當 $p_{j1}\cdot p_{j2}\cdots\cdots p_{j_{m-1}} = p_2\cdot p_3\cdots\cdots p_m$時，

k為$p_{j1}\cdot p_{j2}\cdots\cdots p_{j_{m-1}}$之倍數 $\prod \overline{A_0A_k}$ = $k = p_2\cdot p_3\cdots\cdots p_m$ $\prod \overline{A_0A_k}$ = 直徑$\overline{A_0A_{\frac{n}{2}}} = 2$

$= \dfrac{n}{p_2\cdot p_3\cdots\cdots p_m} = \dfrac{n}{p_{j1}\cdot p_{j2}\cdots\cdots p_{jm-1}}$

(2)其他之 k為$p_{j1}\cdot p_{j2}\cdots\cdots p_{j_{m-1}}$之倍數 $\prod \overline{A_0A_k}$ 相當於正 $\dfrac{n}{p_{j1}\cdot p_{j2}\cdots\cdots p_{jm-1}}$ 邊形之

$$k \le \dfrac{n}{p_{j1}\cdot p_{j2}\cdots\cdots p_{jm-1}} - 1 \quad \prod \overline{A_0A_k} = \dfrac{n}{p_{j1}\cdot p_{j2}\cdots\cdots p_{jm-1}}$$

2.1.以外之情形均與1.之(2)之情況同理。

以上第 $\frac{m}{2}$ 括號內共有 C_{m-1}^m 個 $\dfrac{n}{p_{j1}\cdot p_{j2}\cdots\cdots p_{jm-1}}$ 相乘。

故 $k \le \left[\frac{n-1}{2}\right]$ $\prod \overline{A_0A_k}$

$$(k \cdot n = 1)$$

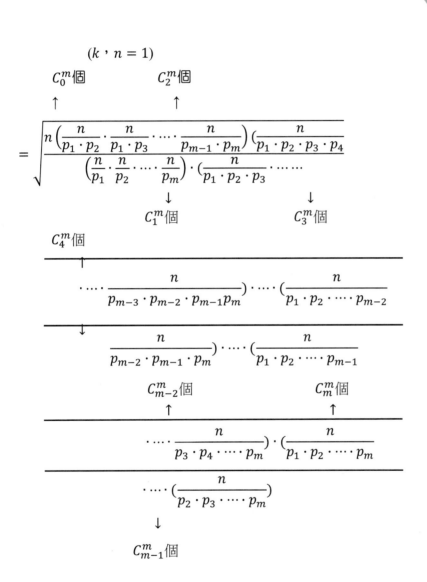

$$= \sqrt{\frac{n\left(\dfrac{n}{p_1 \cdot p_2} \cdot \dfrac{n}{p_1 \cdot p_3} \cdot \dots \cdot \dfrac{n}{p_{m-1} \cdot p_m}\right)\left(\dfrac{n}{p_1 \cdot p_2 \cdot p_3 \cdot p_4}\right.}{\left(\dfrac{n}{p_1} \cdot \dfrac{n}{p_2} \cdot \dots \cdot \dfrac{n}{p_m}\right) \cdot \left(\dfrac{n}{p_1 \cdot p_2 \cdot p_3} \cdot \dots \dots\right.}}$$

C_0^m個　　　　C_2^m個

C_1^m個　　　　C_3^m個

C_4^m個

$$\dots \cdot \frac{n}{p_{m-3} \cdot p_{m-2} \cdot p_{m-1} p_m}) \cdot \dots \cdot (\frac{n}{p_1 \cdot p_2 \cdot \dots \cdot p_{m-2}}$$

$$\frac{n}{p_{m-2} \cdot p_{m-1} \cdot p_m}) \cdot \dots \cdot (\frac{n}{p_1 \cdot p_2 \cdot \dots \cdot p_{m-1}}$$

C_{m-2}^m個　　　　C_m^m個

$$\dots \cdot \frac{n}{p_3 \cdot p_4 \cdot \dots \cdot p_m}) \cdot (\frac{n}{p_1 \cdot p_2 \cdot \dots \cdot p_m}$$

$$\dots \cdot (\frac{n}{p_2 \cdot p_3 \cdot \dots \cdot p_m})$$

C_{m-1}^m個

在分子中，n共有$C_0^m + C_2^m + C_4^m + \dots + C_m^m = 2^{m-1}$個，而$p_1$，$p_2$，$\dots\dots$，$p_m$

各有

$$C_1^{m-1} + C_3^{m-1} + \cdots\cdots + C_{m-1}^{m-1} = 2^{m-2}\text{個}$$

在分母中，n 共有 $C_1^m + C_3^m + \cdots\cdots + C_{m-1}^m = 2^{m-1}$ 個，而 p_1，p_2，$\cdots\cdots$，p_m

各有

$$C_0^{m-1} + C_2^{m-1} + \cdots\cdots + C_{m-2}^{m-1} = 2^{m-2}\text{個}$$

故

$$\prod_{k \le \left[\frac{n-1}{2}\right]} \overline{A_0 A_k} = \sqrt{\dfrac{\dfrac{n^{2n-1}}{(p_1 \cdot p_2 \cdot \cdots \cdot p_m)^{2n-2}}}{\dfrac{n^{2n-1}}{(p_1 \cdot p_2 \cdot \cdots \cdot p_m)^{2n-2}}}} = 1$$

$(k,\ n = 1)$

(二) 若 m 為奇數，則

$$\prod_{k \le \left[\frac{n-1}{2}\right]} \overline{A_0 A_k}$$

$(k，n = 1)$

$$= \sqrt{\dfrac{\left(\displaystyle\prod_{k \le (n-1)} \overline{A_0 A_k}\right) \cdot \displaystyle\prod_{1 \le j_1 < j_2 \le m} \left(\prod_{k\text{為}p_{j1} \cdot p_{j2}\text{之倍數}} \overline{A_0 A_k}\right)}{\displaystyle\prod_{1 \le j_1 \le m} \left(\prod_{k\text{為}p_j\text{之倍數}} \overline{A_0 A_k}\right) \cdot \displaystyle\prod_{1 \le j_1 < j_2 < j_3 \le m}}}$$

$$\cdot \prod_{1 \le j_1 < j_2 < j_3 < j_4 \le m} \left(\prod_{k\text{為}p_{j1} \cdot p_{j2} \cdot p_{j3} \cdot p_{j4}\text{之倍數}} \overline{A_0 A_k}\right)$$

$$\left(\prod_{k\text{為}p_{j1}\cdot p_{j2}\cdot p_{j3}\text{之倍數}}\overline{A_0A_k}\right)\cdots\cdots\prod_{1\le j_1<j_2<\cdots<j_{m-2}\le m}$$

$$\frac{\cdots\cdots\prod_{1\le j_1<j_2<\cdots<j_{m-1}\le m}\left(\prod_{k\text{為}p_{j1}\cdot p_{j2}\cdots\cdot p_{jm-1}\text{之倍數}}\overline{A_0A_k}\right)}{\left(\prod_{k\text{為}p_{j1}\cdot p_{j2}\cdots\cdot p_{jm-2}\text{之倍數}}\overline{A_0A_k}\right)\cdot\left(\dfrac{n}{p_1\cdot p_2\cdots\cdot p_m}\right)}$$

（以上之k均$\le(n-1)$）

$$=\sqrt{\frac{n\left(\dfrac{n}{p_1\cdot p_2}\cdots\cdot\dfrac{n}{p_{m-1}\cdot p_m}\right)\cdot\left(\dfrac{n}{p_1\cdot p_2\cdot p_3\cdot p_4}\cdots\cdot\right)}{\left(\dfrac{n}{p_1}\cdots\cdot\dfrac{n}{p_m}\right)\cdot\left(\dfrac{n}{p_1\cdot p_2\cdot p_3}\cdots\cdot\dfrac{n}{p_{m-2}\cdot p_{m-1}\cdot p_m}\right)}}$$

上方標示：C_0^m個 ↑　C_2^m個 ↑　C_4^m個 ↑

下方標示：↓ C_1^m個　↓ C_3^m個

$$\frac{\dfrac{n}{p_{m-3}\cdot p_{m-2}\cdot p_{m-1}\cdot p_m}\right)\cdots\cdot\left(\dfrac{n}{p_1\cdot p_2\cdots\cdot p_{m-1}}\cdots\cdot\dfrac{n}{p_2\cdot p_3\cdots\cdot p_m}\right)}{\cdot\left(\dfrac{n}{p_1\cdot p_2\cdots\cdot p_{m-2}}\right)\cdots\cdots\cdot\left(\dfrac{n}{p_3\cdot p_4\cdots\cdot p_m}\right)\cdot\left(\dfrac{n}{p_1\cdot p_2\cdots\cdot p_m}\right)}$$

上方標示：C_{m-1}^m個 ↑

下方標示：↓ C_{m-2}^m個　↓ C_m^m個

在分子中，n共有$C_0^m+C_2^m+C_4^m+\cdots+C_{m-1}^m=2^{m-1}$個，而$p_1$，

p_2，……，p_m各有

$$C_1^{m-1} + C_3^{m-1} + \cdots\cdots + C_{m-2}^{m-1} = 2^{m-2}個$$

在分母中，n共有$C_1^m + C_3^m + \cdots\cdots + C_m^m = 2^{m-1}$個，而$p_1$，$p_2$，……，$p_m$各有

$$C_0^{m-1} + C_2^{m-1} + \cdots\cdots + C_{m-1}^{m-1} = 2^{m-2}個$$

故

$$\prod_{k \leq \left[\frac{n-1}{2}\right]} \overline{A_0 A_k} = \sqrt{\dfrac{\dfrac{n^{2n-1}}{(p_1 \cdot p_2 \cdot \cdots \cdot p_m)^{2n-2}}}{\dfrac{n^{2n-1}}{(p_1 \cdot p_2 \cdot \cdots \cdot p_m)^{2n-2}}}} = 1$$

$$(k，n = 1)$$

$$\prod \overline{A_0 A_k} = 1$$

以上表示無論m為偶數或奇數，恆有 $k \leq \left[\frac{n-1}{2}\right]$，故本定理

$$(k，n) = 1$$

得證。

以上的定理5、定理6與定理7可綜合為下列的定理8：

定理 8

單位圓內接正 n 邊形 $A_0 A_1 A_2 \cdots A_{n-1}$ 中，若 $n = p^l$（p 為質數，$l \in$ N），則 $\prod \overline{A_0 A_k} = \sqrt{p}$，$k \leq \left[\dfrac{n-1}{2}\right]$。若 $n = p_1^{r1} \cdot p_2^{r2} \cdots \cdots p_m^{rm}$（$pi$ 為相異質數，$ri \in N$，$i = 1, 2, 3, \cdots, m, m \geq 2$），則 $\prod \overline{A_0 A_k} = 1$，$(k, n) = 1$，$k \leq \left[\dfrac{n-1}{2}\right]$。

(五)參考資料

1. 高中基礎數學(二)，國立編譯館出版。
2. 複數與幾何，人間文化事業股份有限公司出版。

參

數學學習輔導

一、如何學好數學

　　從前有一位數學家說過：數學是由最少的假設推出最多結論的一門科學。因此您可以說數學很難，因為它千變萬化，任意組合就是一個新的題目，您無從死背！但您也可以說它簡單，因為解數學問題可以「一以貫之」(註)，一個不超出您學習範疇內的題目，只要您具備應有的基本觀念與推理能力，掌握解題的原理與脈絡，即使這個題目您事先沒見過、作過，您照樣也能把它解出來。不像其他如語文科目，一個新詞彙或單字，假如您事先沒學過，您就無法說出它的意義。那如何學習數學才能把它學好呢？底下提出「四多三要」的建議。

　　「四多」就是：多聽、多作、多想、多問。此「四多」乃培養數學能力的要訣。「聽」就是在「學」，「學」要學得徹底，不可一知半解，觀念要融會貫通，不可支離破碎；「作」是「練習」，也就是把您所學的，應用到解問題上。「聽」與「作」難免會碰到疑難，那就要靠「想」的功夫去打通它，假如還想不通，解不來就要「問」—— 問同學、問老師或參考書，務必將疑難解決為止。這就是所謂的學問：既學又問。

　　「三要」是：
1. 要能細心，要有恆心。
2. 要整體的瞭解而非片段的記憶。
3. 要能推移，能舉一反三。

分別說明如下：

1. **要能細心，要有恆心**：細心與恆心是學好數學的基礎。計算要細心，觀念的瞭解與辨別也要細心不可粗心大意，似是而非。恆心也是必要的，不可一曝十寒，斷斷續續，要持之有恆。

基本上要有一個認識：數學能力乃是長期努力累積的結果，而不是一朝一夕之功所可一蹴可及。您可能花一天或一個晚上的功夫把某課文背得滾瓜爛熟，第二天考背誦時對答如流而獲高分，也有可能花了一兩個禮拜的時間拼命算數學，但到頭來數學還是考不好，這時候您可不能氣餒，也不必為花掉的時間惋惜，因為種什麼「因」必能得什麼「果」，只要繼續努力，持之有以恆，最後必能證明您的努力沒有白費。

2. **要整體的瞭解而非片段的記憶**：對您所學的某一單元要整體的瞭解。舉二次函數為例來說明何謂整體的瞭解，對二次函數

$$f(x)=ax^2 + bx + c=0 \ (a，b，c \in R，a \neq 0)$$

$x \in R$圖形之性質應有下列整體的瞭解：（底下 $\triangle$ 表 $b^2 - 4bc$）

(1) 其圖形是拋物線。

① 頂點座標為 $\left(-\dfrac{b}{2a}, c - \dfrac{b^2}{4a}\right)$。

② $a > 0$ 時開口向上，頂點為最低點，$a < 0$ 時開口向下，頂點為最高點。

③ 圖形與 y 軸必相交一點，這是因為令 $x=0$ 代入 $f(x)=ax^2 + bx + c$ 中，必得 $f(0)=c$，故圖形必與 y 軸交於一點 $(0，c)$。

(2) 那麼圖形與x軸是否相交呢？不一定，這是因為圖形與x軸有無交點取決於方程式$ax^2+bx+c=0$有無實根，而方程式$ax^2+bx+c=0$有無實根又取決於此方程式之判別式（令為△）之值的為正，為負或零，因此有下列三種情形：

① △＞0：方程式$ax^2+bx+c=0$有兩實根，所以圖形與x軸有兩交點。

② △=0：方程式$ax^2+bx+c=0$僅有一實根，所以圖形與x軸只有一交點。

③ △＜0：方程式$ax^2+bx+c=0$沒有實根，所以圖形與x軸不相交

(3) 在上述(2)之③中，當△＜0時，圖形與x軸不相交，那麼圖形與x軸的位置關係會如何呢？這可由a之正、負來決定，因為當$a＞0$時拋物線開口向上，故在△＜0之情況下，此時拋物線必完全在x軸上方，而$a＜0$時必完全在x軸下方，而且兩者之逆命題亦均為真，故得下列的結論：

設$f(x)=ax^2+bx+c$（$a\neq0$），則

$$a＞0，△＜0 \Leftrightarrow \forall x \in R，f(x)＞0；$$

$$a＜0，△＜0 \Leftrightarrow \forall x \in R，f(x)＜0，$$

以上的性質又可合併為：

$$△＜0 \Leftrightarrow \forall x \in R，af(x)＞0。$$

3. **要能推移，能舉一反三**：對您所學的觀念與方法要能應用到別的

輕鬆學好高中數學

情境上，如用<u>配方法</u>可求出一個變數的二次函數之最大、最小值，但也可以應用到非一個變數或非二次的情形上，如求$x^2 + y^2 - 4x - 2y + 1$之最小值（$x，y \in R$）及求$x^4 - 2x^2 + 3$（$x \in R$）之最小值也可用配方法求之。

其次我們來談談解題思路的問題，也是大家很關心的問題：「如何解題」？

通常在解問題時，我們可以反覆的從各種觀點與方向來思考。我們對問題了解的程度是隨著思考的加深而不斷地改變的，起初我們對問題經常只有部分的瞭解，在有了若干進展之後，瞭解必然增加，到了差不多可以得到解答的時候，瞭解的程度達到最高點。隨時把握對問題的瞭解，掌握解答的契機，鍥而不捨的思考直到得出答案為止。對於解題的思路歷程我在此提出大數學家<u>坡里雅</u>之解題的四個階段供您參考：

第一、**瞭解問題**：看清楚問題要求解什麼？什麼是「未知」？什麼是「已知」，已知的條件是否足夠決定未知數的值？作一個圖導入適當的計劃！

第二、**擬定計劃**：看清楚題目裡各部分的關連，找出未知數與已知數之間的關係。如果找不到就得考慮一些輔助問題：如您以前有沒有解過類似的問題？解一個簡單點的題目能否幫助您建立計劃？最後再檢查看看有沒有疏忽掉某些資料？（<u>隨時注視已知條件是一個很重要的原則</u>）—— 總之要想辦法擬定一個解題的計劃！

第三、**實行計劃**：實行您所擬定的計劃，校核每一步驟：您能清楚的看出那步驟是正確的嗎？您能證明它是正確的嗎？

第四、**回顧解答**：檢驗所求得的解答，並把這結果或方法應用到別的

問題上！並且想想您是否還有其他的解法？

現舉例綜合說明以上的四個階段：

例1 設一直線L與二直線L_1：$x+2y=10$，L_2：$2x-y=10$相交於相異兩點A、B且O為$\overline{AB}$之中點，試求L之方程式。

【解】

第一、瞭解問題：先作一個圖形如下所示，看清楚我們現在要求出什麼——求L的方程式。因L過原點且L必有斜率，故可設L的方程式為$y=mx$，那麼我們要求的未知數便是「m」。

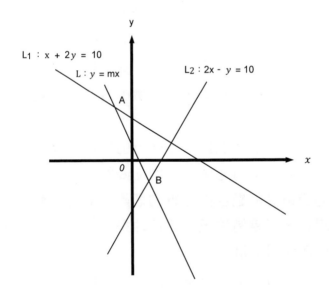

第二、擬定計劃：如何求 m？看看其他的已知條件是什麼？就是 O 為 $\overline{AB}$ 之中點，因 O 之座標為 $(0，0)$，故我們可設法求出 A、B 的座標（實際上求出 x 座標或 y 座標即可）以 m 表示，然後 A、B 之 x 座標（或 y 座標）的和就等於 0，由此可求出 m 值。那我們現在就來求 A、B 的 x 座標好了！那如何求呢？因為 A、B 是直線 L 與 L_1，L_2 之交點，故 A、B 之 x 座標分別就是滿足聯立方程式中 x 的值，

$$\begin{cases} x + 2y = 10 \text{—(1)} \\ y = mx \text{——— (3)} \end{cases} \qquad \cdots\cdots\cdots\cdots\cdots\cdots \text{(A)}$$

與

$$\begin{cases} 2x - y = 10 \text{—(2)} \\ y = mx \text{——— (4)} \end{cases} \qquad \cdots\cdots\cdots\cdots\cdots\cdots \text{(B)}$$

故分別解 (A)，(B) 求出 x 就是了。

第三、實行計劃：現用加、減消去法解 (A) 與 (B) 求 x 的值如下：先解 (A)，(3) 代入 (1) 得

$$(1 + 2m)x = 10$$

$$\therefore \quad x = \frac{10}{1 + 2m}，$$

同理解 (B) 可得

$$x = \frac{10}{2 - m}，$$

其次因原點 O 為 $\overline{AB}$ 之中點，故

$$\frac{10}{1+2m} + \frac{10}{2-m} = 0 \ ,$$

約去10，再移項可得

$$\frac{1}{1+2m} = \frac{1}{m-2}$$

$$\therefore 1+2m = m-2$$

故得 $m = -3$，因而 L 之方程式為 $y = -3x$。

第四、回顧解答：我們可檢驗所求得的答案如下：將 $y = -3x$ 分別與 L_1、L_2 之方程式。聯立求得 A、B 之座標為 $(-2，6)$ 與 $(2，-6)$，而 $\overline{AB}$ 之中點確為 $(0，0)$ 即原點，故所求無誤！

其次我們亦可另解本問題如下：$\overline{AB}$ 中點為 O，故 A、B 對於 O 成對稱，若設 A 之座標為 $(a，b)$，則 B 之座標為 $(-a，-b)$，將 $(a，b)$、$(-a，-b)$ 分別代入 L_1、L_2 方程式得 $a + 2b = 10$，與 $-2a + b = 10$，聯立解得 $a = -2$、$b = 6$，故 A 之座標為 $(-2，6)$，因而與 $O(0，0)$ 可求得 L 之斜率 $m = \frac{6-0}{-2-0} = -3$，從而得 L 之方程式為 $y = -3x$。

再舉一個例子：

例2　菱形之四頂點為 $A(a，1)$、$B(3，5)$、$C(7，3)$、$D(b，-1)$，且 $a > 1$，試求 $2a + b$ 之值

【解】

我們仍分四個階段解答如下：

第一、瞭解問題：本題要求$2a+b$的值，實際上就是要求a與b之值，然後再$2 \times a$與b相加，不過要注意$a > 1$之假設，此可能a之值不只一個！而本題之已知條件為$ABCD$為一菱形及A、B、C、D四點之座標。

第二、擬定計劃：如何求a與b之值呢？當然要利用$ABCD$為一菱形之條件，於是想到菱形有什麼性質？也就是一個四邊形為菱形的充要條件為何？可以說：四邊相等，也可以說，對角條互相垂直平分。我們利用第二個概念來解好了！

第三、實行計劃：因對角線互相平分，也就是對角線的中點重合，所以得到$a+7=b+3$，移項得

$$b=a+4 \quad \cdots\cdots\cdots\cdots\cdots\cdots\cdots\cdots\cdots ①$$

又對角線互相垂直，也就是：$\overline{AC}$ 與 $\overline{BD}$ 斜率乘積等於-1，於是得

$$\frac{-2}{a-7} \times \frac{-6}{b-3} = -1$$

即

$$(a-7)(b-3) = -12 \quad \cdots\cdots\cdots\cdots\cdots\cdots ②$$

將①代入②得

$$(a-7)(a+1) = -12$$

即$a^2 - 6a + 5 = 0$，解得$a=5$或1（不合）。代入①得$b=9$，所以$2a+b=19$。

以上「對角線互相垂直，也就是：對角線斜率乘積等於－1」，這是一種轉化的工作：把「垂直」轉化成同義性質「斜率乘積等於－1」，以更能作代數運算。

第四、回顧答案：將 $a=5$，$b=9$ 代入 A、D 的座標中得四頂點之座標為 $A(5，1)$、$B(3，5)$、$C(7，3)$、$D(9，-1)$，得 $\overline{AC}$ 之中點為 $(6，2)$，此亦為 $\overline{BD}$ 之中點，且 $m_{\overline{AC}} = \dfrac{3-1}{7-5} = 1$、$m_{\overline{BD}} = \dfrac{-1-5}{9-3} = -1$ 因 $m_{\overline{AC}} \times m_{\overline{BD}} = -1$，故 $\overline{AC} \perp \overline{BD}$，確合所求，您當然也可求出四邊長證其相等，因而得知其確為菱形。

有時一個問題較複雜較困難，已知條件與求解目標關係不明顯，必須經過分析、演化，最後歸納為解一個或若干個較簡單、較熟悉的問題，通過解這些較簡單、熟悉的問題來完成原問題的解 —— 這是化歸的思維方式。

例3　$\triangle ABC$ 中，$c=10$，$\dfrac{\cos B}{\cos A} = \dfrac{a}{b} = \dfrac{3}{4}$，$P$ 是 $\triangle ABC$ 內切圓上的動點，求 $\overline{PA}^2 + \overline{PB}^2 + \overline{PC}^2$ 的最大值與最小值。

【解】

第一、瞭解問題：此題的已知條件較多，包括「$c=10$，$\dfrac{\cos B}{\cos A} = \dfrac{a}{b} = \dfrac{3}{4}$，$P$ 在 $\triangle ABC$ 的內切圓上」，這些條件與目標函數 $\overline{PA}^2 + \overline{PB}^2 + \overline{PC}^2$ 的關係不明顯，如何求其最大、最小值，一下子找不出解題思路，所以必須先深入分析已知條件：

由正弦定理知 $\dfrac{a}{b} = \dfrac{\sin A}{\sin B}$，

$\therefore \dfrac{\cos B}{\cos A} = \dfrac{a}{b}$，也就是 $\dfrac{\cos B}{\cos A} = \dfrac{\sin A}{\sin B}$，

於是 $\quad\quad \sin A \cos A = \sin B \cos B$，

即 $\quad\quad \sin 2A = \sin 2B$，

$\therefore \quad 2A = 2B \quad$ 或 $\quad 2A = \pi - 2B$。

即 $\quad\quad A = B \quad$ 或 $\quad A + B = \dfrac{\pi}{2}$。

但當 $A = B$ 時，則 $a = b$ 與 $\dfrac{a}{b} = \dfrac{3}{4}$ 矛盾，

$\therefore \quad\quad A + B = \dfrac{\pi}{2}$。

由 $A + B = \dfrac{\pi}{2}$ 可得

$$\frac{\cos B}{\cos A} = \tan A = \frac{3}{4}。$$

於是已知條件轉化成「$\angle c = \dfrac{\pi}{2}$，$c = 10$，$\tan A = \dfrac{3}{4}$」這是個解直角三角形的基本題，易於解出 $a = 6$，$b = 8$，至此問題轉化成：

在 Rt$\triangle ABC$中，$\angle c = \dfrac{\pi}{2}$，$a = 6$，$b = 8$，$c = 10$，求$\triangle ABC$內切圓上任一點到$A$、$B$、$C$三頂點距離平方和的最大值與最小值。

第二、擬定計劃：表面上看，這個轉化後的問題是平面綜合幾何的問題，但是因為不便於利用「P點在$\triangle ABC$內切圓上」的條件，所以求

$\overline{PA}^2 + \overline{PB}^2 + \overline{PC}^2$ 的最大值與最小值仍有困難。鑒於點的位置和兩點間的距離在解析幾何中能比較方便的表示出來，所以可換個解題方向，把綜合幾何的問題轉換成用解析幾何中的座標方法來解。

第三、實行計劃：這樣在下圖所示的直角座標系中 $A(8，0)$，$B(0，6)$，$C(0，0)$，根據求 Rt△ 內切圓半徑的公式得半徑

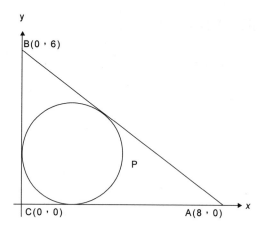

$$r = \frac{a+b-c}{2} = \frac{8+6-10}{2} = 2$$

∴　內切圓的方程式為

$$(x-2)^2 + (y-2)^2 = 4，$$

因此可設

$$P(2+2\cos\theta，2+2\sin\theta)\ (0 \leq \theta < 2\pi)$$

於是

$$\overline{PA}^2 + \overline{PB}^2 + \overline{PC}^2$$

$$= [(6 - 2\cos\theta)^2 + (2 + \sin\theta)^2] + [(2 + 2\cos\theta)^2 + (4 - 2\sin\theta)^2]$$
$$\quad + [(2 + 2\cos\theta)^2 + (2 + 2\sin\theta)^2]$$
$$= 80 - 8\cos\theta$$

因此問題歸結為求函數$f(\theta) = 80 - 8\cos\theta$（$0 \le \theta < 2\pi$）的最大、最小值。這是一個很簡單的極值問題，利用$\cos\theta \in [-1，1]$，可知$\overline{PA}^2 + \overline{PB}^2 + \overline{PC}^2$之最大值為88，最小值為72。

以上問題的轉化過程，可用下表示意如下：

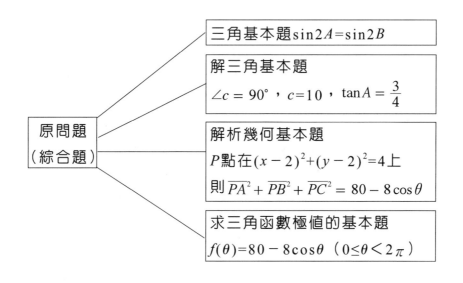

第四、回顧解答：最後我們回顧一下產生 $\overline{PA}^2 + \overline{PB}^2 + \overline{PC}^2$ 之最大值與最小值之 P 點究竟在何處？

　　以內切圓圓心 $(2，2)$ 當作新原點作新橫軸 x' 軸與新縱軸 y' 軸，因產生 $f(\theta)$ 之最大值的 $\theta = \pi$，故此時 P 點座標為 $(0，2)$ 而產生 $f(\theta)$ 之最小值的 $\theta = 0$，故此時 P 點座標為 $(4，2)$。

　　其次我們發現在以上的解法中，就是在先判斷 $\triangle ABC$ 的形狀，再求 $\triangle ABC$ 的三邊長，其中用到了正弦定理：消去「邊」留下「角」，最後用「角」來判斷三角形的形狀，實際上我們亦可利用餘弦定理：消去「角」留下「邊」，用「邊」來判斷三角形的形狀：

$$\frac{\cos B}{\cos A} = \frac{a}{b}，\quad 即 \quad \frac{\dfrac{c^2 + a^2 - b^2}{2ca}}{\dfrac{b^2 + c^2 - a^2}{2bc}} = \frac{a}{b}，$$

化簡得

$$a^2(b^2 + c^2 - a^2) = b^2(c^2 + a^2 - b^2)$$

兩邊消去 $a^2 b^2$，移項後因式分解得

$$(a + b)(a - b)(c^2 - a^2 - b^2) = 0$$

因 $a \neq b$ 故得 $c^2 = a^2 + b^2$，也就是 $\angle c$ 為直角，從而利用 $c = 10$，$\dfrac{a}{b} = \dfrac{3}{4}$ 求得 $a = 6$，$b = 8$。

例4　n 為已予自然數，a 是大於1的已予實數，試解下列 x 的不等式：

$$\log_a x - 4\log_{a^2} x + 12\log_{a^3} x - \cdots + n(-2)^{n-1}\log_{a^n} x > \frac{1-(-2)^n}{3}\log_a(x^2-a)$$

【解】

第一、瞭解問題：這是個含參數 a 的對數不等式，其中還包含了自然數 n，因而是個較複雜的綜合題，必須先化簡。

第二、擬定計劃：化簡的步驟有：

1. 先合併原不等式之左端，

2. 再消去兩端的對數。

第三、實行計劃：首先，利用對數的換底公式，可以把原不等式左邊的一般項改寫為

$$k(-2)^{k-1}\log_{a^k} x = (-2)^{k-1}\log_a x \quad (k=1，2，3，\cdots，n)$$

利用這個結果，可求出原不等式左邊的和為

$$\sum_{k=1}^{n}(-2)^{k-1}\log_a x = [1-2+2^2+\cdots+(-2)^{n-1}]\log_a x$$

$$= \frac{1-(-2)^n}{3}\log_a x$$

於是原不等式化歸為下列較簡單的不等式：

$$\frac{1-(-2)^n}{3}\log_a x > \frac{1-(-2)^n}{3}\log_a(x^2-a) \,(*)$$

為了消去兩邊的 $\frac{1-(-2)^n}{3}$，必須考慮它的正負，此與 n 為奇數或偶數

有關，因而分為下列兩種情況：

當 n 為奇數時，$\dfrac{1-(-2)^n}{3} > 0$，則(*)化為

$$\log_a x > \log_a(x^2 - a) \qquad\qquad\qquad (1)$$

當 n 為偶數時，$\dfrac{1-(-2)^n}{3} < 0$，則(*)化為

$$\log_a x < \log_a(x^2 - a) \qquad\qquad\qquad (2)$$

　　根據 x 允許值的限定條件以及當 $a > 1$ 時，$\log_a x$ 是增函數的特點，不等式(1)兩邊消去對數後可轉化為下列不等式組

$$\begin{cases} x > 0 \\ x^2 - a > 0 \\ x > x^2 - a \end{cases}$$

即

$$\begin{cases} x > \sqrt{a} \\ \left(x - \dfrac{1 - \sqrt{1+4a}}{2}\right)\left(x - \dfrac{1 + \sqrt{1+4a}}{2}\right) < 0 \end{cases}$$

通過解簡單不等式可得：

當 n 為奇數時，原不等式的解為

$$\sqrt{a} < x < \dfrac{1 + \sqrt{1+4a}}{2}$$

同理，可得

當 n 為偶數時，原不等式的解為

$$x > \frac{1 + \sqrt{1 + 4a}}{2}$$

第四、回顧解答：以上的解題過程，是在化歸與分類的思維方式下完成的，其中用到了等比級數的求和公式以及對數的換底公式，$a > 1$，$\log_a f(x) > \log_a g(x) \Leftrightarrow f(x) > g(x)$，還有簡單二次不等式的解法，也是一個精彩的綜合題。

例5 設f是定義在非負實數上且取非負實數值的函數，求所有滿足下列條件的f：

(1) $f(xf(y))f(y) = f(x + y)$

(2) $f(2) = 0$

(3) $f(x) \neq 0$，$0 \leq x < 2$

【解】

第一、瞭解問題：初看就會覺得這不是一個單一式子就能表示出的函數，x必須要分類，而因為$f(2) = 0$，故分類的關鍵點在2。

第二、擬定計劃：x分成大於2與小於2兩種情形分別求$f(x)$，再合併。

第三、實行計劃：分下列兩種情況討論：

(一) 當$x > 2$時，令$x = t + 2$，$t > 0$，則由題目條件得

$$f(x) = f(t + 2) = f(tf(2))f(2) = 0$$

(二) 當$0 \leq x < 2$時，先令$x = 2 - t\,(t > 0)$，則$x + t = 2$（即$t = 2 - x$）

$$\therefore \quad 0=f(2)=f(t+x)=f(tf(x))f(x)$$

由於 $f(x) \neq 0$

$$\therefore \quad f(tf(x))=0$$

$$\therefore \quad tf(x) \geq 2$$

因而

$$f(x) \geq \frac{2}{t} = \frac{2}{2-x} \quad \text{..............................} \quad (1)$$

再取 $t < 2-x$，則 $x+t < 2$

$$\therefore \quad f(tf(x))f(x)=f(t+x) \neq 0$$

$$\therefore \quad f(tf(x)) \neq 0$$

因而 $tf(x) < 2$

$$\therefore \quad f(x) < \frac{2}{t}$$

令 $t \to 2-x$ 取極限得

$$f(x) \leq \frac{2}{2-x} \quad \text{.................................} \quad (2)$$

由以上 (1)、(2) 得

$$f(x) = \frac{2}{2-x}$$

輕鬆學好高中數學

綜上(一)、(二)得

$$f(x) = \begin{cases} 0 \ , \ x \geq 2 \\ \dfrac{2}{2-x} \ , \ 0 \leq x < 2 \end{cases}$$

第四、回顧解答：不難驗證所求出的$f(x)$滿足題中要求。

例6 在$\triangle ABC$中，求證：

$$\cot^3 \frac{A}{2} + \cot^3 \frac{B}{2} + \cot^3 \frac{C}{2} \geq 9\sqrt{3} \ \text{。}$$

證明 第一、瞭解問題：此題為三角與不等式的綜合題，直接利用「平均不等式」得不到證明，故必須先表出$\cot\frac{A}{2}$、$\cot\frac{B}{2}$、$\cot\frac{C}{2}$，而關鍵在如何將角A、B、C二等分，因為內心與A、B、C的連線會將角A、B、C二等分，故先作$\triangle ABC$的內切圓

第二、擬定計劃：作$\triangle ABC$的內切圓，令圓心為O，連$\overline{OA}$、$\overline{OB}$、$\overline{OC}$，且令切點將各邊分成的兩段分別為x，y；y，z；z，x，如下圖所示。今內切圓半徑為r，分別以r及x、y、z表出$\cot\frac{A}{2}$、$\cot\frac{B}{2}$、$\cot\frac{C}{2}$，再以x、y、z表r，而原不等式化成x、y、z的不等式，再證之。

第三、實行計劃：1. 如右圖所示，有

$$\cot\frac{A}{2} = \frac{x}{r} \ \text{，}$$

$$\cot\frac{B}{2} = \frac{y}{r} \ , $$

$$\cot\frac{C}{2} = \frac{z}{r} \ , $$

其中 $r = \dfrac{\triangle}{S}$ （ $\triangle$ 表示 $\triangle ABC$ 的面積， S 表周長之半）

$\because \quad a = y + z \ , \ b = z + x \ , \ c = x + y$

$\therefore \quad S = x + y + z$

而由<u>海龍</u>公式，有

$$\triangle = \sqrt{(x+y+z)xyz}$$

$\therefore \quad r = \dfrac{\sqrt{(x+y+z)xyz}}{x+y+z}$

於是

$$\cot\frac{A}{2} = \frac{x}{\dfrac{\sqrt{(x+y+z)xyz}}{x+y+z}} = \frac{x(x+y+z)}{\sqrt{(x+y+z)xyz}} = \frac{x\sqrt{x+y+z}}{\sqrt{xyz}}$$

同理

$$\cot\frac{B}{2} = \frac{y\sqrt{x+y+z}}{\sqrt{xyz}} \ , $$

$$\cot\frac{C}{2} = \frac{z\sqrt{x+y+z}}{\sqrt{xyz}} \ , $$

所以原不等式等價於

$$\frac{(x^3 + y^3 + z^3)(x + y + z)^{\frac{3}{2}}}{(xyz)^{\frac{3}{2}}} \geq 9\sqrt{3}$$ ，現證此不等式，即得證原不等式。

2. 由平均不等式得

$$x^3 + y^3 + z^3 \geq 3xyz$$

$$x + y + z \geq 3\sqrt[3]{xyz} \Rightarrow (x + y + z)^{\frac{3}{2}} \geq 3^{\frac{3}{2}}(xyz)^{\frac{1}{2}}$$

$$\therefore \quad (x^3 + y^3 + z^3)(x + y + z)^{\frac{3}{2}} \geq 9\sqrt{3}(xyz)^{\frac{3}{2}}$$

即

$$\frac{(x^3 + y^3 + z^3)(x + y + z)^{\frac{3}{2}}}{(xyz)^{\frac{3}{2}}} \geq 9\sqrt{3} \ ,$$

因而原不等式得證。

第四、回顧解答：最後我們檢視在原不等式中，「＝」號成立的條件為何？

由 $x^3 + y^3 + z^3 \geq 3xyz$ 及 $(x + y + z)^{\frac{3}{2}} \geq 3^{\frac{3}{2}}(xyz)^{\frac{1}{2}}$ 中「＝」號成立 $\Leftrightarrow x = y = z$。

故知原不等式「＝」成立 $\Leftrightarrow \cot\dfrac{A}{2} = \cot\dfrac{B}{2} = \cot\dfrac{C}{2} \Leftrightarrow A = B = C = 60°$

即此三角形為正三角形。

此時

$$\cot^3\frac{A}{2} = \cot^3\frac{B}{2} = \cot^3\frac{C}{2} = \sqrt{3}^3 = 3\sqrt{3}$$

而

$$\cot^3 \frac{A}{2} + \cot^3 \frac{B}{2} + \cot^3 \frac{C}{2} = 9\sqrt{3}$$

　　有時一個問題，依據題設由正面去思考，浩如海洋，茫無頭緒，此時可改由反面切入，較易得手。這尤其在很多證明題中常須用及：先設結論不成立，而推導出矛盾的結果，因而原結論成立 —— 這也就是反證法（又稱歸謬證法），看下面的例子。

例7　試證明：對於任意大於1的正整數n，方程式$\dfrac{1}{x-1} + \dfrac{1}{x-2} + \cdots + \dfrac{1}{x-n} = 0$

沒有虛根。

證明　第一、瞭解問題：此題去分母後是一個$n-1$次的多項方程式，要證明它沒有虛根，由正面著手不易證明，可改由反面來思考。

　　第二、擬定計劃：設此方程式有虛根$p+qi$（p，$q \in R$，$q \neq 0$），則由實係數多項方程式虛根必成共軛的性質知：其亦必有虛根$p-qi$，從而推導出矛盾的結果。

　　第三、實行計劃：設此方程式有虛根$p+qi$（p，$q \in R$，$q \neq 0$），則必有虛根$p-qi$，代入原方程式，得

$$\frac{1}{(p-1)+qi} + \frac{1}{(p-2)+qi} + \cdots\cdots + \frac{1}{(p-n)+qi} = 0$$

$$\frac{1}{(p-1)-qi} + \frac{1}{(p-2)-qi} + \cdots\cdots + \frac{1}{(p-n)-qi} = 0$$

上、下兩式相減得

$$\frac{-2qi}{(p-1)^2+q^2}+\frac{-2qi}{(p-2)^2+q^2}+\cdots\cdots+\frac{-2qi}{(p-n)^2+q^2}=0$$

消去分子的 $-2qi$ 得，

$$\frac{1}{(p-1)^2+q^2}+\frac{1}{(p-2)^2+q^2}+\cdots\cdots+\frac{1}{(p-n)^2+q^2}=0$$

此與「p，$q\in R$，$q\neq 0$」相矛盾！因而得證原方程式沒有虛根。

第四、回顧問題：我們已證原方程式沒有虛根，因原式去分母後是一個 $n-1$ 次方程式，因 $n>1$ 故 $n-1>0$。

∴ 原方程式有 $n-1$ 個根，而且都是實根。

最後奉獻大家一句話：解題方法是經驗的累積，因此培養解題能力的不二法門是時時練習，多作題目。

註：譬如利用配方法，我們就可以解決很多有關二次函數(非僅一個變數的)求最大、最小值的問題。

二、假作真時真亦假，無為有處有還無
—— 談數學上一些「似是而非」的解法

(一)從一道算術問題談起

　　老王知道我是數學老師，故特地拿一道數學怪題考我，題目是這樣的：有甲、乙、丙三人各出10萬元合計30萬元託老王買一件禮物要送人，老闆因與老王熟識，故折價5萬元給老王，老王自己暗中摃下2萬，剩下3萬退給甲、乙、丙3人各1萬，事後老王自己算一算總數不對啊！因甲、乙、丙每人各拿回1萬，故實際上3人共只出資27萬，加上自己摃下的2萬，加起來只有29萬而非原來的30萬，他百思不得其解，因而向我請教。我起初亦覺事有蹊蹺，思索了一陣後，終於悟出其中玄機，為了讓老王領會其中的道理，我採用下面啟發式解說法：我把這個問題前半段保留不變，後半段改成下面這個題目：

　　1. 老闆退6萬給老王，老王暗摃下3萬，另3萬退給甲、乙、丙3人各1萬，則按照算法總數為30萬，不多也不少。

　　2. 老闆退7萬給老王，老王暗摃下4萬，另3萬退給甲、乙、丙3人各1萬，則結果總31萬，反而多了1萬？

　　你曉得我的意思嗎？簡單的說，我們上面的算法都是錯的，第1個問題會算對只是巧合，正確的算法應是：若老闆拿出a萬元（$a<30$）給老

王，老王暗摃了 b 萬元（$b < a$），則總數應是 $(10 - \dfrac{a-b}{3}) \times 3 + (a-b)$ 萬元，而非 $(10 - \dfrac{a-b}{3}) \times 3 + b$ 萬元，不過當 $b = a-b$（亦即 $b = \dfrac{a}{2}$）時答案就對了。我實在很佩服出這個問題的人，設計「情節」來迷惑人。

(二)一些「似是而非」的解法例舉

像以上這種似是而非的解法，在平常解題時，也可能誤入歧途而不自知，故特搜集一些常見的問題，分述於下，並指出錯誤所在，以供參考借鑑，為了將其系統化，以加深印象，特別歸納成下列幾種類型。

A 一廂情願型

先講一個笑話，有一位學生向同學炫耀他可以證明「任意三角形都是等腰三角形」，他的證法是：自頂點作底邊的垂線且平分底邊，於是得到兩個全等的三角形，因而得證等腰。── 這真是「一廂情願」的代表作，底下還有更精采的例子。

例1　某生解一道數學問題：「在介於 100 與 1000 之間的自然數中，能被7整除且被5除餘2的數，有多少個？」他的解法如下：設此種自然數為 x

　　步驟一：$\because x$ 被7整除且被5除餘2，$\therefore x = 7k$ 且 $x = 5k + 2$，其中 k 為自然數。

　　步驟二：$\because x$ 介於 100 與 1000 之間，$\therefore 100 < 7k < 1000$ 且 $100 < 5k + 2$

　　　　　　<1000。

步驟三：$\because$因此 $\dfrac{100}{7}<k<\dfrac{1000}{7}$ 且 $\dfrac{98}{5}<k<\dfrac{998}{5}$。

步驟四：$\because k$為自然數，$\therefore 20\leqq k\leqq 142$，得出滿足條件的$x$有$123$個。

試問下列何者為真?

(1) 他在步驟一處先發生錯誤　　(2) 他在步驟二處先發生錯誤

(3) 他在步驟三處先發生錯誤　　(4) 他在步驟四處先發生錯誤

(5) 他作法完全正確

【答】

　　(1)

說明　　滿足$x=7k$且$x=5k+2$之k值只有1，此時$x=7$顯然與題設不合。正確應設$x=7h$且$x=5k+2$（h，k均為自然數）從而可得$h=5m+1$，$k=7m+1$（m為整數）$\therefore x=35m+7$，由$100<x<1000$可得 $\dfrac{93}{35}<m<\dfrac{993}{35}$ $\therefore m$共有26個，因而x有26個，注意此中$h\neq k$。

例2　設x，y均為正實數且$x^2y=8$，求$x+y$的最小值

阿芳的解法如下：由算幾不等式得$\dfrac{x+y}{2}\geqq\sqrt{xy}$ $\therefore x+y\geqq 2\sqrt{xy}(*)$。

因為要產生最小值必須「＝」號成立，而「＝」號成立的充要條件為$x=y$，故令$x=y$代入$x^2y=8$中得$x=y=2$，$\therefore x+y=4$為最小值。

請問以上的解法正確或錯誤?為什麼?

【答】

　　錯誤，因為$(*)$式右端$2\sqrt{xy}$ 並非常數，故非此時產生最小值。$x=y$

只表示此時 $x + y = 2\sqrt{xy}$ ，其值在 $x^2y = 8$ 的條件下均為4，但並非4為最小值。

【說明】

本題正解首須將 $x + y$ 化成 $\frac{x}{2} + \frac{x}{2} + y$，再利用算幾不等式得

$$\frac{x}{2} + \frac{x}{2} + y \geqq 3 \sqrt[3]{(\frac{x}{2})^2 y} = 3 \sqrt[3]{\frac{x^2y}{4}} = 3\sqrt[3]{2}$$

故 $3\sqrt[3]{2}$ 為 $x + y$ 的最小值，

此時 $y = \frac{x}{2}$，因而 $x = 2\sqrt[3]{2}, y = \sqrt[3]{2}$。特別提醒大家，在以上 $\frac{x}{2} + \frac{x}{2} + y \geqq 3\sqrt[3]{2}$ 中，右端是一個常數故為最小值。

這一類問題再看一題比較難的：

例3 一個直圓柱體的體積為 54π，求其全表面積的最小值。

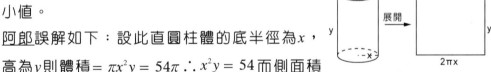

阿郎誤解如下：設此直圓柱體的底半徑為 x，高為 y 則體積 $= \pi x^2 y = 54\pi \therefore x^2 y = 54$ 而側面積 $= 2\pi xy$，上、下底面積各為 $\pi x^2 \therefore$ 全表面積 $= 2\pi(xy + x^2)$

$\because xy + x^2 \geqq 2\sqrt{x^3 y}$ (**)

「＝」號成立於 $xy = x^2$ 即 $x = y$，於是 $x^3 = 54$，故 $x = 3\sqrt[3]{2}$。

$\therefore$ 最小全表面積 $= 4\pi x^2 = 4\pi \cdot 9\sqrt[3]{4} = 36\sqrt[3]{4}\pi$。

問以上的解法為何錯誤？

【答】

它的錯誤跟例2的錯誤類似，問題出在 $(**)$ 式右端 $2\sqrt{x^3y}$ 並非常數，故並非此時產生最小值。

仿例2的解法可得本題之正解如下：

【正解】仍設底半徑與高分別為 x、y

則由上面的結果可得 $x^2y = 54$，

而全表面積 $= 2\pi(xy + x^2)$。

首先將 $xy + x^2$ 化成 $\dfrac{xy}{2} + \dfrac{xy}{2} + x^2$，仍由算幾不等式得

$$\dfrac{\dfrac{xy}{2} + \dfrac{xy}{2} + x^2}{3} \geq \sqrt[3]{(\dfrac{x^2y}{2})^2} = \sqrt[3]{3^6} = 9$$

$\therefore xy + x^2 \geqq 27$，故全表面積 $\geqq 54\pi$，$\therefore$ 最小為 54π，此時 $x = \dfrac{y}{2}$。

例4 如下圖長方形 $ABCD$，$\overline{AB} = a$，$\overline{AD} = b$，P 為 $\overline{BC}$ 上的動點，連接 DP 延長交 AB 直線於 E，求當 $\triangle BPE$ 與 $\triangle CPD$ 兩者面積和最小時，P 點的位置。某生直覺認為 P 應為 $\overline{BC}$ 的中點，請問正確嗎？

【答】

不正確，正確應是 $\overline{CP} = \dfrac{b}{\sqrt{2}}$。

【說明】

不妨令 $\overline{CP} = x$，將 $\triangle BPE$ 與 $\triangle CPD$ 兩者的面積表為 x 的函數，再求其和最小時，x 等於多少？後面部分由同學自行完成。

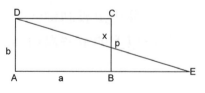

B. 自作多情型：此型與第一型類似但不完全相同。

例5 設 a，b 為正數，試求 $(a+b)(\dfrac{9}{a}+\dfrac{4}{b})$ 的最小值

阿燕的解法如下：由算幾不等式得 $a+b \geqq 2\sqrt{ab}$ ……………… (1)

$$\dfrac{9}{a}+\dfrac{4}{b} \geqq 2\sqrt{\dfrac{36}{ab}}$$ ……………………… (2)

$(1)\times(2)$：$(a+b)(\dfrac{9}{a}+\dfrac{4}{b}) \geqq 4\sqrt{ab}\sqrt{\dfrac{36}{ab}}=24$ …………… (3)

$\therefore (a+b)(\dfrac{9}{a}+\dfrac{4}{b})$ 的最小值為24。

她的答案是錯的，為什麼?

【答】

最小值非24，應比24大，因為(3)式「=」號不成立，為什麼?

因為要(3)式「=」號成立，必須(1)、(2)兩式皆「=」號成立，

而(1)式「=」號成立的條件為 $a=b$ ………………………… (4)

(2)式「=」號成立的條件為 $\dfrac{9}{a}=\dfrac{4}{b}$，即 $a=\dfrac{9b}{4}$ ……………… (5)

因(4)、(5)不同義，故(3)式「=」號不成立，也就是

$$(a+b)(\dfrac{9}{a}+\dfrac{4}{b}) > 24$$

【說明】

學生常看到 $x \geqq m$（m 為定值）就自作多情以為 x 至少是 m，所以 m 是 x 的最小值，錯了！因為有可能 $x \neq m$，只有 $x > m$，正解有下面兩種方法：

方法1. 原式 $= 9 + 4 + \dfrac{9b}{a} + \dfrac{4a}{b} \geqq 13 + 2\sqrt{(\dfrac{9b}{a})(\dfrac{4a}{b})} = 13 + 12 = 25$

上式「≥」中，「=」號成立於 $\dfrac{9b}{a} = \dfrac{4a}{b}$ 即 $a = \dfrac{3}{2}b$，∴最小值為25。

方法2. 利用<u>柯西</u>不等式得

$(a+b)(\dfrac{9}{a} + \dfrac{4}{b}) = (\sqrt{a}^2 + \sqrt{b}^2)((\dfrac{3}{\sqrt{a}})^2 + (\dfrac{2}{\sqrt{b}})^2) \geqq (\sqrt{a} \cdot \dfrac{3}{\sqrt{a}} + \sqrt{b} \cdot \dfrac{2}{\sqrt{b}})^2 = 25$

上式「≧」中，「=」號成立於 $\dfrac{\sqrt{a}}{\dfrac{3}{\sqrt{a}}} = \dfrac{\sqrt{b}}{\dfrac{2}{\sqrt{b}}}$ 即 $a = \dfrac{3}{2}b$

∴最小值為25。

例6　設 $0 < \theta < \pi$，求 $\dfrac{\sin\theta}{2} + \dfrac{2}{\sin\theta}$ 之最小值。

(1)底下是<u>小明</u>的解法，為何是錯的？

∵ $0 < \theta < \pi$ ∴ $\dfrac{\sin\theta}{2}$ 與 $\dfrac{2}{\sin\theta}$ 均為正數，利用算幾不等式得

$\dfrac{\sin\theta}{2} + \dfrac{2}{\sin\theta} \geqq 2\sqrt{(\dfrac{\sin\theta}{2})(\dfrac{2}{\sin\theta})} = 2$

∴最小值為2。

(2)底下是<u>小華</u>的解法，也是錯的，為何？

令 $y = \dfrac{\sin\theta}{2} + \dfrac{2}{\sin\theta} = \dfrac{\sin^2\theta + 4}{2\sin\theta}$，去分母，移項得

$\sin^2\theta - 2y\sin\theta + 4 = 0$

∵ $\sin\theta \in \mathbb{R}$　∴判別式 $4y^2 - 16 \geqq 0$，即 $y^2 \geqq 4$，因 $y > 0$，故 $y \geqq 2$。

∴ 最小值為2。

【答】

在(1)中因 $\dfrac{\sin\theta}{2} \neq \dfrac{2}{\sin\theta}$，故 $\dfrac{\sin\theta}{2} + \dfrac{2}{\sin\theta} > 2$，不會等於2，$\therefore$ 2非最小值。

在(2)中判別式仍然只有大於0，不會等於0，$\therefore y > 2$。

正解如下：

令 $x = \dfrac{\sin\theta}{2}$，$y = \dfrac{2}{\sin\theta}$

則 $xy = 1$（$0 < x \leq \dfrac{1}{2}$，$y \geq 2$），其圖形如右實曲線所示，在所有與之相交的直線 $x + y = k$ 中，以通過端點 $(\dfrac{1}{2}, 2)$ 之 k 值為最小，此時 $k = \dfrac{5}{2}$，故 $\dfrac{5}{2}$ 為 $x + y$ 之最小值。

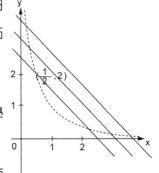

下面這個例子的錯誤跟上面例5是類似的，同學試自行說明為何是錯的？並求正解。

例 7　設在坐標平面上有 $A(\dfrac{3}{\cos\theta}, 0)$ 與 $B(0, \dfrac{2}{\sin\theta})$ 兩點，其中 $0 < \theta < \dfrac{\pi}{2}$，試求 A、B 兩點距離的最小值

【解】

由距離公式得 $\overline{AB} = \sqrt{(\dfrac{3}{\cos\theta})^2 + (\dfrac{2}{\sin\theta})^2} \geq \sqrt{2\dfrac{3 \times 2}{\cos\theta\sin\theta}}$（算幾不等式）

$$= \sqrt{\dfrac{4 \times 6}{2\sin\theta\cos\theta}} = 2\sqrt{\dfrac{6}{\sin 2\theta}} \geq 2\sqrt{6}\ (\because 0 < \sin 2\theta \leq 1)$$

$\therefore \overline{AB}$ 的最小值為 $2\sqrt{6}$。

【說明】

正解為 5

C. 張冠李戴型

例8 已知實數 x、y 滿足方程式 $3x^2 + 2y^2 - 6x = 0$，求 $x^2 + y^2$ 的最大值。

阿玉的解法如下：

由已知 $3x^2 + 2y^2 - 6x = 0$ 得 $y^2 = \frac{1}{2}(6x - 3x^2)$

所以 $x^2 + y^2 = x^2 + \frac{1}{2}(6x - 3x^2) = -\frac{1}{2}x^2 + 3x$

$$= -\frac{1}{2}(x^2 - 6x + 9) + \frac{9}{2} = -\frac{1}{2}(x - 3)^2 + \frac{9}{2}$$

故當 $x=3$ 時，則 $x^2 + y^2 = \frac{9}{2}$ 為最大值

請指出他的錯誤所在，並說明為何是錯的？

【答】

他的錯誤在於以 $x=3$ 代入，因為此題 x 之範圍為 $0 \leqq x \leqq 2$，x 的值不可能為 3。

【說明】

由 $y^2 = \frac{1}{2}(6x - 3x^2) \geqq 0$ 得 $x^2 - 2x \leqq 0$，即 $x(x-2) \leqq 0$，$\therefore 0 \leqq x \leqq 2$。

應以 $x=2$ 代入 $-\frac{1}{2}(x-3)^2 + \frac{9}{2}$ 得 $-\frac{1}{2} + \frac{9}{2} = 4$ 為最大值。

此題亦可用參數法解之：

原已知式配方得 $3(x-1)^2 + 2y^2 = 3$，即 $(x-1)^2 + \dfrac{2}{3}y^2 = 1$。

與 $(\cos\theta)^2 + (\sin\theta)^2 = 1$ 比較，知可令 $x-1 = \cos\theta$ 則 $x = 1 + \cos\theta$

$$(\, 0 \leqq \theta < 2\pi \,)$$

$$\sqrt{\dfrac{3}{2}}\,y = \sin\theta \qquad y = \sqrt{\dfrac{3}{2}}\sin\theta$$

$$\therefore x^2 + y^2 = (1+\cos\theta)^2 + (\sqrt{\dfrac{3}{2}}\sin\theta)^2 = (1 + 2\cos\theta + \cos^2\theta) + \dfrac{3}{2}\sin^2\theta$$

$$= \cos^2\theta + 2\cos\theta + \dfrac{3}{2}(1-\cos^2\theta) + 1 = -\dfrac{1}{2}\cos^2\theta + 2\cos\theta + \dfrac{5}{2}$$

$$= -\dfrac{1}{2}(\cos^2\theta - 4\cos\theta + 4) + \dfrac{5}{2} + 2$$

$$= \dfrac{9}{2} - \dfrac{1}{2}(\cos\theta - 2)^2$$

當 $\cos\theta = 1$，則原式 $= \dfrac{9}{2} - \dfrac{1}{2} = 4$ 為最大值

例9 設 α、β 為方程式 $x^2 - (k-2)x + (k^2 + 3k + 5) = 0$ 的兩實根，其中 k 為實數，求 $\alpha^2 + \beta^2$ 之最大值。

　　阿英的解法如下：由根與係數的關係得 $\alpha + \beta = k - 2$

$$\alpha\beta = k^2 + 3k + 5$$

$$\therefore \ \alpha^2 + \beta^2 = (\alpha + \beta)^2 - 2\alpha\beta = (k-2)^2 - 2(k^2 + 3k + 5)$$

$$= -k^2 - 10k - 6 = 19 - (k+5)^2$$

當 $k = -5$ 則原式 $= 19$ 為最大值，其錯誤為何？

【答】

　　其錯誤在於 $k = -5$ 代入，因為由兩實根的條件知判別式

$$(k-2)^2 - 4(k^2 + 3k + 5) \geqq 0$$

整理得 $3k^2 + 16k + 16 \leqq 0$ $\therefore -4 \leqq k \leqq -\dfrac{4}{3}$

故應以 $k = -4$ 代入得最大值為18。

【說明】

本例與上題的錯誤解法皆由於忽略了變數的範圍以致張冠李戴。

D. 粗心大意型

例10 設 α，β 為方程式 $x^2 + 3x + 1 = 0$ 的兩實根，求 $(\sqrt{\alpha} + \sqrt{\beta})^2$ 的值。

阿達的解法如下：由根與係數的關係得 $\alpha + \beta = -3$

$$\alpha\beta = 1$$

$\therefore$ 原式 $= \underset{(1)}{\sqrt{\alpha}^2} + \sqrt{\beta}^2 + \underset{(2)}{2\sqrt{\alpha}\sqrt{\beta}} = \underset{(3)}{(\alpha + \beta) + 2\sqrt{\alpha\beta}} = \underset{(4)}{-3 + 2\sqrt{1}} = -1$

試指出上面(1)～(4)那一步驟阿達開始犯錯？

【答】

(2)

【說明】

因為 $\alpha + \beta < 0$ 且 $\alpha\beta > 0$ 故此兩根均為負實根。

$\therefore \sqrt{\alpha}\sqrt{\beta} = -\sqrt{\alpha\beta}$

$\therefore$ 原式 $= (\alpha + \beta) - 2\sqrt{\alpha\beta} = -3 - 2 = -5$ 才為正確。

下面的等式有異曲同工之「謬」：

$$\frac{\sqrt{2}}{\sqrt{-3}} = \sqrt{\frac{2}{-3}} = \sqrt{\frac{2}{3}} i$$

正確應 $\dfrac{\sqrt{2}}{\sqrt{-3}} = -\sqrt{\dfrac{2}{-3}} = -\sqrt{\dfrac{2}{3}} i$

這是因為 $\dfrac{\sqrt{2}}{\sqrt{-3}} = \dfrac{\sqrt{2}}{\sqrt{3}\,i} = \sqrt{\dfrac{2}{3}}\dfrac{i}{i^2} = -\sqrt{\dfrac{2}{3}}\,i$

一般情形：設 a、$b \in R$，當 $a > 0$、$b < 0$ 時，則 $\dfrac{\sqrt{a}}{\sqrt{b}} = -\sqrt{\dfrac{a}{b}} = -\sqrt{-\dfrac{a}{b}}\,i$

其他情形均為 $\dfrac{\sqrt{a}}{\sqrt{b}} = \sqrt{\dfrac{a}{b}}$（$b \neq 0$）

又當 $a < 0$、$b < 0$ 時，則 $\sqrt{a}\sqrt{b} = -\sqrt{ab}$

其他情形均為 $\sqrt{a}\sqrt{b} = \sqrt{ab}$。

例11 方程式 $y = \sqrt{4 - x^2}$ 之圖形所圍區域的面積為多少？

阿義的作法：原式兩邊平方得 $y^2 = 4 - x^2$，再移項得

$x^2 + y^2 = 4 \therefore$ 圖形為一圓，半徑為 2，因此所圍區域面積為 4π

您認為對嗎？為何？

【答】

　　不對，因為原式 $y \geqq 0$，故其圖形只為圓 $x^2 + y^2 = 4$ 在 x 軸上方的半圓（包含 x 軸上的點），$\therefore$ 面積應為 2π。

【說明】

解含有平方根號的方程式時，必須注意其中變數的範圍，再舉一個例子，如解方程式 $\sqrt{x+2} = x-4$，首先兩邊平方得 $x+2 = (x-4)^2$ 整理，移項得 $x^2 - 9x + 14 = 0$ 解得 $x=7$ 或 2，但只 $x=7$ 滿足 $x-4 > 0 \therefore$ 只有 7 為其解。

E. 理所當然型

例12　設 θ 在第二象限，且 $\sin\theta = \dfrac{3}{5}$，求 $\sin\dfrac{\theta}{2}$。珊珊在解這題所用的步驟依次如下：

(A) $\because \theta$ 在第二象限 $\therefore \cos\theta = -\dfrac{4}{5}$　　　(B) 又 $\sin\dfrac{\theta}{2} = \pm\sqrt{\dfrac{1-\cos\theta}{2}}$

(C) $\because \theta$ 在第二象限 $\therefore \dfrac{\theta}{2}$ 在第一象限

(D) 根據步驟(C)得 $\sin\dfrac{\theta}{2} = \sqrt{\dfrac{1-\cos\theta}{2}}$

(E) $\therefore \sin\dfrac{\theta}{2} = \sqrt{\dfrac{1-(-\dfrac{4}{5})}{2}} = \sqrt{\dfrac{9}{10}} = \dfrac{3}{\sqrt{10}}$

請問：珊珊的作法哪一步開始犯錯？

【答】

(C)

【說明】

正確應是在第一或第三象限 $\therefore \sin\dfrac{\theta}{2} = \pm\dfrac{3}{\sqrt{10}}$。很多同學理所當然地認

為 θ 在第二象限必 $\frac{\pi}{2} < \theta < \pi$，因而 $\frac{\pi}{4} < \frac{\theta}{2} < \frac{\pi}{2}$ 故 $\frac{\theta}{2}$ 必在第一象限，這是錯誤的，因為 θ 在第二象限，則 $2n\pi + \frac{\pi}{2} < \theta < 2n\pi + \pi$（$n \in Z$）。

$\therefore n\pi + \frac{\pi}{4} < \frac{\theta}{2} < n\pi + \frac{\pi}{2}$，當 n 為偶數，則 $\frac{\theta}{2}$ 在第一象限，當 n 為奇數則 $\frac{\theta}{2}$ 在第三象限，也就是同學忽略了同界角的概念！

例13　設二階方陣 $A = \begin{bmatrix} 1 & 0 \\ 2 & 1 \end{bmatrix}$，$B = \begin{bmatrix} 1 & -1 \\ 0 & 1 \end{bmatrix}$，求 $(A + B)(A - B)$。

阿男的作法如下，請問是否正確？

$$(A + B)(A - B) = A^2 - B^2 = \begin{bmatrix} 1 & 0 \\ 2 & 1 \end{bmatrix}\begin{bmatrix} 1 & 0 \\ 2 & 1 \end{bmatrix} - \begin{bmatrix} 1 & -1 \\ 0 & 1 \end{bmatrix}\begin{bmatrix} 1 & -1 \\ 0 & 1 \end{bmatrix}$$

$$= \begin{bmatrix} 1 & 0 \\ 4 & 1 \end{bmatrix} - \begin{bmatrix} 1 & -2 \\ 0 & 1 \end{bmatrix} = \begin{bmatrix} 0 & 2 \\ 4 & 0 \end{bmatrix}$$

【答】

錯誤，錯在 $(A + B)(A - B) = A^2 - B^2$。

【說明】

正確應 $(A + B)(A - B) = A^2 - AB + BA - B^2$

因矩陣乘法不滿足交換律，故 AB 未必等於 BA（本例就是 $AB \neq BA$）。

因此 $(A + B)(A - B)$ 未必等於 $A^2 - B^2$。

本例可直接先求出 $A + B$ 與 $A - B$ 再相乘即可，正確答案為 $\begin{bmatrix} -2 & 2 \\ 4 & 2 \end{bmatrix}$。

例14 考慮下列交錯級數 $1 - \frac{1}{2} + \frac{1}{3} - \frac{1}{4} + \frac{1}{5} - \frac{1}{6} + \cdots + (-1)^{n-1}\frac{1}{n} + \cdots$

已知此級數收斂於一正數 A，但下面的推演卻可導出 $A = 0$，你知道問題發生在哪裡嗎？

$$A = 1 - \frac{1}{2} + \frac{1}{3} - \frac{1}{4} + \frac{1}{5} - \frac{1}{6} + \frac{1}{7} - \frac{1}{8} + \frac{1}{9} - \frac{1}{10} + \frac{1}{11} - \frac{1}{12} + \frac{1}{13} - \frac{1}{14} + \cdots$$

$$\therefore \frac{1}{2}A = \quad \frac{1}{2} \quad - \frac{1}{4} \quad + \frac{1}{6} \quad - \frac{1}{8} \quad + \frac{1}{10} \quad - \frac{1}{12} \quad + \frac{1}{14} - \cdots$$

上下相加得

$$\frac{3}{2}A = 1 + \frac{1}{3} - \frac{1}{2} + \frac{1}{5} \quad + \frac{1}{7} - \frac{1}{4} + \frac{1}{9} \quad + \frac{1}{11} - \frac{1}{6} + \frac{1}{13} + \quad \cdots \quad (1)$$

將上式右端重排可得

$$\frac{3}{2}A = 1 - \frac{1}{2} + \frac{1}{3} - \frac{1}{4} + \frac{1}{5} - \frac{1}{6} + \frac{1}{7} - \quad \cdots\cdots\cdots \quad (2)$$

故 $\frac{2}{3}A = A$ $\quad \therefore A = 0$。

【答】

問題出在將(1)式右端重排得(2)式之右端，也就是用到了交換律，但交換律對無窮級數是不成立的，故用交換律會導致錯誤。

交換律並非理所當然地對所有情形都能成立，如上面之矩陣乘法與無窮級數，還有空間向量的外積也是，因此我們現在複數系裡加法與乘法滿足交換律實在非常珍貴，連帶使它有很多性質很完美，讓我們悠遊其中，怡然自得。

F. 忙中有錯型

例15 試利用 $y=\sin x$ 的圖形畫出 $y=\dfrac{1}{2}\sin(2x+\dfrac{\pi}{4})+1$ 的圖形。

　　阿雄的作法如下：

$$y=\sin x \xrightarrow[\text{（步驟1）}]{\text{平行}x\text{軸縮小}\frac{1}{2}\text{倍}} y=\sin 2x \xrightarrow[\text{（步驟2）}]{\text{向左平移}\frac{\pi}{4}\text{單位}} y=\sin(2x+\frac{\pi}{4})$$

$$\xrightarrow[\text{（步驟3）}]{\text{平行}y\text{軸縮小}\frac{1}{2}\text{倍}} y=\frac{1}{2}\sin(2x+\frac{\pi}{4}) \xrightarrow[\text{（步驟4）}]{\text{向上平移}1\text{單位}} y=\frac{1}{2}\sin(2x+\frac{\pi}{4})+1$$

　　請問以上四個步驟，那一個步驟是錯的，請予更正。

【答】

　　步驟2是錯的，應更正為向左平移 $\dfrac{\pi}{8}$ 單位，則得 $y=\sin 2(x+\dfrac{\pi}{8})=\sin(2x+\dfrac{\pi}{4})$。

【說明】

　　本題亦可以如下步驟變換：

$$y=\sin x \xrightarrow{\text{向左平移}\frac{\pi}{4}\text{單位}} y=\sin(x+\frac{\pi}{4}) \xrightarrow{\text{平行}x\text{軸縮小}\frac{1}{2}\text{倍}} y=\sin(2x+\frac{\pi}{4})$$

$$\xrightarrow{\text{平行}y\text{軸縮小}\frac{1}{2}\text{倍}} y=\frac{1}{2}\sin(2x+\frac{\pi}{4}) \xrightarrow{\text{向上平移}1\text{單位}} y=\frac{1}{2}\sin(2x+\frac{\pi}{4})+1$$

例16 (1) 試作 $y=2^{|x|}$ 的圖形。

(2) 求方程式 $x^2 = 2^{|x|}$ 實數解的個數。

【答】

(1)當 $x \geqq 0$ 則 $y = 2^x$，取點 $(0，1)(1，2)(2，4)$。當 $x < 0$，則 $y = 2^{-x}$ 取點 $(-1，2)(-2，4)$。作得圖形如下圖(1)中實線所示。

(2)再作 $y = x^2$ 之圖形（如下圖2），可知與 $y = 2^{|x|}$ 之圖形相交於下列四點 $(\pm 2，4)$、$(\pm 4，16)$，因而方程式 $x^2 = 2^{|x|}$ 有4個實數解。

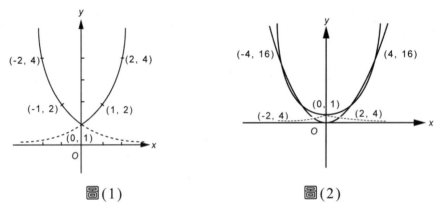

圖(1)　　　　　　　　圖(2)

【說明】

1. 解本題易犯的錯誤有下例兩種：第一種：畫 $y = 2^{|x|}$ 之圖形時，忘了 $x \geqq 0$ 與 $x < 0$ 之限制，結果畫成 $y = 2^x$ 與 $y = 2^{-x}$ 兩圖形（亦即在圖(1)中虛線也包含進去）就錯了，連帶誤使(2)之實數解變成6個。

第二種：少了 $(\pm 4，16)$ 兩交點，因而少了兩個實數解。

2. 又畫 $y = 2^{|x|}$ 之圖形亦可利用對稱 y 軸之觀念處理。

(三)結語

　　解題錯誤的產生，乃源於觀念建立的不夠踏實，思考不夠縝密與臨場的粗心大意。故欲避免錯誤的發生，正本之道必自根基打起，除了平時學習要建立正確的觀念以外，並要養成縝密思考的習慣與追根究底的精神，如此日積月累，功力自然大增，解題的錯誤也會隨之減少。

三、創意題目賞析

大考數學科試題，有些題目命得非常生動、活潑，有創意的題目很多，值得我們去鑑賞、分析。

(一)從學測的一道題目談起

93年學測數學科試題有底下這個題目：

坐標平面上的圓 $C: (x-7)^2 + (y-8)^2 = 9$ 上有____個點與原點的距離正好是整數值。

這個題目是下面課本上常見題目的延伸：

坐標平面上的圓 $C: (x-7)^2 + (y-8)^2 = 9$ 上的點與原點的最長距離、最短距離各多少？

當然解學測的題目也是要先求出圓 C 上的點與原點的最長、最短距離，然後再進一步求出介於其間為整數值的點有幾個？

解之如下：

設圓 C 的圓心為 Q，則 Q 之坐標為 $(7，8)$，而半徑為3，連接 $\overline{OQ}$ 與圓 C 相交於 A，延長 $\overline{OQ}$ 交圓 C 於 B，則圓 C 上到原點 O 距離最短的點為 A，距離最長的點為 B，最短距離 $\overline{OA} = \overline{OQ} - \overline{AQ}$

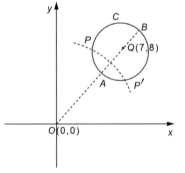

$$= \sqrt{113} - 3$$
$$= 7. \cdots\cdots$$

最長距離 $\overline{OB} = \overline{OQ} + \overline{OB}$
$$= \sqrt{113} + 3$$
$$= 13.\cdots\cdots$$

而介在 $7.\cdots\cdots$ 與 $13.\cdots\cdots$ 之間的整數有 8、9、10、11、12、13等6個。

因圓上與原點距離為以上整數值的點，均存在且各有2個（這是因為以 O 為圓心，上面的任一整數值為半徑在第一象限畫弧必與圓 C 相交兩點（如圖中之 P、P' 為其中兩點），此兩點與原點的距離均為該整數值之故）。

故全部共有點 $6 \times 12 = 12$（個）。

由上面的解法，您可以看出來這個題目把課本上的課目延伸了，而且延伸出另外的境界，很美！可謂「錦上添花，益增光彩」，因此它是一個非常有創意的題目。

講到此，不禁讓我想起一道考題，它也是課本題目的延伸，也同樣拓展出了另外的情境，兩個題目相隔19年，承先啓後，前後互相輝映！

原來課本的題目是：設 $L : y = mx + 2$，$C : x^2 + y^2 = 1$，試由 m 值討論 L 與 C 相交的情形。

這個題目被改為：

方程式 $mx + 2 = \sqrt{1 - x^2}$ 實根的個數（m 是實數）可由方程式 $y = mx + 2$ 和 $y = \sqrt{1 - x^2}$ 兩圖形交點的個數來決定，試依序解答下列問題：

(1) $y = \sqrt{1 - x^2}$ 的圖形中 x 的範圍為＿＿＿，y 的範圍為＿＿＿。

(2) 若 $mx + 2 = \sqrt{1 - x^2}$ 有二相異實根，求實數 m 範圍。

我認為這個題目改得非常好，很有創意！

(1) 求 $y = \sqrt{1-x^2}$ 的圖形中x與y範圍，在強調x，y均為實數的概念，也為下面 $y = \sqrt{1-x^2}$ 之作圖鋪路。

(2) 原來之$x^2 + y^2 = 1$為一圓，現改成 $y = \sqrt{1-x^2}$，只有半圓，圓沒有端點而半圓有，所以等下求其與直線$y = mx + 2$之交點的個數時，要考慮到端點。

(3) 將方程式的實根與圖形的交點兩者之間架起一座橋樑。

本題第(1)小題，由於y為實數，易得x之範圍為$-1 \leqslant x \leqslant 1$，從而可得 $0 \leqslant y \leqslant 1$。

解答第(2)小題時，首先要作出過$(-1，0)$與$(1，0)$兩點，且在x軸上方之半圓，還要曉得直線$y = mx + 2$必通過點$(0，2)$，其次再考慮到過$(0，2)$與半圓相切的兩切線及過$(0，2)$分別與$(1，0)$、$(-1，0)$相連之兩連線。合乎題意之L顯然介在切線與連線之間或就等於該連線（參閱右圖），因而斜率就介在切線斜率與連線斜率之間或等於連線的斜率。兩連線的斜率為± 2，而切線的斜率可如下求之：直線$y = mx + 2$與

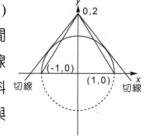

圓心$(0，0)$的距離等於半徑1，即 $\dfrac{2}{\sqrt{m^2+1}} = 1$，由此可解出 $m = \pm\sqrt{3}$。於是所求m的範圍為$-2 \leqslant m < -\sqrt{3}$（在第一象限相交兩點）或$\sqrt{3} < m \leqslant 2$（在第二象限相交兩點）。（$m = \pm 2$是有一交點在$x$軸上）。

這個題目能考出考生是否具有理解、分析、綜合的能力，考完後經過研討與老師的講解，能使全體同學獲得下列益處：

(1) 增進形與數之關係的認識。

(2) 啟發、促進分析能力的培養。

這就是我所謂的有創意的題目。

縱觀過去大考試題，有很多有創意的題目，這些題目可作為教者在教學上的參考，也可提供莘莘學子準備考試的方向，因而將其分門別類，整理分析如下：

(二)有創意的題目的幾種類型

1. 課本延伸題

除了上面所舉的兩個例子以外，再舉一個題目：

設 $270° < A < 360°$，且 $\sqrt{3}\sin A + \cos A = 2\sin 2004°$，若 $A = m°$ 則 $m = \underline{\quad}$。

【解答】

$$\sqrt{3}\sin A + \cos A = 2(\sin A \cdot \frac{\sqrt{3}}{2} + \cos A \cdot \frac{1}{2})$$
$$= 2(\sin A \cdot \cos 30° + \cos A \cdot \sin 30°)$$
$$= 2\sin(A + 30°)$$

而
$$2\sin 2004° = 2\sin(5 \times 360° + 204°)$$
$$= 2\sin 204°$$

依題目條件，兩邊約去2，得

$$\sin(A + 30°) = \sin 204° \quad\cdots\cdots\cdots\cdots\cdots\cdots\cdots \quad (1)$$

$\because 270° < A < 360°$　　$\therefore 300° < A + 30° < 390°$

故需將(1)式中右邊之 $\sin 204°$ 再化成 $\sin 336°$，

於是得 $A + 30° = 336° \Rightarrow A = 306°$

【說明】

　　此題乃三角中正餘弦函數疊合之延伸，需用及同位角的觀念與 $\sin(180° + \theta) = \sin(360° - \theta)$ 之概念，其創意乃以上諸概念的綜合測驗。

2. 情境包裝題

　　用情境包裝有兩種，一為真實情境，另一為虛擬情境，分別舉例說明如下。

例1　李探長為了找尋槍手的可能發射位置，他設定一空間坐標，先從$(0，0，2)$朝向$(5，8，3)$發射一固定雷射光束，接著又從點$(0，7，a)$沿平行於 x 軸方向發射另一雷射光束，試問當 a 為何值時，兩雷射光束會相交？

　　答　$a = \dfrac{⑬⑭}{⑮}$

[93年指考數乙]

【解答】

過$(0，0，2)$與$(5，8，3)$之直線的參數方程式 $\begin{cases} x = 5t \\ y = 8t \quad t \in R \\ z = 2 + t \end{cases}$

過$(0，7，a)$平行於 x 軸之直線 $\begin{cases} x = s \\ y = 7 \quad S \in R \\ z = a \end{cases}$

兩直線相交的條件為存在 t，s 使得 $\begin{cases} 5t = s \cdots\cdots(1) \\ 8t = 7 \cdots\cdots(2) \\ 2 + t = a \cdots\cdots(3) \end{cases}$

由(2)解得 $t = \dfrac{7}{8}$，代入(3)得 $a = \dfrac{23}{8}$。

【說明】

　　本題不難，計算亦簡單，妙處在319總統大選槍擊案發生後，李昌鈺博士曾回國籍助雷射光實地勘察現場，大家記憶猶新，用此情境包裝，顯得試題生動、親切。

例2　一位海盜欲將三件珠寶埋藏在一個島上的三個地方，海盜就以島上的一棵大王椰子樹為中心，由大王椰子樹向東走12步埋他的第一件珠寶；由大王椰子樹向東走4步，再往北走 a 步埋他的第二件珠寶；最後由大王椰子樹向東走 a 步，再往南走8步埋他的第三件珠寶。事隔多年之後，海盜僅記得 $a>0$ 及埋藏珠寶的三個地方在同一直線上，那麼 $a=$?[88年學測]

【解答】

　　首先以椰子樹為原點建立坐標系如右圖所示，設第一、二、三件寶物分別埋在 $A(12,0)$、$B(4,a)$、$C(a,-8)$，由於 A、B、C 三點共線，所以 AB 的斜率等於 AC 的斜率，即 $\dfrac{a-0}{4-12} = \dfrac{-8-0}{a-12}$ 也就是 $\dfrac{a}{-8} = \dfrac{-8}{a-12}$ 交叉乘得

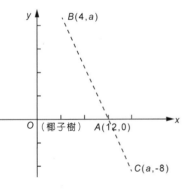

　　$a^2 - 12a = 64$ 移項得 $a^2 - 12a - 64 = 0$ $\therefore a = 16$

【說明】

　　1. 此題的創意在於將坐標平面上三點共線的問題，用情境包裝成一

個有趣的尋寶問題，增加了其趣味性，也提高學生解題的興趣。

2．此題為虛擬情境，而前題乃由真實情境發展出來。一為平面坐標，另一為空間坐標的問題。

例3 某甲向銀行貸款100萬元，約定從次月開始每月還給銀行1萬元，依月利率0.6%複利計算，則某甲需要＿＿年就可還清（答案以四捨五入計算成整數，而$\log_{10}2=0.3010$，$\log_{10}1.006=0.0026$）。[88年聯考自然組]

【解答】

設n月還清，則

$$100(1+0.006)^n = 1.006^{n-1} + 1.006^{n-2} + \cdots\cdots + 1.006 + 1 = \frac{1.006^n - 1}{0.006}$$

移項合併得$0.4 \times 1.006^n = 1$，兩邊取$\log_{10}$可解得$n = 154.076\cdots\cdots$而$154 \div 12 = 12.8\cdots\cdots \fallingdotseq 13$（年）。

【說明】

本題為計算複利的情境題，情境設計得很合理，惟計算稍繁，可能不容易得分。近年此種計算複利的題目很盛行，值得同學注意。

例4 彩票公司每天開獎一次，從1、2、3三個號碼中隨機開出一個。開獎時，如果開出的號碼和前一天相同，就要重開，直到開出與前一天不同的號碼為止。如果在第一天開出的號碼是3，則在第五天開出號碼同樣是3的機率是＿＿（以最簡分數表示）。[92年指考數甲]

【解答】

(1) 第n天開出x號，第$n+1$天開出y號（x，$y=1$、2、3，$x \neq y$之機率為$\frac{1}{2}$）。

(2) 第1天開3號，第5天亦開出3號，中間第2、3、4天開出之號碼有

下列6種情形：

第2天 1 1 1 2 2 2
第3天 2 3 3 1 3 3
第4天 1 1 2 2 1 2
第5天 3 3 3 3 3 3

(3) $\because$ 以上6種情形的機率均為 $(\frac{1}{2})^4$ ，

$\therefore$ 所求機率 $= (\frac{1}{2})^4 \times 6 = \frac{3}{8}$ 。

本題亦可用轉移矩陣解之如下：

轉移矩陣 $A = \begin{pmatrix} 0 & \frac{1}{2} & \frac{1}{2} \\ \frac{1}{2} & 0 & \frac{1}{2} \\ \frac{1}{2} & \frac{1}{2} & 0 \end{pmatrix}$ ，此中 $(i，j)$ 元表某天開出 j 號，下一天開出 i 號的

機率（ $i，j = 1，2，3$ ）。

第1天開出號碼的機率矩陣 $p^{(1)} = \begin{pmatrix} 0 \\ 0 \\ 1 \end{pmatrix}$ 此中 $(i，1)$ 元，表開出 i 號的機率，

於是第2天的機率矩陣 $P^{(2)} = \begin{pmatrix} 0 & \frac{1}{2} & \frac{1}{2} \\ \frac{1}{2} & 0 & \frac{1}{2} \\ \frac{1}{2} & \frac{1}{2} & 0 \end{pmatrix} \begin{pmatrix} 0 \\ 0 \\ 1 \end{pmatrix} = \begin{pmatrix} \frac{1}{2} \\ \frac{1}{2} \\ 0 \end{pmatrix}$

第3天的機率矩陣 $P^{(3)} = \begin{pmatrix} 0 & \frac{1}{2} & \frac{1}{2} \\ \frac{1}{2} & 0 & \frac{1}{2} \\ \frac{1}{2} & \frac{1}{2} & 0 \end{pmatrix} \begin{pmatrix} \frac{1}{2} \\ \frac{1}{2} \\ 0 \end{pmatrix} = \begin{pmatrix} \frac{1}{4} \\ \frac{1}{4} \\ \frac{1}{2} \end{pmatrix}$

第4天的機率矩陣 $P^{(4)} = \begin{pmatrix} 0 & \frac{1}{2} & \frac{1}{2} \\ \frac{1}{2} & 0 & \frac{1}{2} \\ \frac{1}{2} & \frac{1}{2} & 0 \end{pmatrix} \begin{pmatrix} \frac{1}{4} \\ \frac{1}{4} \\ \frac{1}{2} \end{pmatrix} = \begin{pmatrix} \frac{3}{8} \\ \frac{3}{8} \\ \frac{1}{4} \end{pmatrix}$

第5天的機率矩陣 $P^{(5)} = \begin{pmatrix} 0 & \frac{1}{2} & \frac{1}{2} \\ \frac{1}{2} & 0 & \frac{1}{2} \\ \frac{1}{2} & \frac{1}{2} & 0 \end{pmatrix} \begin{pmatrix} \frac{3}{8} \\ \frac{3}{8} \\ \frac{1}{4} \end{pmatrix} = \begin{pmatrix} \frac{5}{16} \\ \frac{5}{16} \\ \boxed{\frac{3}{8}} \end{pmatrix}$

$\therefore$ 所求之機率 $= \dfrac{3}{8}$

【說明】

　　此題為討論型之機率問題，共有6種情形，目的在評量同學利用機率乘法與加法定理的解題能力，若用轉移矩陣解之則要小心矩陣的乘法。本題用彩票公司開獎包裝得很生動，也是很有創意的題目。

3. 概念題

分為定性與定量兩種，定性是指概念的認識與理解，定量是指技術性與計算方面的能力。

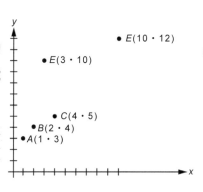

例1 如上圖所示有五筆$(x，y)$資料。試問：去掉哪一筆資料後，剩下來四筆資料的相關係數最大？(A)A(B)B(C)C(D)D(E)E [89年學測]

【解答】

在這題當中可以看出A、B、C、E四點幾乎在一直線上，而D則否，故去除D點，剩下來四筆資料的相關係數最大，故選(D)。

【說明】

此題不必計算，只要具備相關係數的概念即能作答，是一個很好的定性概念題。

例2 在坐標面上，下列哪些方程式的圖形可以放進一個夠大的圓裡面？

(1) $3x=2y^2$ (2) $3x^2+2y^2=1$ (3) $3x^2-2y^2=1$

(4) $|x+y|=1$ (5) $|x|+|y|=1$ [93年學測]

【解答】

本題(2)的圖形是一個橢圓，(5)的圖形是一個正方形，故均可以放進一個夠大的圓裡面，其餘(1)是拋物線，(3)是雙曲線，(4)是平行兩直線三者均可無限延伸，故不能放進一個圓內。∴選(2)(5)。

【說明】

本題也是一個很好的定性概念題。將幾個圖形的性質很巧妙的用一個

方式一次測驗出來，很有創意。

例3　右圖中，正五邊形$ABCDE$是由五條直線所圍成，請問哪一條直線的斜率最小？

(A) 直線AB　　(B) 直線BC　　(C) 直線CD

(D) 直線DE　　(E) 直線EA　　[87年聯考]

【解答】

解此題用及下列斜率的概念：

① 水平線斜率為零。

② 自左向右上升之直線斜率為正，傾斜度愈大，斜率愈大。

③ 自左向右下降之直線斜率為負，傾斜度愈大，斜率愈小。

以上五條直線只有AB與DE斜率為負，且因AB傾斜度較大，故AB的斜率最小，應選(A)。

【說明】

本題不必計算，純粹考斜率的概念，位置放得恰到好處的正五邊形的五條邊包含正、零、負三種斜率，非常有創意。本題屬於定性的概念題。

例4　下圖為一拋物線的部分圖形，且A、B、C、D、E五個點中有一為其焦點。試判斷哪一點是其焦點？（可利用你手邊現有的簡易測量工具）

(A) A　(B) B　(C) C　(D) D　(E) E　[90年學測]

【解答】

利用「拋物線正焦弦的長是焦距的四倍」的概念及簡易的測量工具，就能判斷出答案為(C)。

【說明】

本題是很好的一個定性與定量綜合的概念題。

例5　如右圖，有一邊長為1的正方體。今置頂點A於空間坐標系中之原點$(0，0，0)$，置頂點B於正z軸上，則頂點C之z坐標為＿＿。(88年聯考)

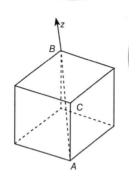

【解答】

（1）設C點在z軸上的投影為D，則D之z坐標就是C之z坐標，而$\overline{AD}$之長就是D之Z坐標，故求出$\overline{AD}$之長就是。

（2）連接$\overline{CB}$且令$\angle BAC=\theta$，則$\because \angle ACB$為直角，

$$\therefore \cos\theta = \frac{\overline{AC}}{AB} = \frac{1}{\sqrt{3}}，於是 \overline{AD} = \overline{AC} \cdot \cos\theta = 1 \cdot$$

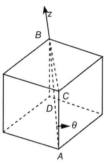

$$\frac{1}{\sqrt{3}} = \frac{1}{\sqrt{3}} = \frac{\sqrt{3}}{3}為所求C點之z坐標。$$

【說明】

本題目標在測驗空間坐標系中z坐標的觀念，藉由特殊的設計，經由簡單的計算就能得出答案，是非常有創意的一個定性與定量綜合的概念題。

4. 推理題

例1　設$f(x)$為三次實係數多項式，且知複數$1+i$為$f(x)=0$之一解。試問下列哪些敘述是正確的？

（1）$f(1-i)=0$

（2）$f(2+i) \neq 0$

（3）沒有實數x滿足$f(x)=x$

(4) 沒有實數 x 滿足 $f(x^3)=0$

(5) 若 $f(0)>0$ 且 $f(2)<0$，則 $f(4)<0$　[98年學測]

【解答】

　　(1) 因實係數方程式若有虛根必成共軛，故 $1+i$ 為 $f(x)=0$ 之一解，$1-i$ 亦必是，此外無虛數解 $\therefore f(1-i)=0$，$f(2+i) \neq 0$。進一步吾人可令 $f(x)=[x-(1+i)[x-(1-i)](ax+b)(a,b \in R,a \neq 0)]$，則 $f(x)=(x^2-2x+2)(ax+b)$。

　　(2) 令 $(x^2-2x+2)(ax+b)=x$，則此方程式可能有實數解（如 $b=0$，$x=0$ 就是其解），$\therefore$ (3) 錯誤。

　　(3) 既然有實數 x 滿足 $f(x)=0$，當然亦必有實數 x 滿足 $f(x^3)=0$，$\therefore$ (4) 錯誤。

　　(4) 若 $f(0)>0$ 且 $f(2)<0$ 則由勘根定理知：$f(x)=0$ 之唯一實根必介於 0 與 2 之間，因此 $y=f(x)$ 的圖形當 $x>2$ 時，必在 x 軸下方，$\therefore f(4)<0$，(5) 正確。

　　$\therefore$ 本題答案為 (1)(2)(5)。

【說明】

　　這是一個很好的推理題，藉由虛根定理，勘根定理及圖形可判斷出正確答案。其創意在於測驗考生能否融合多層的概念解題。

例2　已知 $y=x(x-1)(x+1)$ 之圖形如下頁上圖所示。今考慮 $f(x)=x(x-1)(x+1)+0.01$，則方程式 $f(x)=0$。

　　(A) 有三個實根，(B) 當 $x<-1$ 時，恰有一實根（有一實根且僅有一實根），(C) 當 $-1<x<0$ 時，恰有一實根，(D) 當 $0<x<1$ 時，恰有一實

根，(E)當$1 < x$時，恰有一實根。[88年聯考]

【解答】

　　由$y = x(x-1)(x+1)$之圖形向上平移0.01單位，即得$y = f(x)$的圖形（虛線），因而易於由圖形看出答案為(A)(B)。

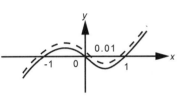

【說明】

　　這是一個很好的引導式推理題。其創意在測驗考生能否由已予之圖形利用平移得出$y = f(x)$的圖形，而$y = f(x)$的圖形與x軸的交點就是$f(x) = 0$之實根所在。

例3　設數列(a_n)的第n項a_n為$a_n = \dfrac{1 + \sqrt{8n-7}}{2}$（$n \geq 1$）

　(1) 依序列出a_2、a_3、a_4、a_5、a_6、a_7的值。

　(2) 設k為一正整數，試說明$k^2 - k$必為偶數。

　(3) 設k為一正整數，試說明在數列(a_n)中，可以找到一項a_m，使$a_m = k$。

【解答】

　(1) $a_2 = 2$，$a_3 = \dfrac{1 + \sqrt{17}}{2}$，$a_4 = 3$，$a_5 = \dfrac{1 + \sqrt{33}}{2}$，$a_6 = \dfrac{1 + \sqrt{41}}{2}$，$a_7 = 4$。

　(2) $k^2 - k = (k-1)k$，因$k-1$與k是連續整數，故必有一為偶數，

　　$\therefore$乘積為偶數。

　(3) 令$\dfrac{1 + \sqrt{8m-7}}{2} = k$，則$\sqrt{8m-7} = 2k-1$。

　　$\therefore 8m - 7 = 4k^2 - 4k + 1$解得$m = \dfrac{k^2 - k + 2}{2}$。

由(2)知 $k^2 - k$ 為偶數，

$\therefore k^2 - k + 2$ 必為正偶數，因而 $\dfrac{k^2 - k + 2}{2}$ 為正整數，

故可令 $m = \dfrac{k^2 - k + 2}{2}$ 則 $m \in N$ 且

$$a_m = \frac{1 + \sqrt{8m - 7}}{2} = \frac{1 + \sqrt{4(k^2 - k + 2) - 7}}{2} = \frac{1 + \sqrt{4k^2 - 4k + 1}}{2}$$
$$= \frac{1 + (2k - 1)}{2} = k$$

$\therefore$ 得證。

【說明】

　　這也是很好的一個引導式推理題，由(2) $k^2 - k$ 為偶數引導出 $\dfrac{k^2 - k + 2}{2}$ 為正整數，從而得到證明。本題由淺入深，分段給分，設計的很好。

例4　有一筆統計資料：共有十一個數據如下（不完全依大小排列）：2，4，4，5，5，6，7，8，11，x 和 y。已知這些數據的算術平均數和中位數都是6，且 x 小於 y。請選出正確的選項。

　　(A) $x + y = 14$　(B) $y < 9$　(C) $y > 8$　(D) 標準差至少是3[92年指考數甲]

【解答】

　　解本題要了解中位數與算術平均數的意義，並計算出標準差。

① $(2 + 4 + 4 + 5 + 5 + 6 + 7 + 8 + 11 + x + y) \cdot \dfrac{1}{11} = 6$　$\therefore x + y = 14$。

② 2，4，4，5，5，6，7，8，11。

$\because$ Me=6且 $x + y = 14$　$\therefore x \geq 6$，$y \geq 6$ 又 $x < y$

故 $x=6$，$y=8$。

③ $S = \sqrt{\dfrac{1}{n-1}\sum_{i=1}^{11}(x_i - \overline{X})^2} = \sqrt{\dfrac{1}{10}(4^2 + 2^2 \times 4 + 1^2 \times 3 + 5^2)}$
$\quad = \sqrt{6} < 3$

綜上知答案為(A)(B)。

【說明】

本題在綜合測驗考生中位數，算術平均數，及標準差的概念，既要計算又要推理，設計得非常有創意。

5.題組（啟發式考題）

通常將一個大題分成幾個小題，小題之間絲絲相連，環環相扣，由淺入深由易啟發難，而最後一題最難，這也正是命題者所要測驗的最高目標。

例1　(1) 今有路徑圖如右，其中 M 為線段 $\overline{NS}$ 的中點及圓之圓心。甲自 S 往 N，乙自 N 往 S，二人同時出發，以等速前進。在 M 之前的分歧點選擇各個前進方向的機率相同，則二人相遇之機率為：

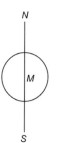

(A) $\dfrac{2}{3}$　　(B) $\dfrac{1}{2}$　　(C) $\dfrac{1}{3}$

(D) $\dfrac{1}{6}$　　(E) $\dfrac{1}{9}$

(2) （接上題）將路徑圖中一圓改為二同心圓，如右圖，

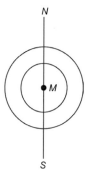

其餘條件不變，設二人相遇之機率為 $\dfrac{r}{10p+q}$，其中

$p,q,r \in A = \{1,2,\cdots,9\}$ 則 $p=$＿＿＿，$q=$＿＿＿，$r=$＿＿＿。

（3）將路徑圖中同心圓個數改為 n，其餘條件不變，設二人相遇之機率為 W_n，則

（A） W_1，W_2，W_3，$\cdots$，$W_n\cdots$形成一（遞）減數列

（B） W_1，W_2，W_3，$\cdots$，W_n，$\cdots$形成一收斂數列

（C）對任一自然數 n，$W_n \geq \dfrac{1}{4}$ 恆成立

（D）對任一自然數 n，$W_n = \dfrac{24n^2 - 66n + 43}{3^{2n-1}}$

（E）$\displaystyle\lim_{n \to \infty} W_n = 0$。

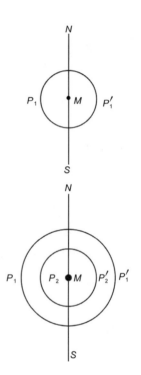

【解答】

（1）甲、乙兩人必在路徑中點 p_1，p_1' 或 M 三者之一相遇，其相遇的機率均為 $\dfrac{1}{3} \times \dfrac{1}{3} = \dfrac{1}{9}$，故全部相遇的機率為 $\dfrac{1}{9} \times 3 = \dfrac{1}{3}$，答案為(C)。

（2）甲、乙兩人必在路徑中點 p_1、p_1'、p_2、p_2' 或 M 五者之一相遇，在 p_1、p_1' 相遇的機率均為 $\dfrac{1}{3} \times \dfrac{1}{3} = \dfrac{1}{9}$，在 p_2、p_2'、M 相遇的機率均為 $(\dfrac{1}{3})^2 \times (\dfrac{1}{3})^2 = \dfrac{1}{81}$。故全部相遇的機率為

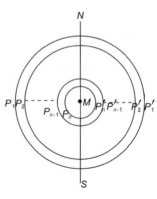

$\frac{1}{9} \times 2 + \frac{1}{81} \times 3 = \frac{2}{9} + \frac{1}{27} = \frac{2 \times 3 + 1}{27} = \frac{7}{27} = \frac{7}{10 \times 2 + 7}$

$\therefore p=2$，$q=7$，$r=7$。

（3）甲、乙兩人必在路徑中點 p_1，p'_1，p_2，p'_2……p_{n-1}，$p_{n-1}'p_n$，p_n' 或 M（由外而內，如上頁最下圖所示）$2n+1$ 者之一相遇，

在 p_1，p'_1 相遇的機率均為 $\frac{1}{3} \times \frac{1}{3} = \frac{1}{9}$，

在 p_2，p'_2 相遇的機率均為 $(\frac{1}{3})^2 \times (\frac{1}{3})^2 = (\frac{1}{9})^2$，

⋮　　　　　⋮　　　　　⋮

⋮　　　　　⋮　　　　　⋮

在 p_{n-1}，p'_{n-1} 相遇的機率均為 $(\frac{1}{3})^{n-1} \times (\frac{1}{3})^{n-1} = (\frac{1}{9})^{n-1}$，

在 p_n，p'_n, M 相遇的機率均為 $(\frac{1}{3})^n \times (\frac{1}{3})^n = (\frac{1}{9})^n$。

故全部相遇的機率

$$W_n = \left[\frac{1}{9} + \left(\frac{1}{9}\right)^2 + \cdots\cdots + \left(\frac{1}{9}\right)^{n-1}\right] \times 2 + \left(\frac{1}{9}\right)^n \times 3$$

$$= \frac{\frac{1}{9}\left[1 - \left(\frac{1}{9}\right)^{n-1}\right]}{1 - \frac{1}{9}} \times 2 + \left(\frac{1}{9}\right)^n \times 3$$

$$= \frac{1}{4}\left[1 - \left(\frac{1}{9}\right)^{n-1}\right] + \left(\frac{1}{9}\right)^n \times 3$$

$$= \frac{1}{4} + \frac{1}{12} \times \left(\frac{1}{9}\right)^{n-1} > \frac{1}{4}, \forall n \in N$$

$\because 0 < \frac{1}{9} < 1$　$\therefore n$ 越大，W_n 越小，故 W_1、W_2、W_3……W_n…形成一遞

減數列，且收斂於 $\dfrac{1}{4}$ ，故答案為(A)(B)(C)。

【說明】

　　以上這個題目是難得的一個機率與無窮數列綜合的好題目，題分(1)、(2)、(3)三部分由淺入深，由易啟發難。第三部分較難是一、二部分的推廣，而其結論都涵蓋了一、二兩部分。

例2　在作答第(1)小題時，請先逐條閱讀所述之步驟，並回答問題。回答第(2)小題，則直接證明。

(1) 在求函數 $\cos^2\theta + \sqrt{3}\,\sin\theta\cos\theta$ 的最大值時，有兩個步驟：

※第一個步驟是先將此函數化成二倍角的三角函數形式：

$$\cos^2\theta + \sqrt{3}\,\sin\theta\cos\theta = a + b\cos2\theta + c\,\sin2\theta$$

請問 a、b、c 各為多少？

※第二個步驟再把第一步驟中，右式 $b\cos2\theta + c\,\sin2\theta$ ，利用疊合化成單一正弦的形式：

$b\cos2\theta + c\,\sin2\theta = d\,\sin(2\theta + \phi)$ （其中 $d>0$ ，$0 < \phi < \dfrac{\pi}{2}$ ），

請問 d、ϕ 各為多少？＿＿＿，由上兩步驟即可求出 $\cos^2\theta + \sqrt{3}\,\sin\theta\cos\theta$ 的最大值為＿＿＿。

(2) 如右圖，正方形甲與正方形乙面積和為1，證明：矩形 $ABCD$ 的面積 $\leq \dfrac{1+\sqrt{2}}{2}$ 。

【解答】

(1) $\cos^2\theta + \sqrt{3}\sin\theta\cos\theta$

$\quad = \dfrac{1+\cos 2\theta}{2} + \dfrac{\sqrt{3}}{2}\sin 2\theta$

$\quad = \dfrac{1}{2} + \dfrac{1}{2}\cos 2\theta + \dfrac{\sqrt{3}}{2}\sin 2\theta \ (\therefore a = b = \dfrac{1}{2}, c = \dfrac{\sqrt{3}}{2})$

$\quad = \dfrac{1}{2} + (\sin 2\theta \cdot \cos\dfrac{\pi}{6} + \cos 2\theta \cdot \sin\dfrac{\pi}{6})$

$\quad = \dfrac{1}{2} + \sin(2\theta + \dfrac{\pi}{6})$

$\because \sin\left(2\theta + \dfrac{\pi}{6}\right)$ 之最大值為 1,

$\therefore$ 原式之最大值為 $\dfrac{1}{2} + 1 = \dfrac{3}{2}$,而 $d=1$,$\phi = \dfrac{\pi}{6}$。

(2) 令甲、乙兩正方形之邊長分別為 x、y 則 $\overline{BC} = x + y$、$\overline{CD} = y$

$\therefore$ 矩形 $ABCD$ 的面積 $=(x+y)y = xy + y^2$,

依題意 $x^2 + y^2 = 1$(x、$y > 0$ 且 $x < y$),

轉換為 $\begin{cases} x = \cos\theta \\ y = \sin\theta \end{cases} \left(\dfrac{\pi}{4} < \theta < \dfrac{\pi}{2}\right)$

$\therefore$ 矩形 $ABCD$ 的面積 $= \sin\theta\cos\theta + \sin^2\theta$

$\qquad = \dfrac{1}{2}\sin 2\theta + \dfrac{1}{2}(1 - \cos 2\theta)$

$\qquad = \dfrac{1}{2} + \dfrac{\sqrt{2}}{2}\left(\sin 2\theta \cdot \dfrac{1}{\sqrt{2}} - \cos 2\theta \cdot \dfrac{1}{\sqrt{2}}\right)$

$\qquad = \dfrac{1}{2} + \dfrac{\sqrt{2}}{2}\sin\left(2\theta - \dfrac{\pi}{4}\right) \leq \dfrac{1}{2} + \dfrac{\sqrt{2}}{2} = \dfrac{1 + \sqrt{2}}{2}$,得證。

$\left(\because \dfrac{\pi}{4} < \theta < \dfrac{\pi}{2} \therefore \dfrac{\pi}{4} < 2\theta - \dfrac{\pi}{4} < \dfrac{3\pi}{4}\right.$,故 $\left.\dfrac{\sqrt{2}}{2} < \sin(2\theta - \dfrac{\pi}{4}) \leq 1\right)$

【說明】

第(1)小題在引導求正餘弦函數二次式極值的方法，也啓發了第(2)小題的解法。

證明第(2)小題時，必須將 $x^2 + y^2 = 1$ 轉換成 θ 的參數式，如此才能用得上第(1)小題的方法，而且也要注意到 θ 在一個較小的範圍內，故第(2)小題較難。

由(1)到(2)，由易入難，這也是很有創意的啓發式考題。

(三)結論

所謂有創意的題目，就是突破傳統的命題方式，用一種嶄新的方法，設計出另類新穎的題型，來測驗考生是否具備某種概念或能力的題目。

有創意的題目常是大考命題的焦點，也是我們鑑賞的對象。考生平常多解答有創意的題目，可以提升自己學習的層次，增進大考拿高分的能力。

四、問題速解三則

題一、請問民國96年，農曆記年是什麼年？十二生肖屬什麼？

【解】

步驟一、首先將民國96年化成西元記年是2007年

步驟二、又分兩步驟

(1) 將2007除以10得餘數7（實際上就是個位數字）7－3＝4，在天干（甲、乙、丙、丁、戊、已、庚、辛、壬、癸）中排第4個是丁。

(2) 再將2007除以12得餘數3，3＋12－3＝12，在地支（子、丑、寅、卯、辰、巳、午、未、申、酉、戌、亥）中排第12個是亥。

步驟三、將步驟二之(1)、(2)所得天干地支合起來就是丁亥年。而地支排序12，十二生肖（鼠、牛、虎、兔、龍、蛇、馬、羊、猴、雞、狗、豬）排序也是12，故十二生肖屬豬。

一般規則：

以西元記年（如為民國記年，加上1911就是西元記年）。

若為西元x年

1. 設x的個位數為r_1(1) 若$r_1 > 3$則$r_1 - 3$就是天干的排序個數，(2) 若$r_1 \leq 3$則$r_1 + 10 - 3 = r_1 + 7$就是天干的排序個數。

2. 將x除以12，得餘數為r_2：

(1) 若$r_2 > 3$則$r_2 - 3$就是地支的排序個數。

(2) 若$r_2 \leq 3$則$r_2 + 12 - 3 = r_2 + 9$就是地支的排序個數。

3. 至於十二生肖的排序則與地支的排序相同。

為何這樣？請大家動動腦，不過可以給您一點提示：民國73年西元1984年是農曆甲子年，十二生肖屬鼠。

題二、蘋果超過百個，但未滿二百個，3個一數餘2個，5個一數餘3個，7個一數餘4個，問蘋果有多少個？

【解】

設蘋果有 n 個，則 n 被3除餘2⋯⋯⋯⋯(1)

被5除餘3⋯⋯⋯⋯(2)

被7除餘4⋯⋯⋯⋯(3)

首先考慮滿足條件(3) 之 n 最小為4，但 $n = 4$ 不滿足(1) (2)，故加上7得11，$n = 11$ 可滿足(1)，當然亦滿足(3) ，然後11加上3、7之最小公倍數21得32，仍不滿足(2) ，再加21得53，(1) (2) (3) 三條件均滿足，故53是滿足三條件之最小的 n。

以上計算可簡化如下：

$$
\begin{array}{r}
4 \\
+\ 7 \\
\hline
11 \\
+21 \\
\hline
32 \\
+21 \\
\hline
53
\end{array}
$$

4 ⋯⋯⋯⋯滿足條件(3) 之最小者，但不滿足條件(1) (2)

11 ⋯⋯⋯⋯滿足條件(1) (3) 之最小者，但不滿足條件(2)

32 ⋯⋯⋯⋯滿足條件(1) (3) ，但不滿足條件(2)

53 ⋯⋯⋯⋯滿足條件(1) (2) (3) 之最小者

一般 $n = 3 \times 5 \times 7q + 53$，$q \in N \cup \{0\}$

$= 105q + 53$

依題意 $100 < n < 200$，故 $100 < 105q + 53 < 200$，即 $47 < 105q < 147$

$\therefore \dfrac{47}{105} < q < \dfrac{147}{105}$，故$q = 1$，$\therefore n = 158$為蘋果之個數。

以上的解法可歸納為

1. 先求滿足其中某一條件之最小者（通常先求滿足除數最大之條件的最小者），再進一步求同時滿足所有條件之最小者。

2. 再加上所有除數之最小公倍數的倍數就是一般的解。

再舉例如下：

2除餘1、5除餘2、7除餘3、9除餘4之自然數最小為何？

又介在1000與2000之間者為何？

【解】

(1) 設此數為n，先求最小者

$\begin{array}{r} 4 \\ +9 \\ \hline 13 \end{array}$ …………滿足條件四之最小者

…………滿足條件一、四之最小者

$\begin{array}{r} +18 \\ \hline 31 \end{array}$ ↗（18為2、9之l、c、m）

…………滿足條件一、三、四之最小者

$\begin{array}{r} +126 \\ \hline 157 \end{array}$ ↗（126為2、7、9之l、c、m）

…………滿足所有條件之最小者　$\therefore$所求最小自然數為157。

(2) 一般為$n = 〔2、5、7、9〕q + 157$（〔2、5、7、9〕表2、5、7、9之l、c、m）

$$= 630q + 157 \quad （q \in N \cup \{0\}）$$

又因為$1000 < 630q + 157 < 2000$

所以$843 < 630q < 1843$

$\therefore$　　$1.\cdots < q < 2.\cdots$

故 $q = 2$　　$\therefore n = 630 \times 2 + 157$

　　　　　　　$= 1417$ 為第二部分答案。

題三、求 $819x + 572y = (819,572)$ 的整數解（$(819、572)$ 表 819 與
　　　572 的最大公因數，簡記 $g.c.d.$）

【解】

一、先利用輾轉相除法求 $(819,572)$ 如下：

　　　　　　　　將左列之商 q_1，q_2，q_3，q_4 排入下表

$q_2 = 2$	572	819	$1 = q_1$
$q_4 = 6$	494	572	
	78	247	$3 = q_3$
	78	234	
	0	13	$- g.c.d$

	$q_4 = 6$	$q_3 = 3$	$q_2 = 2$	$q_1 = 1$	
第1列	(×)	(×)	(×)		左表中
第2列	1	(+) 3	(+) 7	10	（×）表乘法
正、負符號	+	−	+	−	（＋）表加法

說明：1. 上右表第1列的數由左至右依序是 q_4、q_3、q_2、q_1。

　　　2. 第2列的第1個數永遠寫1，然後 $1 \times 3 = 3$ 得第2個數，

　　　　　再 $3 \times 2 + 1 = 7$ 得第3個數，

最後 $7 \times 1 + 3 = 10$ 得第4個數。

　　　3. 第3列是第2列4個數的正、負符號，如最後2個是 $+7$ 與
　　　　　-10。

　　　4. 而 x，y 分別就是最後兩個數，因而所求 $x = 7$，$y = -10$ 為一
　　　　　組整數解。

二、求出 $x = 7$，$y = -10$ 為其一組整數解，再求一般的解：

$\because 819 \times 7 + 572 \times (-10) = 13$

兩邊約去13後得

$$63 \times 7 + 44 \times (-10) = 1$$

$\therefore$ 一般的整數解為 $\begin{cases} x = 7 + 44t \\ y = -10 - 63t, \ t \in z \end{cases}$

一般情形：設 a，$b \in N$ 且 $a > b$，首先輾轉相除，設所得的商依次為 q_1、q_2……q_{k-2}、q_{k-1}、q_k 而餘數依次 r_1、r_2……、r_{k-1}、$r_{k=0}$（$r_{k-1} = (a，b)$），將各商依序排入下表中：依左至右，由後面的商排到前面的商（即 q_K 到 q_1），排於第1列

q_K	q_{K-1}	q_{k-2}			q_2	q_1
1						

第2列的第1位置永遠寫1，其餘每一空格所要填入的數都是它左方的第1個數乘以它上方的數所得乘積，再加上它左方第2個數所得的和（但第一空格所要填入的數只是它左方的「1」乘以它上方的 q_{K-1} 即可，因無左方第2個數可加），最後第3列排入正、負符號，由左至右依序 $+$、$-$、$+$、$-$……為第2列 k 個數的正、負符號，設第2列第 $n+1$ 個空格所應填入的數為 W_n（$n = 1$，2，……，$k-1$），則可得下表：

q_K	q_{K-1}	q_{k-2}	q_{k-3}	——	q_2	q_1
1	W_1	W_2	W_3	——	W_{k-2}	W_{k-1}
$+$	$-$	$+$	$-$	——	$(-1)^{k-2}$	$(-1)^{k-1}$

其中 $W_1 = 1 \times q_{k-1} = q_{k-1}$

$W_2 = W_1 \times q_{k-2} + 1 = q_{k-1}q_{k-2} + 1$

$W_3 = W_2 \times q_{k-3} + W_1 = (q_{k-1}q_{k-2} + 1) \times q_{k-3} + q_{k-1} = q_{k-1}q_{K-2}q_{k-3} + q_{k-1}$

$\vdots$

則 $x = (-1)^{k-2}W_{k-2}$

$y = (-1)^{k-1}W_{k-1}$

<註>（以上 k 為表中之總行數，也是商的總個數）

因此若 k 為偶數則 $x = W_{k-2}$，$y = -W_{k-1}$

若 k 為奇數則 $x = -W_{K-2}$，$y = W_{K-1}$

再看下列：

求 $5723x + 4171y = (5723，4171)$ 的一組整數解，並求一般解。

【解】

先輾轉相除，求 $g.c.d.$

$$
\begin{array}{c|c|c|c}
q_2 = 2 & 4171 & 5723 & 1 = q_1 \\
 & 3104 & 4171 & \\
q_4 = 2 & 1067 & 1552 & 1 = q_3 \\
 & 970 & 1067 & \\
g.c.d\text{------} 97 & & 485 & 5 = q_5 \\
 & & 485 & \\
 & & 0 &
\end{array}
$$

按上法，經實際計算得下表：

$q_5 = 5$	$q_4 = 2$	$q_3 = 1$	$q_2 = 2$	$q_1 = 1$	左表中
(×)	(×)	(×)	(×)		(×) 表乘法
1 (+)	2 (+)	3 (+)	8	11	(+) 表加法
+	−	+	−	+	
			x	y	

立即可得$x = -8$、$y = 11$為一組整數解，

於是$5723 \times (-8) + 4171 \times 11 = 97$

兩邊約去97，得$59 \times (-8) + 43 \times 11 = 1$

∴一般的整數解為 $\begin{cases} x = -8 + 43t \\ y = 11 - 59t \end{cases}$, $t \in z$

<註>若$a < b$，則x、y前後易位。

五、如何作科展？——作科展的基本認識

　　作科展是一種很好的經驗，它可以讓您獲得書本上沒有的知識與能力，更可以為以後唸大學或唸研究所做研究打下基礎，而科展的成績也可以當作參加推甄或申請入學的條件。

　　要作科展必須具備基本研究能力，數學方面要有良好的推理能力，這包括歸納能力與演繹能力，自然學科也要具備實驗能力與敏銳的觀察能力。假如某一年級的同學想在下一年級作科展，現在就要努力把基礎打好。其次作科展也要具備耐力與毅力，不是只有五分鐘熱度的人所能作好的；當您決定要作科展，一旦確定了研究目標就要鍥而不捨、勇往向前，直到整件作品完成為止。這時您會覺得很有成就感，內心充滿了喜悅。

　　茲將作科展研究的方法與必備的知識分條闡述如下：

(一) 要先整體瞭解研究的項目與步驟：

　　找題目：為何研究此題目（即研究動機）→確立研究目的（等於有了研究方向）→進行推演（即研究過程與內容，自然科要做實驗、觀察）→作結論→討論→展望。

(二) 緊接著要做下列工作：

　　1. 選取「好的題目」：題目是一件作品的靈魂，它直接關係到整件作品的深度、廣度與好壞。

(1) 「選題目」有幾個原則：

    (a) 題目要新穎、有創意。

    (b) 研究目標要明確，主題要鮮明。

    (c) 能與所學習的教材相結合（自然科的題目最好能與周遭事物或生活經驗相結合）。

    (d) 避免作前人作過且內容完全相同的題目（可參閱科展優勝作品專輯或上網查詢）。

    (e) 避免選擇超出自己能力範圍的題目。

(2) 到哪裡找題目？下面提供幾種「題目的來源」當作參考：

    (a) 教材的延伸。

    (b) 競試或聯考題目的推衍。

    (c) 書刊、雜誌尚未解決的問題。

    (d) 自創題目。

    (e) 歷屆科展作品的改進：可於優勝作品專輯中尋找適合的主題，致力改善或改變研究方法、研究方向。

2. 決定研究方向，確立研究目標。

3. 研究過程遇到阻礙，要探討解決方法，彼此加油、打氣（指導老師可從旁協助鼓勵）。

4. 研究要有恆心、有毅力，且要有追根究底、窮追猛打，不求出結論絕不罷休的精神（可能要花很多時間，因此要尋求家長的諒解與支持）。

5. 找資料（自然科可能要尋求實驗設備及野外觀察的場所與器

材）。

　　6. 必要時可到相關大學或生產機構（如中油）借實驗室或請教專家。

(三) 一件好的科展作品要具備下列條件：

　　1. 研究目的要明確。

　　2. 研究過程與內容要嚴謹（自然科作品還要實驗設計嚴謹，且要有對照實驗紀錄，數據要整理完備，要有當場操作能力）。

　　3. 結論要完整，要與研究目的相符合。

　　4. 有創新的結果。

　　5. 在評審現場要有良好的表達、解說能力。

　　唐朝詩人李白曾說：「大塊假我以文章」，意思是說大地的事物都可以當作寫文章的素材，同樣的，自然界的現象與規律也可當作作科展的題材，取之不盡，用之不竭，就看您如何來應用它了！

　　研究的過程是艱辛的，成果是甜美的，其中的滋味非外人所能理解，願有志於科學研究的同學們，大家一起來共享科展的盛宴。

六、柯西不等式之推廣及應用

(一)研究動機：

　　在高二講授向量時，我們曾經利用向量的內積來證得柯西不等式，其證明如下：

　　(一) 設平面上二向量 $\vec{a} = (a_1, a_2), \vec{b} = (b_1, b_2)$ 均非零向量，其夾角為 θ，$0 \leq \theta \leq \pi$，則 $\vec{a}$ 與 $\vec{b}$ 之內積為

$$\vec{a} \cdot \vec{b} = |\vec{a}||\vec{b}|\cos\theta$$

$$\Rightarrow (\vec{a} \cdot \vec{b})^2 = |\vec{a}|^2|\vec{b}|^2\cos^2\theta \leq |\vec{a}|^2|\vec{b}|^2$$

$$(\because \cos^2\theta \leq 1)$$

$$\Rightarrow (\vec{a} \cdot \vec{b})^2 \leq |\vec{a}|^2|\vec{b}|^2$$

$$\Rightarrow (a_1b_1 + a_2b_2)^2 \leq (a_1^2 + a_2^2)(b_1^2 + b_2^2) \text{即} (a_1^2 + a_2^2)(b_1^2 + b_2^2) \geq (a_1b_1 + a_2b_2)^2 \cdots \quad (1)$$

當 $a_1 = a_2 = 0 \vee b_1 = b_2 = 0$ 時亦成立。

　　(二) 同理，令空間中二向量 $\vec{a} = (a_1, a_2, a_3)$，$\vec{b} = (b_1, b_2, b_3)$ 亦可證得

$$(a_1^2 + a_2^2 + a_3^2)(b_1^2 + b_2^2 + b_3^2) \geq (a_1b_1 + a_2b_2 + a_3b_3)^2 \quad\cdots\cdots\cdots\cdots\cdots\cdots\cdots \quad (2)$$

　　以上我們是用向量的方法來推證柯西不等式，實際上還有其他方法，而且利用這種方法還可以將柯西不等式推廣，這正是本文的重點，請看下面的分析：

　　首先，我們發現在以上(1) (2) 式中，因左邊 a_i^2 及 b_i^2 均 ≥ 0 且右邊 a_ib_i 是乘積，故可考慮應用算術平均數$\geq$幾何平均數（簡記A.M.$\geq$G.M.）來證

明，現在證(2) 如下，(1) 同理：

$$\frac{a_1^2}{\sum_{i=1}^{3} a_i^2} + \frac{b_1^2}{\sum_{i=1}^{3} b_i^2} \geq 2\sqrt{\frac{a_1^2 b_1^2}{\sum_{i=1}^{3} a_i^2 \cdot \sum_{i=1}^{3} b_i^2}} = 2\frac{|a_1 b_1|}{\sqrt{\sum_{i=1}^{3} a_i^2 \cdot \sum_{i=1}^{3} b_i^2}}$$

同理 $\dfrac{a_2^2}{\sum_{i=1}^{3} a_i^2} + \dfrac{b_2^2}{\sum_{i=1}^{3} b_i^2} \geq 2\dfrac{|a_2 b_2|}{\sqrt{\sum_{i=1}^{3} a_i^2 \cdot \sum_{i=1}^{3} b_i^2}}$

$$\frac{a_3^2}{\sum_{i=1}^{3} a_i^2} + \frac{b_3^2}{\sum_{i=1}^{3} b_i^2} \geq 2\frac{|a_3 b_3|}{\sqrt{\sum_{i=1}^{3} a_i^2 \cdot \sum_{i=1}^{3} b_i^2}}$$

以上三式邊邊相加得

$$2 = \frac{\sum_{i=1}^{3} a_i^2}{\sum_{i=1}^{3} a_i^2} + \frac{\sum_{i=1}^{3} b_i^2}{\sum_{i=1}^{3} b_i^2} \geq 2\frac{|a_1 b_1| + |a_2 b_2| + |a_3 b_3|}{\sqrt{\sum_{i=1}^{3} a_i^2 \cdot \sum_{i=1}^{3} b_i^2}}$$

$$\geq 2\frac{|a_1 b_1 + a_2 b_2 + a_3 b_3|}{\sqrt{\sum_{i=1}^{3} a_i^2 \cdot \sum_{i=1}^{3} b_i^2}}$$

兩邊約去2，並乘以 $\sqrt{\sum_{i=1}^{3} a_i^2 \cdot \sum_{i=1}^{3} b_i^2}$

得 $\sqrt{\sum_{i=1}^{3} a_i^2 \cdot \sum_{i=1}^{3} b_i^2} \geq \left| \sum_{i=1}^{3} a_i b_i \right|$

再兩邊平方得 $(\sum_{i=1}^{3} a_i^2)(\sum_{i=1}^{3} b_i^2) \geq (\sum_{i=1}^{3} a_i b_i)^2$ 得證。當然，仿以上方法我們可

輕鬆學好高中數學

以推得柯西不等式的一般式 $(\sum_{i=1}^{n} a_i^2)(\sum_{i=1}^{n} b_i^2) \geq (\sum_{i=1}^{n} a_i b_i)^2$ （A）成立

$$(a_i，b_i \in R，i = 1，2，\cdots\cdots，n)$$

在以上(A) 式中，其意為「實數平方和的乘積≥對應乘積和的平方」，那麼我們不禁聯想到一般「實數k次方和的乘積≥對應乘積和的k次方」是否亦成立？如

$$(\sum_{i=1}^{n} a_i^3)(\sum_{i=1}^{n} b_i^3)(\sum_{i=1}^{n} c_i^3) \geq (\sum_{i=1}^{n} a_i b_i c_i)^3$$ （B） 等是否成立？因此展開了以下的研究！

(二)研究過程與內容

A 柯西不等式的推廣

首先我們發現上面(B) 式是成立的，但必須要限制為 a_i、b_i、c_i 均 ≥ 0，證明如下：

設 a_i、b_i、$c_i \geq 0$ 則由 A.M.≥G.M.得

$$\frac{a_1^3}{\sum\limits_{i=1}^{n} a_i^3} + \frac{b_1^3}{\sum\limits_{i=1}^{n} b_i^3} + \frac{c_1^3}{\sum\limits_{i=1}^{n} c_i^3} \geq 3 \sqrt[3]{\frac{a_1^3 b_1^3 c_1^3}{(\sum\limits_{i=1}^{n} a_i^3)(\sum\limits_{i=1}^{n} b_i^3)(\sum\limits_{i=1}^{n} c_i^3)}}$$

$$= 3 \frac{a_1 b_1 c_1}{\sqrt[3]{(\sum\limits_{i=1}^{n} a_i^3)(\sum\limits_{i=1}^{n} b_i^3)(\sum\limits_{i=1}^{n} c_i^3)}}$$

同理 $\dfrac{a_2^3}{\displaystyle\sum_{i=1}^{n} a_i^3} + \dfrac{b_2^3}{\displaystyle\sum_{i=1}^{n} b_i^3} + \dfrac{c_2^3}{\displaystyle\sum_{i=1}^{n} c_i^3} \geq 3 \dfrac{a_2 b_2 c_2}{\sqrt[3]{\left(\displaystyle\sum_{i=1}^{n} a_i^3\right)\left(\displaystyle\sum_{i=1}^{n} b_i^3\right)\left(\displaystyle\sum_{i=1}^{n} c_i^3\right)}}$

$$\vdots \qquad \vdots \qquad \vdots \qquad\qquad\qquad \vdots$$

$$\dfrac{a_n^3}{\displaystyle\sum_{i=1}^{n} a_1^3} + \dfrac{b_n^3}{\displaystyle\sum_{i=1}^{n} b_1^3} + \dfrac{c_n^3}{\displaystyle\sum_{i=1}^{n} c_1^3} \geq 3 \dfrac{a_n b_n c_n}{\sqrt[3]{\left(\displaystyle\sum_{i=1}^{n} a_1^3\right)\left(\displaystyle\sum_{i=1}^{n} b_1^3\right)\left(\displaystyle\sum_{i=1}^{n} c_1^3\right)}}$$

以上n式邊邊相加得

$$1 + 1 + 1 \geq 3 \dfrac{a_1 b_1 c_1 + a_2 b_2 c_2 + \cdots\cdots + a_n b_n c_n}{\sqrt[3]{\left(\displaystyle\sum_{i=1}^{n} a_i^3\right)\left(\displaystyle\sum_{i=1}^{n} b_i^3\right)\left(\displaystyle\sum_{i=1}^{n} c_i^3\right)}}$$

$$\Rightarrow \sqrt[3]{\left(\sum_{i=1}^{n} a_i^3\right)\left(\sum_{i=1}^{n} b_i^3\right)\left(\sum_{i=1}^{n} c_i^3\right)} \geq a_1 b_1 c_1 + a_2 b_2 c_2 + \cdots + a_n b_n c_n$$

$$\xrightarrow{\text{立方}} \left(\sum_{i=1}^{n} a_i^3\right)\left(\sum_{i=1}^{n} b_i^3\right)\left(\sum_{i=1}^{n} c_i^3\right) \geq \left(\sum_{i=1}^{n} a_i b_i c_i\right)^3$$

以上是3個「n個數之立方和」的乘積≥對應乘積和的立方，基此我們聯想到假如「3個」改成「2個」是否可以？也就是如下列之不等式是否成立？

$$(a_1^3 + a_2^3 + a_3^3)(b_1^3 + b_2^3 + b_3^3) \geq (a_1 b_1 + a_2 b_2 + a_3 b_3)^3$$

以 $a_i = b_i = 1$ 代入即可發現其不成立，那麼右邊要如何修改才會成立呢？我們作以下的探討：

由A.M.≥G.M.得

$$\dfrac{a_1^3}{a_1^3 + a_2^3 + a_3^3} + \dfrac{b_1^3}{b_1^3 + b_2^3 + b_3^3} \geq 2\sqrt{\dfrac{a_1^3 b_1^3}{\left(\displaystyle\sum_{i=1}^{3} a_i^3\right)\left(\displaystyle\sum_{i=1}^{3} b_i^3\right)}}$$

$$= 2\dfrac{(a_1 b_1)^{\frac{3}{2}}}{\sqrt{\left(\displaystyle\sum_{i=1}^{3} a_i^3\right)\left(\displaystyle\sum_{i=1}^{3} b_i^3\right)}}$$

同理 $\dfrac{a_2^3}{a_1^3+a_2^3+a_3^3}+\dfrac{b_2^3}{b_1^3+b_2^3+b_3^3}\geq 2\,\dfrac{(a_2b_2)^{\frac{3}{2}}}{\sqrt{(\sum\limits_{i=1}^{3}a_i^3)(\sum\limits_{i=1}^{3}b_i^3)}}$

$\dfrac{a_3^3}{a_1^3+a_2^3+a_3^3}+\dfrac{b_3^3}{b_1^3+b_2^3+b_3^3}\geq 2\,\dfrac{(a_3b_3)^{\frac{3}{2}}}{\sqrt{(\sum\limits_{i=1}^{3}a_i^3)(\sum\limits_{i=1}^{3}b_i^3)}}$

以上三式邊邊相加得

$$2\geq 2\,\dfrac{(a_1b_1)^{\frac{3}{2}}+(a_2b_2)^{\frac{3}{2}}+(a_3b_3)^{\frac{3}{2}}}{\sqrt{(\sum\limits_{i=1}^{3}a_i^3)(\sum\limits_{i=1}^{3}b_i^3)}}$$

$$\Rightarrow \sqrt{(\sum\limits_{i=1}^{3}a_i^3)(\sum\limits_{i=1}^{3}b_i^3)}\geq \sum\limits_{i=1}^{3}(a_ib_i)^{\frac{3}{2}}$$

$$\xrightarrow{\text{平方}}(\sum\limits_{i=1}^{3}a_i^3)(\sum\limits_{i=1}^{3}b_i^3)\geq \left[\,\sum\limits_{i=1}^{3}(a_ib_i)^{\frac{3}{2}}\,\right]^2 \qquad (\text{C}-1)$$

當然同理下式亦成立：

$$(\sum\limits_{i=1}^{3}a_i^3)(\sum\limits_{i=1}^{3}b_i^3)(\sum\limits_{i=1}^{3}c_i^3)(\sum\limits_{i=1}^{3}d_i^3)\geq \left[\,\sum\limits_{i=1}^{3}(a_ib_ic_id_i)^{\frac{3}{4}}\,\right]^4 \qquad (\text{C}-2)$$

一 般 化 的 結 論 是 ：

$$\underbrace{(\sum\limits_{i=1}^{n}(a_i)^m)(\sum\limits_{i=1}^{n}(b_i)^m)\cdots(\sum\limits_{i=1}^{n}(k_i)^m)}\geq \left[\,\sum\limits_{i=1}^{n}(a_i\cdot b_i\cdot\cdots k_i)^{\frac{m}{l}}\,\right]^l \qquad (\text{D})$$

共有 l 個「$\sum$」相乘（即式中 a，$b\cdots$，k 共有 l 個文字）且「＝」
成立 $\Longleftrightarrow a_1:b_1:\cdots\cdots:k_1=a_2:b_2:\cdots\cdots:k_2=\cdots\cdots=a_n:$
$b_n:\cdots\cdots:k_n$（以上 l、m、n 是任意正整數，a_i、b_i、$\cdots$、$k_i\geq 0$，
$i=1$、2、$\cdots n$）

輕鬆學好高中數學

證明 由A.M.≥A.M.得

$$\frac{a_1^m}{\sum\limits_{i=1}^{n} a_i^m} + \frac{b_1^m}{\sum\limits_{i=1}^{n} b_i^m} + \cdots + \frac{k_1^m}{\sum\limits_{i=1}^{n} k_i^m} \geq l\sqrt[l]{\frac{a_1^m}{\sum\limits_{i=1}^{n} a_i^m} \cdot \frac{b_1^m}{\sum\limits_{i=1}^{n} b_i^m} \cdot \cdots \cdot \frac{k_1^m}{\sum\limits_{i=1}^{n} k_i^m}}$$

$$= l\frac{(a_1 \cdot b_1 \cdot \cdots \cdot k_1)^{\frac{m}{l}}}{\sqrt[l]{\sum\limits_{i=1}^{n} a_i^m \cdot \sum\limits_{i=1}^{n} b_i^m \cdot \cdots \sum\limits_{i=1}^{n} k_i^m}}$$

同理 $\dfrac{a_2^m}{\sum\limits_{i=1}^{n} a_i^m} + \dfrac{b_2^m}{\sum\limits_{i=1}^{n} b_i^m} + \cdots + \dfrac{k_2^m}{\sum\limits_{i=1}^{n} k_i^m} \geq l\dfrac{(a_2 \cdot b_2 \cdot \cdots \cdot k_2)^{\frac{m}{l}}}{\sqrt[l]{\sum\limits_{i=1}^{n} a_i^m \cdot \sum\limits_{i=1}^{n} b_i^m \cdot \cdots \sum\limits_{i=1}^{n} k_i^m}}$

$$\vdots \qquad \vdots \qquad \vdots \qquad \vdots$$

$$\frac{a_n^m}{\sum\limits_{i=1}^{n} a_i^m} + \frac{b_n^m}{\sum\limits_{i=1}^{n} b_i^m} + \cdots + \frac{k_n^m}{\sum\limits_{i=1}^{n} k_i^m} \geq l\frac{(a_n \cdot b_n \cdot \cdots \cdot k_n)^{\frac{m}{l}}}{\sqrt[l]{\sum\limits_{i=1}^{n} a_i^m \cdot \sum\limits_{i=1}^{n} b_i^m \cdot \cdots \sum\limits_{i=1}^{n} k_i^m}}$$

以上共 n 個式子，邊邊相加得

$$l \geq l\frac{\sum\limits_{i=1}^{n}(a_i \cdot b_i \cdot \cdots \cdot k_i)^{\frac{m}{l}}}{\sqrt[l]{\sum\limits_{i=1}^{n} a_i^m \cdot \sum\limits_{i=1}^{n} b_i^m \cdot \cdots \sum\limits_{i=1}^{n} k_i^m}}$$

$$\Rightarrow \sqrt[l]{\sum\limits_{i=1}^{n} a_i^m \cdot \sum\limits_{i=1}^{n} b_i^m \cdot \cdots \sum\limits_{i=1}^{n} k_i^m} \geq \sum\limits_{i=1}^{n}(a_i \cdot b_i \cdot \cdots \cdot k_i)^{\frac{m}{l}}$$

$$\xrightarrow{l \text{次方}} \left(\sum\limits_{i=1}^{n} a_i^m\right)\left(\sum\limits_{i=1}^{n} b_i^m\right) \cdots \left(\sum\limits_{i=1}^{n} k_i^m\right) \geq \left[\sum\limits_{i=1}^{n}(a_i \cdot b_i \cdot \cdots \cdot k_i)^{\frac{m}{l}}\right]^l$$

得證(D) 式成立

以上(D) 式實涵蓋了(A)(B)(C－1)(C－2)等諸式

現在再進一步求(D) 式「＝」號成立的條件如下：

當(D) 式「＝」號成立，則

$$\begin{cases} \dfrac{a_1^m}{\displaystyle\sum_{i=1}^{n} a_i^m} = \dfrac{b_1^m}{\displaystyle\sum_{i=1}^{n} b_i^m} = \cdots\cdots = \dfrac{k_1^m}{\displaystyle\sum_{i=1}^{n} k_i^m} \cdots\cdots\cdots\cdots\cdots (1) \\[2em] \dfrac{a_2^m}{\displaystyle\sum_{i=1}^{n} a_i^m} = \dfrac{b_2^m}{\displaystyle\sum_{i=1}^{n} b_i^m} = \cdots\cdots = \dfrac{k_2^m}{\displaystyle\sum_{i=1}^{n} k_i^m} \cdots\cdots\cdots\cdots\cdots (2) \\[2em] \qquad\vdots \qquad\qquad \vdots \qquad\qquad\qquad \vdots \\[1em] \dfrac{a_n^m}{\displaystyle\sum_{i=1}^{n} a_i^m} = \dfrac{b_n^m}{\displaystyle\sum_{i=1}^{n} b_i^m} = \cdots\cdots = \dfrac{k_n^m}{\displaystyle\sum_{i=1}^{n} k_i^m} \cdots\cdots\cdots\cdots\cdots (n) \end{cases}$$

$$\Rightarrow \begin{cases} \dfrac{a_1^m}{a_2^m} = \dfrac{b_1^m}{b_2^m} = \cdots\cdots\cdots\cdots = \dfrac{k_1^m}{k_2^m} \quad \left(\text{由}\ \dfrac{(1)}{(2)}\ \text{得}\right) \\[1.5em] \dfrac{a_2^m}{a_3^m} = \dfrac{b_2^m}{b_3^m} = \cdots\cdots\cdots\cdots = \dfrac{k_2^m}{k_3^m} \quad \left(\text{由}\ \dfrac{(2)}{(3)}\ \text{得}\right) \\[1.5em] \qquad\vdots \qquad\qquad \vdots \qquad\qquad\qquad \vdots \\[1em] \dfrac{a_{n-1}^m}{a_n^m} = \dfrac{a_{n-1}^m}{a_n^m} = \cdots\cdots = \dfrac{k_{n-1}^m}{k_n^m} \quad \left(\text{由}\ \dfrac{(n-1)}{(n)}\ \text{得}\right) \end{cases}$$

$$\Rightarrow \begin{cases} \dfrac{a_1}{a_2} = \dfrac{b_1}{b_2} = \cdots\cdots\cdots\cdots = \dfrac{k_1}{k_2} \\[1.5em] \dfrac{a_2}{a_3} = \dfrac{b_2}{b_3} = \cdots\cdots\cdots\cdots = \dfrac{k_2}{k_3} \\[1.5em] \qquad\vdots \qquad\qquad \vdots \qquad\qquad\qquad \vdots \\[1em] \dfrac{a_{n-1}}{a_n} = \dfrac{b_{n-1}}{b_n} = \cdots\cdots = \dfrac{k_{n-1}}{k_n} \end{cases} \left(\text{共有}\ n-1\ \text{個式子}\right)$$

$$\Rightarrow a_1 : b_1 : \cdots : k_1 = a_2 : b_2 : \cdots : k_2 = \cdots\cdots = a_n : b_n : \cdots : k_n$$

反之：若 $a_1 : b_1 : \cdots : k_1 = a_2 : b_2 : \cdots : k_2 = \cdots\cdots = a_n : b_n : \cdots : k_n$

則 $\begin{cases} a_1 : b_1 = a_2 : b_2 = \cdots\cdots = a_n : b_n \\ \vdots \qquad\quad \vdots \qquad\qquad\quad \vdots \\ a_1 : k_1 = a_2 : k_2 = \cdots\cdots = a_n : k_n \end{cases}$ （共有 $\ell - 1$ 個式子）

$$\Rightarrow \begin{cases} \exists t_1 , \cdots , t_{l-1} \ \ni b_1 = t_1 a_1 \ , b_2 = t_1 a_2 , \cdots\cdots , b_n = t_1 a_n \\ \qquad\qquad\quad \vdots \qquad\qquad\qquad \vdots \qquad\qquad\qquad\quad \vdots \\ \qquad\qquad k_1 = t_{l-1} a_1 , \ k_2 = t_{l-1} a_2 , \cdots , k_n = t_{l-1} a_n \end{cases}$$

代入(D) 式得

左端 $= (a_1^m + a_2^m + \cdots + a_n^m)[(t_1 a_1)^m + (t_1 a_2)^m + \cdots + (t_1 a_n)^m]$

$\qquad\qquad \cdots\cdots\cdots[(t_{l-1} a_1)^m + (t_{l-1} a_2)^m + \cdots\cdots + (t_{l-1} a_n)^m]$

$= (a_1^m + a_2^m + \cdots + a_n^m) \cdot t_1^m (a_1^m + a_2^m + \cdots + a_n^m) \cdots\cdots \cdot$

$\quad t_{l-1}^m (a_1^m + a_2^m + \cdots + a_n^m)$

$= (a_1^m + a_2^m + \cdots + a_n^m)^l (t_1 \cdot \cdots\cdots \cdot t_{l-1})^m$

右端 $= [(t_1 \cdot \cdots \cdot t_{l-1})^{\frac{m}{l}} a_1^m + (t_1 \cdot \cdots \cdot t_{l-1})^{\frac{m}{l}} a_2^m + \cdots +$

$\qquad (t_1 \cdot \cdots \cdot t_{l-1})^{\frac{m}{l}} a_n^m]^l$

$= [(a_1^m + a_2^m + \cdots + a_n^m)(t_1 \cdot \cdots \cdot t_{l-1})^{\frac{m}{l}}]^l$

$= (a_1^m + a_2^m + \cdots + a_n^m)^l (t_1 \cdot \cdots \cdot t_{l-1})^m$

∴左端＝右端，亦即(D) 式「＝」號成立

故得(D) 式「＝」號成立$\Longleftrightarrow a_1 : b_1 : \cdots : k_1 = a_2 : b_2 : \cdots : k_2 = \cdots\cdots =$
$a_n : b_n : \cdots : k_n$

更一般化的結論：

$$\underbrace{(\sum_{i=1}^{n} a_i^{m_1})(\sum_{i=1}^{n} b_i^{m_2}) \cdots (\sum_{i=1}^{n} k_i^{m_e})}_{} \geq \left[\sum_{i=1}^{n} (a_i^{\frac{m_1}{l}}) \cdot (b_i^{\frac{m_2}{l}}) \cdot \cdots \cdot (k_i)^{\frac{m_l}{l}}\right]^l \qquad (E)$$

共有 l 個「$\sum$」相乘（即式中 a、b、$\cdots k$ 共有 l 個文字）

且「＝」成立$\Longleftrightarrow a_1^{m_1} : b_1^{m_2} : \cdots : k_1^{m_l} = a_2^{m_1} : b_2^{m_2} : \cdots : k_2^{m_l} = \cdots\cdots = a_n^{m_1} : b_n^{m_2} : \cdots : k_n^{m_l}$

（以上 l、m、n 是任意正整數，a_i、b_i、$\cdots\cdots$、$k_i \geq 0$、$i = 1$、
2、$\cdots\cdots$、n）

證明　由 A.M.≥G.M.得

$$\frac{a_1^{m_1}}{\sum\limits_{i=1}^{n} a_i^{m_1}} + \frac{b_1^{m_2}}{\sum\limits_{i=1}^{n} b_i^{m_2}} + \cdots + \frac{k_1^{m_l}}{\sum\limits_{i=1}^{n} k_i^{m_l}} \geq l \sqrt[l]{\frac{a_1^{m_1}}{\sum\limits_{i=1}^{n} a_i^{m_1}} \cdot \frac{b_1^{m_2}}{\sum\limits_{i=1}^{n} b_i^{m_2}} \cdot \cdots \cdot \frac{k_1^{m_l}}{\sum\limits_{i=1}^{n} k_i^{m_l}}}$$

$$= l \frac{(a_1)^{\frac{m_1}{l}} \cdot (b_1)^{\frac{m_2}{l}} \cdot \cdots \cdot (k_1)^{\frac{m_l}{l}}}{\sqrt[l]{\sum\limits_{i=1}^{n} a_i^{m_1} \cdot \sum\limits_{i=1}^{n} b_i^{m_2} \cdot \cdots \cdot \sum\limits_{i=1}^{n} k_i^{m_l}}}$$

同理
$$\frac{a_2^{m_1}}{\sum\limits_{i=1}^{n} a_i^{m_1}} + \frac{b_2^{m_2}}{\sum\limits_{i=1}^{n} b_i^{m_2}} + \cdots + \frac{k_2^{m_l}}{\sum\limits_{i=1}^{n} k_i^{m_l}} \geq \frac{(a_2)^{\frac{m_1}{l}} \cdot (b_2)^{\frac{m_2}{l}} \cdot \cdots \cdot (k_2)^{\frac{m_l}{l}}}{\sqrt[l]{\sum\limits_{i=1}^{n} a_i^{m_1} \cdot \sum\limits_{i=1}^{n} b_i^{m_1} \cdot \cdots \cdot \sum\limits_{i=1}^{n} k_i^{m_l}}}$$

$$\vdots \qquad \vdots \qquad \qquad \vdots \qquad\qquad\qquad \vdots$$

$$\frac{a_n^{m_1}}{\sum\limits_{i=1}^{n} a_i^{m_1}} + \frac{b_n^{m_2}}{\sum\limits_{i=1}^{n} b_i^{m_2}} + \cdots + \frac{k_n^{m_l}}{\sum\limits_{i=1}^{n} k_i^{m_l}} \geq l\,\frac{(a_n)^{\frac{m_1}{l}} \cdot (b_n)^{\frac{m_2}{l}} \cdot \cdots \cdot (k_n)^{\frac{m_l}{l}}}{\sqrt[l]{\sum\limits_{i=1}^{n} a_i^{m_1} \cdot \sum\limits_{i=1}^{n} b_i^{m_2} \cdot \cdots \cdot \sum\limits_{i=1}^{n} k_i^{m_l}}}$$

以上共 n 個式子，邊邊相加得

$$l \geq l\,\frac{\sum\limits_{i=1}^{n}\left[(a_i)^{\frac{m_1}{l}} \cdot (b_i)^{\frac{m_2}{l}} \cdot \cdots \cdot (k_i)^{\frac{m_l}{l}}\right]}{\sqrt[l]{\sum\limits_{i=1}^{n} a_i^{m_1} \cdot \sum\limits_{i=1}^{n} b_i^{m_2} \cdot \cdots \cdot \sum\limits_{i=1}^{n} k_i^{m_l}}}$$

兩邊消去 l，將右邊分母乘到左邊，再 l 次方，即得

$$\left(\sum\limits_{i=1}^{n} a_i^{m_1}\right)\left(\sum\limits_{i=1}^{n} b_i^{m_2}\right) \cdots\cdots \left(\sum\limits_{i=1}^{n} k_i^{m_l}\right) \geq \left[\sum\limits_{i=1}^{n} (a_i)^{\frac{m_1}{l}} \cdot (b_i)^{\frac{m_2}{l}} \cdot \cdots \cdot (k_i)^{\frac{m_l}{l}}\right]^{l}$$

又當「 ＝ 」號成立時，則

$$\begin{cases} \dfrac{a_1^{m_1}}{\sum\limits_{i=1}^{n} a_i^{m_1}} = \dfrac{b_1^{m_2}}{\sum\limits_{i=1}^{n} b_i^{m_2}} = \cdots\cdots = \dfrac{k_1^{m_l}}{\sum\limits_{i=1}^{n} k_i^{m_l}} \cdots\cdots\cdots\cdots\cdots (1) \\[3ex] \dfrac{a_2^{m_1}}{\sum\limits_{i=1}^{n} a_i^{m_1}} = \dfrac{b_2^{m_2}}{\sum\limits_{i=1}^{n} b_i^{m_2}} = \cdots\cdots = \dfrac{k_2^{m_l}}{\sum\limits_{i=1}^{n} k_i^{m_l}} \cdots\cdots\cdots\cdots\cdots (2) \\[3ex] \qquad \vdots \qquad\qquad \vdots \qquad\qquad\qquad \vdots \\[2ex] \dfrac{a_n^{m_1}}{\sum\limits_{i=1}^{n} a_i^{m_1}} = \dfrac{b_n^{m_2}}{\sum\limits_{i=1}^{n} b_i^{m_2}} = \cdots\cdots = \dfrac{k_n^{m_l}}{\sum\limits_{i=1}^{n} k_i^{m_l}} \cdots\cdots\cdots\cdots\cdots (n) \end{cases}$$

$$\Rightarrow \begin{cases} \dfrac{a_1^{m_1}}{a_2^{m_1}} = \dfrac{b_1^{m_2}}{b_2^{m_2}} = \cdots\cdots = \dfrac{k_1^{m_l}}{k_2^{m_l}} \quad (\text{由}\dfrac{(1)}{(2)}\text{得}) \\[4mm] \dfrac{a_2^{m_1}}{a_3^{m_1}} = \dfrac{b_2^{m_2}}{b_3^{m_2}} = \cdots\cdots = \dfrac{k_2^{m_l}}{k_3^{m_l}} \quad (\text{由}\dfrac{(2)}{(3)}\text{得}) \\[2mm] \quad\vdots \qquad\quad \vdots \qquad\qquad\qquad \vdots \\[2mm] \dfrac{a_{n-1}^{m_1}}{a_n^{m_1}} = \dfrac{b_{n-1}^{m_1}}{b_n^{m_2}} = \cdots\cdots = \dfrac{k_{n-1}^{m_l}}{k_n^{m_l}} \quad (\text{由}\dfrac{(n-1)}{(n)}\text{得}) \end{cases} \left(\begin{array}{c}\text{共}\\ \text{有}\\ n-1\\ \text{個}\\ \text{式}\\ \text{子}\end{array}\right)$$

$$\Rightarrow a_1^{m_1}:b_1^{m_2}:\cdots:k_1^{m_l} = a_2^{m_1}:b_2^{m_2}:\cdots:k_2^{m_l} = \cdots = a_n^{m_1}:b_n^{m_2}:\cdots:k_n^{m_l}$$

反之：

若 $a_1^{m_1}:b_1^{m_2}:\cdots:k_1^{m_l} = a_2^{m_1}:b_2^{m_2}:\cdots:k_2^{m_l} = \cdots = a_n^{m_1}:b_n^{m_2}:\cdots:k_n^{m_l}$

則 $\begin{cases} a_1^{m_1}:b_1^{m_2} = a_2^{m_1}:b_2^{m_2} = \cdots\cdots = a_n^{m_1}:b_n^{m_2} \\[1mm] \quad\vdots \qquad\qquad \vdots \qquad\qquad\qquad \vdots \\[1mm] a_1^{m_1}:k_1^{m_l} = a_2^{m_1}:k_2^{m_l} = \cdots\cdots = a_n^{m_1}:k_n^{m_l} \end{cases}$ $\left(\begin{array}{c}\text{共}\\ \text{有}\\ l-1\\ \text{個}\\ \text{式}\\ \text{子}\end{array}\right)$

$$\Rightarrow \begin{cases} \exists t_1,\cdots,t_{l-1}, \ni b_1^{m_2} = t_1 a_1^{m_1}, \ b_2^{m_2} = t_1 a_2^{m_1}, \cdots\cdots, b_n^{m_2} = t_1 a_n^{m_1} \\[2mm] \qquad\qquad\qquad \vdots \qquad\qquad \vdots \qquad\qquad\qquad \vdots \\[2mm] \qquad\qquad k_1^{m_l} = t_{l-1}a_1^{m_1}, \ k_2^{m_l} = t_{l-1}a_2^{m_1}, \cdots\cdots, k_n^{m_l} = t_{l-1}a_n^{m_1} \end{cases}$$

代入 (E) 式，得

$$左端 = (a_1^{m_1} + a_2^{m_1} + \cdots + a_n^{m_1})[(t_1 a_1^{m_1}) + (t_1 a_2^{m_1}) + \cdots + (t_1 a_n^{m_1})]$$
$$\cdots\cdots[(t_{l-1} a_1^{m_1}) + (t_{l-1} a_2^{m_1}) + \cdots + (t_{l-1} a_n^{m_1})]$$
$$= (a_1^{m_1} + a_2^{m_1} + \cdots + a_n^{m_1}) \cdot t_1(a_1^{m_1} + a_2^{m_1} + \cdots + a_n^{m_1}) \cdot \cdots\cdots$$
$$\cdot t_{l-1}(a_1^{m_1} + a_2^{m_1} + \cdots + a_n^{m_1})$$
$$= (a_1^{m_1} + a_2^{m_1} + \cdots + a_n^{m_1})^l \cdot (t_1 \cdot \cdots \cdot t_{l-1})$$

$$右端 = \Big[a_1^{\frac{m_1}{l}} \cdot (t_1 a_1^{m_1})^{\frac{1}{l}} \cdot \cdots \cdot (t_{l-1} a_1^{m_1})^{\frac{1}{l}} + a_2^{\frac{m_1}{l}} \cdot (t_1 a_2^{m_1})^{\frac{1}{l}}$$
$$\cdot \cdots \cdot (t_{l-1} a_2^{m_1})^{\frac{1}{l}} + \cdots + a_n^{\frac{m_1}{l}} \cdot (t_1 a_n^{m_1})^{\frac{1}{l}} \cdot \cdots \cdot (t_{l-1} a_n^{m_1})^{\frac{1}{l}} \Big]^l$$
$$= \Big[a_1^{m_1}(t_1 \cdot \cdots \cdot t_{l-1})^{\frac{1}{l}} + a_2^{m_1}(t_1 \cdot \cdots \cdot t_{l-1})^{\frac{1}{l}} + \cdots\cdots +$$
$$a_n^{m_1}(t_1 \cdot \cdots \cdot t_{l-1})^{\frac{1}{l}} \Big]^l$$
$$= (a_1^{m_1} + a_2^{m_1} + \cdots + a_n^{m_1})^l (t_1 \cdot \cdots \cdot t_{l-1})$$

∴左端＝右端，亦即(E) 式「＝」號成立

故得證(E) 式「＝」號成立 $\Longleftrightarrow a_1^{m_1} : b_1^{m_2} : \cdots : k_1^{m_l} =$

$a_2^{m_1} : b_2^{m_2} : \cdots : k_2^{m_l} = \cdots\cdots = a_n^{m_1} : b_n^{m_2} : \cdots : k_n^{m_l}$

B. 應用

舉例應用如下：

例1　求 $\dfrac{3}{\cos\theta} + \dfrac{2}{\sin\theta}$ $(0 < 0 < \dfrac{\pi}{2})$ 之最小值，又當其值最小時，$\cos\theta = ?$

$\sin\theta = ?$

【解】

由柯西不等式的推廣(D) 式可得

$$\Big[(\sqrt[3]{\tfrac{3}{\cos\theta}})^3 + (\sqrt[3]{\tfrac{2}{\sin\theta}})^3 \Big]^2 \ \Big[(\sqrt[3]{\cos^2\theta})^3 + (\sqrt[3]{\sin^2\theta})^3 \Big]$$
$$\geq (\sqrt[3]{3^2} + \sqrt[3]{2^2})^3$$

$$\Rightarrow (\frac{3}{\cos\theta} + \frac{2}{\sin\theta})^2 \geq (3^{\frac{2}{3}} + 2^{\frac{2}{3}})^3$$

$$\Rightarrow \frac{3}{\cos\theta} + \frac{2}{\sin\theta} \geq (3^{\frac{2}{3}} + 2^{\frac{2}{3}})^{\frac{3}{2}}$$

∴最小值為$(3^{\frac{2}{3}} + 2^{\frac{2}{3}})^{\frac{3}{2}}$

又上式「＝」號成立 $\Longleftrightarrow \sqrt[3]{\frac{3}{\cos\theta}} : \sqrt[3]{\cos^2\theta} = \sqrt[3]{\frac{2}{\sin\theta}} : \sqrt[3]{\sin^2\theta}$

$$\Longleftrightarrow \sqrt[3]{\frac{3}{\cos^3\theta}} = \sqrt[3]{\frac{2}{\sin^3\theta}}$$

$$\Longleftrightarrow \frac{\sin^3\theta}{\cos^3\theta} = \frac{2}{3}$$

$$\Longleftrightarrow \tan^3\theta = \frac{2}{3}$$

$$\Longleftrightarrow \tan\theta = \sqrt[3]{\frac{2}{3}}$$

∴當 $\dfrac{3}{\cos\theta} + \dfrac{2}{\sin\theta}$ 之值最小時，

$$\cos\theta = \frac{3^{\frac{1}{3}}}{3^{\frac{2}{3}} + 2^{\frac{2}{3}}} \text{,} \sin\theta = \frac{2^{\frac{1}{3}}}{3^{\frac{2}{3}} + 2^{\frac{2}{3}}}$$

推廣：設 P_i 為正定數 $0 < a_i < \dfrac{\pi}{2}$，且 $\sum \cos^2 a_i = 1$，$i = 1$、2、$\cdots n$ 則

$\dfrac{P_1}{\cos\alpha_1} + \dfrac{P_2}{\cos\alpha_2} + \cdots + \dfrac{P_n}{\cos\alpha_n}$ 之最小值為 $(P_1^{\frac{2}{3}} + P_2^{\frac{2}{3}} + \cdots + P_n^{\frac{2}{3}})^{\frac{3}{2}}$ 又當其值最小

時，$\cos\alpha_i = (P_i)^{\frac{1}{3}}(\dfrac{1}{\sum\limits_{k=1}^{n} P_k^{\frac{2}{3}}})^{\frac{1}{2}}$，$i = 1$、$2 \cdots n$。

證明

$$\left[\left(\sqrt[3]{\frac{P_1}{\cos\alpha_1}}\right)^3 + \left(\sqrt[3]{\frac{P_2}{\cos\alpha_2}}\right)^3 + \cdots + \left(\sqrt[3]{\frac{P_n}{\cos\alpha_n}}\right)^3 \right]^2$$

$$\left[\left(\sqrt[3]{\cos^2\alpha_1}\right)^3 + \left(\sqrt[3]{\cos^2\alpha_2}\right)^3 + \cdots + \left(\sqrt[3]{\cos^2\alpha_n}\right)^3 \right]$$

$$\geq \left(\sqrt[3]{P_1^2} + \sqrt[3]{P_2^2} + \cdots + \sqrt[3]{P_n^2}\right)^3$$

$$\Rightarrow \frac{P_1}{\cos\alpha_1} + \frac{P_2}{\cos\alpha_2} + \cdots + \frac{P_n}{\cos\alpha_n} \geq \left(p_1^{\frac{2}{3}} + p_2^{\frac{2}{3}} + \cdots + p_n^{\frac{2}{3}}\right)^{\frac{3}{2}}$$ 得證；又當其值最小時，即上式「=」號成立。

而「=」號成立 $\Longleftrightarrow \sqrt[3]{\frac{P_1}{\cos\alpha_1}} : \sqrt[3]{\cos^2\alpha_1} = \sqrt[3]{\frac{P_2}{\cos\alpha_2}} : \sqrt[3]{\cos^2\alpha_2}$

$$= \cdots = \sqrt[3]{\frac{P_n}{\cos\alpha_n}} : \sqrt[3]{\cos^2\alpha_n}$$

$$\Longleftrightarrow \exists t > 0 \; , \; \ni \sqrt[3]{\cos^2\alpha_1} = t\sqrt[3]{\frac{P_1}{\cos\alpha_1}}$$

$$\sqrt[3]{\cos^2\alpha_2} = t\sqrt[3]{\frac{P_2}{\cos\alpha_2}}$$

$$\vdots \qquad\qquad \vdots$$

$$\sqrt[3]{\cos^2\alpha_n} = t\sqrt[3]{\frac{P_n}{\cos\alpha_n}}$$

$$\Longleftrightarrow \exists t > 0 , \ni \cos\alpha_1 = \sqrt[3]{P_1}\,t$$

$$\cos\alpha_2 = \sqrt[3]{P_2}\,t$$

$$\vdots \qquad\qquad \vdots$$

$$\cos\alpha_n = \sqrt[3]{P_n}\,t$$

由於 $\displaystyle\sum_{i=1}^{n}\cos^2\alpha_i = 1 \therefore \left(\sqrt[3]{P_1^2} + \sqrt[3]{P_2^2} + \cdots + \sqrt[3]{P_n^2}\right)t^2 = 1$

解得 $t = (\dfrac{1}{P_1^{\frac{2}{3}} + P_2^{\frac{2}{3}} + \cdots + P_n^{\frac{2}{3}}})^{\frac{1}{2}}$

$\therefore \cos\alpha_i = (P_i)^{\frac{1}{3}}(\dfrac{1}{\sum\limits_{k=1}^{n} P_k^{\frac{2}{3}}})^{\frac{1}{2}}$ ， $i = 1 、 2 、 \cdots n$

例2 右圖直角 $\triangle AOB$ ， $\overline{OA} = 3$ ， $\overline{OB} = 4$ ， P 是形內任一點，由 P 到三邊作垂線，垂足分別為 D 、 E 、 F ，求 $\overline{PD}^4 + \overline{PE}^4 + \overline{PF}^4$ 之最小值？又當最小值時， $\overline{PD}$ 、 $\overline{PE}$ 、 $\overline{PF}$ 各為多少？

【解】

(1) $a\triangle POA + a\triangle POB + a\triangle PAB = \dfrac{1}{2} \times 3 \times 4$

$\Rightarrow \dfrac{1}{2} \times 3 \times \overline{PD} + \dfrac{1}{2} \times 4 \times \overline{PE} + \dfrac{1}{2} \times \overline{PF} \times 5 = \dfrac{1}{2} \times 12$

$\Rightarrow 3\overline{PD} + 4\overline{PE} + 5\overline{PE} = 12$

(2) $(\overline{PD}^4 + \overline{PE}^4 + \overline{PF}^4)\left((\sqrt[3]{3})^4 + (\sqrt[3]{4})^4 + (\sqrt[3]{5})^4\right)^3$

$\geq (\sqrt[3]{3^3}\,\overline{PD} + \sqrt[3]{4^3}\,\overline{PE} + \sqrt[3]{5^3}\,\overline{PF})^4$

$\Rightarrow \overline{PD}^4 + \overline{PE}^4 + \overline{PF}^4 \geq \dfrac{(3\overline{PD} + 4\overline{PE} + 5\overline{PF})^4}{(3^{\frac{4}{3}} + 4^{\frac{4}{3}} + 5^{\frac{4}{3}})^3}$

$= \dfrac{12^4}{(3^{\frac{4}{3}} + 4^{\frac{4}{3}} + 5^{\frac{4}{3}})^3}$

又當最小值時，即上式「＝」號成立

而「＝」號成立 $\Longleftrightarrow \overline{PD} : \sqrt[3]{3} = \overline{PE} : \sqrt[3]{4} = \overline{PF} : \sqrt[3]{5}$

$\Longleftrightarrow \exists t > 0 ，\ni \overline{PD} = \sqrt[3]{3}\,t ，\overline{PE} = \sqrt[3]{4}\,t ，$

$\overline{PF} = \sqrt[3]{5}\,t$

將之代入 $3\overline{PD} + 4\overline{PE} + 5\overline{PF} = 12$ 中

得 $(3\sqrt[3]{3} + 4\sqrt[3]{4} + 5\sqrt[3]{5})t = 12$ $\therefore t = \dfrac{12}{3^{\frac{4}{3}} + 4^{\frac{4}{3}} + 5^{\frac{4}{3}}}$

$\therefore \overline{PD} = \dfrac{12 \cdot 3^{\frac{1}{3}}}{3^{\frac{4}{3}} + 4^{\frac{4}{3}} + 5^{\frac{4}{3}}}$ $\qquad \overline{PE} = \dfrac{12 \cdot 4^{\frac{1}{3}}}{3^{\frac{4}{3}} + 4^{\frac{4}{3}} + 5^{\frac{4}{3}}}$

$\overline{PF} = \dfrac{12 \cdot 5^{\frac{1}{3}}}{3^{\frac{4}{3}} + 4^{\frac{4}{3}} + 5^{\frac{4}{3}}}$

推廣： 已知 $\triangle ABC$，三邊長為 a、b、c，形內任一點 P 到三邊距離 n 次方和

最小值為 $\dfrac{(2\triangle)^n}{(a^{\frac{n}{n-1}} + b^{\frac{n}{n-1}} + c^{\frac{n}{n-1}})^{n-1}}$

其中 $\triangle = \sqrt{s(s-a)(s-b)(s-c)}$ $\quad s = \dfrac{a+b+c}{2}$ 又當最小值時，P 到三邊

的距離分別為

$a^{\frac{1}{n-1}}t$ 、 $b^{\frac{1}{n-1}}t$ 、 $c^{\frac{1}{n-1}}t$ $\quad t = \dfrac{2\triangle}{a^{\frac{n}{n-1}} + b^{\frac{n}{n-1}} + c^{\frac{n}{n-1}}}$

證明

(1) $a\triangle PBC + c\triangle PCA + a\triangle PAB = \triangle$

　　$\Rightarrow \dfrac{1}{2} \times a \times \overline{PD} + \dfrac{1}{2} \times b \times \overline{PE} + \dfrac{1}{2} \times c \times \overline{PF} = \triangle$

　　$\Rightarrow a\overline{PD} + b\overline{PE} + c\overline{PF} = 2\triangle$

(2) $(\overline{PD}^n + \overline{PE}^n + \overline{PF}^n)(\sqrt[n-1]{a}^n + \sqrt[n-1]{b}^n + \sqrt[n-1]{c}^n)^{n-1}$

$\geq (\sqrt[n-1]{a^{n-1}}\,\overline{PD} + \sqrt[n-1]{b^{n-1}}\,\overline{PE} + \sqrt[n-1]{c^{n-1}}\,\overline{PF})^n$

$\Rightarrow \overline{PD}^n + \overline{PE}^n + \overline{PF}^n \geq \dfrac{(a\overline{PD} + b\overline{PE} + c\overline{PF})^n}{(a^{\frac{n}{n-1}} + b^{\frac{n}{n-1}} + c^{\frac{n}{n-1}})^{n-1}}$

$= \dfrac{(2\triangle)^n}{(a^{\frac{n}{n-1}} + b^{\frac{n}{n-1}} + c^{\frac{n}{n-1}})^{n-1}}$

(3) 「＝」號成立 $\Longleftrightarrow \overline{PD} : \sqrt[n-1]{a} = \overline{PE} : \sqrt[n-1]{b} = \overline{PF} : \sqrt[n-1]{c}$

$\Longleftrightarrow \exists t > 0 \ni \overline{PD} = \sqrt[n-1]{a}\,t$ ，

$\overline{PE} = \sqrt[n-1]{b}\,t \quad \overline{PF} = \sqrt[n-1]{c}\,t$

將之代入 $a\overline{PD} + b\overline{PE} + c\overline{PF} = 2\triangle$ 中，得

$$t = \frac{2\triangle}{(a^{\frac{n}{n-1}} + b^{\frac{n}{n-1}} + c^{\frac{n}{n-1}})}$$

$\therefore \overline{PD} = a^{\frac{1}{n-1}}t$ ， $\overline{PE} = b^{\frac{1}{n-1}}t$ ， $\overline{PF} = c^{\frac{1}{n-1}}t$ ， t 如上

例3 設 $f(x) = x^5$ ， $p + q = 1$ ， p 、 $q > 0$ ，則對任意 x_1 ， $x_2 \geq 0$

$pf(x_1) + qf(x_2) \geq f(px_1 + qx_2)$ 且「＝」號成立 $\Longleftrightarrow x_1 = x_2$ ，試證之。

證明 $pf(x_1) + qf(x_2) = px_1^5 + qx_2^5$

$= [(\sqrt[5]{p}\,x_1)^5 + (\sqrt[5]{q}\,x_2)^5][(\sqrt[5]{p})^5 +$

$(\sqrt[5]{q})^5]^4 \geq [(\sqrt[5]{p})^5 x_1 + (\sqrt[5]{q})^5 x_2]^5$

$= (px_1 + qx_2)^5 = f(px_1 + qx_2)$

又「＝」號成立 $\Longleftrightarrow \sqrt[5]{p}\,x_1 : \sqrt[5]{p} = \sqrt[5]{q}\,x_2 : \sqrt[5]{q}$

$\Longleftrightarrow x_1 : 1 = x_2 : 1 \therefore$ 得證

推廣：承本例，設 $f(x) = x^n$ 上述結論仍成立。

證明
$$pf(x_1) + qf(x_2) = px_1^n + qx_2^n$$
$$= [(\sqrt[n]{q}\,x_1)^n + (\sqrt[n]{q}\,x_2)^n][(\sqrt[n]{p})^n + (\sqrt[n]{q})^n]^{n-1} \geq [(\sqrt[n]{p})^n x_1 + (\sqrt[n]{q})^n x_2]^n$$
$$= (px_1 + qx_2)^n = f(px_1 + qx_2)$$

又「＝」號成立 $\Longleftrightarrow \sqrt[n]{p}\,x_1 : \sqrt[n]{p} = \sqrt[n]{q}\,x_2 : \sqrt[n]{q}$
$$\Longleftrightarrow x_1 = x_2 \quad \therefore 得證$$

例4 證明若 a_1，a_2，$\cdots$，a_n；b_1，b_2，$\cdots$，b_n；$\cdots\cdots$；k_1，k_2，$\cdots$，k_n 為 l 個正數列，則下面不等式成立：

$$\sqrt[n]{a_1 a_2 \cdots a_n} + \sqrt[n]{b_1 b_2 \cdots b_n} + \cdots\cdots + \sqrt[n]{k_1 k_2 \cdots k_n}$$
$$\leq \sqrt[n]{(a_1 + b_1 + \cdots + k_1)(a_2 + b_2 + \cdots + k_2) \cdots (a_n + b_n + \cdots + k_n)}$$

證明

$$\overbrace{(a_1 + b_1 + \cdots + k_1)}^{} (a_2 + b_2 + \cdots + k_2) \cdots (a_n + b_n + \cdots + k_n)$$

n 個括號相乘

l 個相加

$$\geq [(a_1 a_2 \cdots a_n)^{\frac{1}{n}} + (b_1 b_2 \cdots b_n)^{\frac{1}{n}} + \cdots + (k_1 k_2 \cdots k_n)^{\frac{1}{n}}]^n$$

開 n 次方根，得

$$\sqrt[n]{(a_1 + b_1 + \cdots + k_1)(a_2 + b_2 + \cdots + k_2) \cdots (a_n + b_n + \cdots + k_n)}$$
$$\geq \sqrt[n]{a_1 a_2 \cdots a_n} + \sqrt[n]{b_1 b_2 \cdots b_n} + \cdots\cdots + \sqrt[n]{k_1 k_2 \cdots k_n}$$

特款：由上面例4可推得下列結論：

令 a_1、a_2、$\cdots\cdots a_n$ 為 n 個正數，

則 $(1 + a_1)(1 + a_2)\cdots(1 + a_n) \geq (1 + \sqrt[n]{a_1 a_2 \cdots a_n})^n$。

證明 在上面例4中，令 a_1、a_2、$\cdots a_n$；b_1，b_2，$\cdots$，b_n 為二個正數數列且 $b_1 = b_2 = \cdots\cdots = b_n = 1$，則得

$$\sqrt[n]{(a_1 + 1)(a_2 + 1)\cdots(a_n + 1)} \geq \sqrt[n]{a_1 a_2 \cdots a_n} + 1$$

兩邊 n 次方，可得證。

C. 由<u>柯西</u>不等式驗證A.M.≥G.M.

最後我們想探討是否亦可由<u>柯西</u>不等式反過來驗證A.M.≥G.M.？

(1)「2個數」的情形，設 a、$b \in R$ 均 ≥ 0，則 $\dfrac{a + b}{2} \geq \sqrt{ab}$。

證明
$$\left[(\sqrt{\tfrac{a}{2}})^2 + (\sqrt{\tfrac{b}{2}})^2 \right]\left[(\sqrt{\tfrac{b}{2}})^2 + (\sqrt{\tfrac{a}{2}})^2 \right] \geq$$
$$(\frac{\sqrt{ab}}{2} + \frac{\sqrt{ab}}{2})^2 = (\sqrt{ab})^2$$
$$\Rightarrow (\frac{a + b}{2})^2 \geq (\sqrt{ab})^2$$
$$\Rightarrow \frac{a + b}{2} \geq \sqrt{ab} \quad \therefore 得證$$

(2)「3個數」的情形：設 a、b、$c \in R$ 均 ≥ 0

則 $\dfrac{a + b + c}{3} \geq \sqrt[3]{abc}$

證明：

$$[(\sqrt[3]{\tfrac{a}{3}})^3 + (\sqrt[3]{\tfrac{b}{3}})^3 + (\sqrt[3]{\tfrac{c}{3}})^3][(\sqrt[3]{\tfrac{b}{3}})^3 + (\sqrt[3]{\tfrac{c}{3}})^3$$
$$+ (\sqrt[3]{\tfrac{a}{3}})^3][(\sqrt[3]{\tfrac{c}{3}})^3 + (\sqrt[3]{\tfrac{a}{3}})^3 + (\sqrt[3]{\tfrac{b}{3}})^3] \geq (\sqrt[3]{abc})^3$$

$$\Rightarrow (\frac{a+b+c}{3})^3 \geq (\sqrt[3]{abc})^3$$

$$\Rightarrow \frac{a+b+c}{3} \geq \sqrt[3]{abc} \quad \therefore 得證$$

(3) 「n個數」的情形：設 a_1、$a_2 \cdots a_n$ 為 n 個實數，且均 ≥ 0

則 $\dfrac{a_1 + a_2 + \cdots + a_n}{n} \geq \sqrt[n]{a_1 a_2 \cdots a_n}$

證明

$$[(\sqrt[n]{\tfrac{a_1}{n}})^n + (\sqrt[n]{\tfrac{a_2}{n}})^n + \cdots + (\sqrt[n]{\tfrac{a_n}{n}})^n][(\sqrt[n]{\tfrac{a_2}{n}})^n$$
$$\underbrace{+ (\sqrt[n]{\tfrac{a_3}{n}})^n + \cdots + (\sqrt[n]{\tfrac{a_1}{n}})^n] \cdots [(\sqrt[n]{\tfrac{a_n}{n}})^n + (\sqrt[n]{\tfrac{a_1}{n}})^n}_{n個括號相乘}$$

$$\underbrace{+ \cdots + (\sqrt[n]{\tfrac{a_{n-1}}{n}})^n]} \geq (\sqrt[n]{a_1 a_2 \cdots a_n})^n$$

$$\Rightarrow (\frac{a_1 + a_2 + \cdots + a_n}{n})^n \geq (\sqrt[n]{a_1 a_2 \cdots a_n})^n$$

$$\Rightarrow \frac{a_1 + a_2 + \cdots + a_n}{n} \geq \sqrt[n]{a_1 a_2 \cdots a_n} \quad \therefore 得證$$

輕鬆學好高中數學

(三)結語

　　利用「A.M.≥G.M.」來證明「柯西不等式」不但彌補了用向量不能推證一般式的缺憾，而且更重要的是，我們利用它來推廣後者得到了一個漂亮的結論((E) 式)。

　　更由C中的推演，藉<u>柯西</u>不等式驗證A.M.≥G.M.，而把它們兩者連結得更密切了！在A推廣中所得到的結論，使得<u>柯西</u>不等式突破了「2次方」的限制，不但使用範圍更廣，而且更構成一個優美的完整系統，這是本研究的最大收穫！

(四)參考資料：

　　1. 國立臺灣師大科教中心主編：高中基礎數學(3) 及數學統合(下) 。國立編譯館。

　　2. 吳英格譯：教學趣味問題競試集。臺北市徐氏基金會。

NOTES

NOTES

NOTES

NOTES

國家圖書館出版品預行編目資料

輕鬆學好高中數學／洪銤雄著. --二版. --
臺北市：五南, 2017.11
　面；　公分
ISBN 978-957-11-9326-7（平裝）
1.數學教育　2.中等教育
524.32　　　　　　　　　　106013279

ZD08

輕鬆學好高中數學

作　　　者 ― 洪銤雄（162.7）

發 行 人 ― 楊榮川

總 經 理 ― 楊士清

主　　　編 ― 王正華

責任編輯 ― 金明芬

封面設計 ― 郭佳慈、姚孝慈

出 版 者 ― 五南圖書出版股份有限公司

地　　　址：106台北市大安區和平東路二段339號4樓

電　　　話：(02)2705-5066　　傳　　真：(02)2706-6100

網　　　址：http://www.wunan.com.tw

電子郵件：wunan@wunan.com.tw

劃撥帳號：01068953

戶　　　名：五南圖書出版股份有限公司

法律顧問　林勝安律師事務所　林勝安律師

出版日期　2016年10月初版一刷
　　　　　2017年11月二版一刷

定　　　價　新臺幣400元